① Unit 0

② Unit 0

ice

③ Unit 0

join

④ Unit 0

junior

⑤ Unit 0

ship

⑥ Unit 0

temple

⑦ Unit 0

vegetable

⑧ Unit 1

a little

⑨ Unit 1

but

⑩ Unit 1

color

⑪ Unit 1

every

every cat

⑫ Unit 1

fan

⑬ Unit 1

often

⑭ Unit 1

there

⑮ Unit 2

also

⑯ Unit 2

area

⑰ Unit 2

come

⑱ Unit 2

crowded

⑲ Unit 2

fruit

⑳ Unit 2

here

㉑ Unit 2

market

㉒ Unit 2

picnic

1 Unit 0

⊛芸術，美術

音声を聞きながら発音の練習をしよう。

音声アプリの「重要単語チェック」から
音声を聞いて，聞きとり，発音の練習をすることができます。
アプリの使い方は，表紙裏をご覧ください。

4 Unit 0

⊛年下の，下級の

3 Unit 0

⊛～に加わる，参加する

2 Unit 0

⊛氷

7 Unit 0

⊛野菜

6 Unit 0

⊛寺

5 Unit 0

⊛船

10 Unit 1

⊛色

9 Unit 1

⊛しかし，けれども

8 Unit 1

⊛少し

13 Unit 1

⊛しばしば，よく

12 Unit 1

⊛ファン

11 Unit 1

⊛毎～，～ごとに

16 Unit 2

⊛区域，場所，地域

15 Unit 2

⊛～もまた，そのうえ

14 Unit 1

⊛そこに［で，へ］

19 Unit 2

⊛果物

18 Unit 2

⊛こみ合った，満員の

17 Unit 2

⊛来る

22 Unit 2

⊛ピクニック，遠足

21 Unit 2

⊛市場

20 Unit 2

⊛ここに［で，へ］

赤シート×直前対策!

ぴたトレ mini book

テストに出る!

重要文
重要単語
チェック!

東京書籍版　英語1年

赤シートでかくしてチェック!

●赤字の部分に注意し, 日本語を見て英文が言えるようになりましょう。
●英文が言えるようになったら, □に ✓ (チェックマーク) を入れましょう。

be動詞

□私はミキです。 — I am Miki.

□あなたは学生ですか。 — Are you a student?

　—はい, そうです。 — — Yes, I am.

□あなたはカナダ出身ですか。 — Are you from Canada?

　—いいえ, ちがいます。 — — No, I am not.

□私はおなかがすいていません。 — I am not hungry.

□こちらはサトシです。 — This is Satoshi.

□あれは私たちの学校です。 — That is our school.

□これはあなたの自転車ですか。 — Is this your bike?

　—はい, そうです。 — — Yes, it is.

□あれは図書館ですか。 — Is that a library?

　—いいえ, ちがいます。 — — No, it is not.

□こちらは私の兄です。彼は学生です。 — This is my brother. He is a student.

□彼女は先生ではありません。 — She is not a teacher.

一般動詞

□私はカメラがほしいです。 — I want a camera.

□こちらはトムです。私は彼が好きです。 — This is Tom. I like him.

□あなたは野球をしますか。 — Do you play baseball?

　—はい, します。 — — Yes, I do.

□あなたは魚を食べますか。 — Do you eat fish?

　—いいえ, 食べません。 — — No, I do not.

□私はコンピュータを持っていません。 — I do not have a computer.

□ジュンは自転車で学校に来ます。 — Jun comes to school by bike.

□私の姉は毎日英語を勉強します。 — My sister studies English every day.

□彼女は大阪に住んでいますか。	Does she live in Osaka?
―はい，住んでいます。	― Yes, she does.
□彼はネコが好きですか。	Does he like cats?
―いいえ，好きではありません。	― No, he does not.
□彼女は日本語を話しません。	She does not speak Japanese.

疑問詞

□これは何ですか。	What is this?
―それはカメラです。	― It is a camera.
□あなたはかばんの中に何を持っています	What do you have in your bag?
か。	
―私はCDを何枚か持っています。	― I have some CDs.
□あの少女はだれですか。	Who is that girl?
―彼女はユキです。	― She is Yuki.
□これはだれの鉛筆ですか。	Whose pencil is this?
―それは私のものです。	― It is mine.
□私の帽子はどこにありますか。	Where is my cap?
―それは机の上にあります。	― It is on the desk.
□あなたはいつサッカーを練習しますか。	When do you practice soccer?
―私は毎日それを練習します。	― I practice it every day.
□何時ですか。―2時です。	What time is it? ― It is two o'clock.
□あなたは本を何冊持っていますか。	How many books do you have?
―私は50冊の本を持っています。	― I have fifty books.

現在進行形

□私は今，夕食を作っています。	I am making dinner now.
□彼女は今，テニスをしています。	She is playing tennis now.
□あなたは今，テレビを見ていますか。	Are you watching TV now?
―はい，見ています。	― Yes, I am.
□ハルカは今，勉強していますか。	Is Haruka studying now?
―いいえ，勉強していません。	― No, she is not.

□彼らは今，走っていません。 They are not running now.

□ケンジは今，何をしていますか。 What is Kenji doing now?

　一彼は泳いでいます。 ― He is swimming.

canの文

□私はコンピュータを使うことができます。 I can use a computer.

□彼はギターをひくことができます。 He can play the guitar.

□あなたはこの漢字が読めますか。 Can you read this kanji?

　一はい，読めます。 ― Yes, I can.

□彼女はじょうずに泳げますか。 Can she swim well?

　一いいえ，泳げません。 ― No, she can't.

□メアリーは中国語を話せません。 Mary can't speak Chinese.

□窓を閉めてもらえますか。 Can you close the window?

□このペンを使ってもよいですか。 Can I use this pen?

一般動詞の過去形

□私たちは昨日，サッカーをしました。 We played soccer yesterday.

□私は2年前，京都に住んでいました。 I lived in Kyoto two years ago.

□私は先週，沖縄に行きました。 I went to Okinawa last week.

□あなたは昨日，お母さんを手伝いました
か。 Did you help your mother yesterday?

　一はい，手伝いました。 ― Yes, I did.

□エミは昨日，あなたの家に来ましたか。 Did Emi come to your house yesterday?

　一いいえ，来ませんでした。 ― No, she did not.

□彼は今朝，朝食を食べませんでした。 He did not have breakfast this morning.

be動詞の過去形

□私はとても疲れていました。   I was very tired.

□私の両親は昨日，家にいました。   My parents were at home yesterday.

□昨日は暑くありませんでした。   It was not hot yesterday.

□その映画はおもしろかったですか。   Was the movie interesting?

  —はい，おもしろかったです。／   — Yes, it was. / No, it was not.

  いいえ，おもしろくありませんでした。

命令文

□この本を読みなさい。   Read this book.

□お年寄りに親切にしなさい。   Be kind to old people.

□部屋の中で走らないで。   Don't run in the room.

□夕食を食べましょう。   Let's eat dinner.

Unit 0

☐ apple	りんご	
☐ apron	エプロン	
☐ art	芸術，美術	
☐ ball	ボール	
☐ bath	入浴	
☐ box	箱	
☐ cap	帽子	
☐ cheese	チーズ	
☐ city	市	
☐ clock	時計	
☐ desk	机	
☐ egg	卵	
☐ elephant	ゾウ	
☐ evening	夕方，晩	
☐ fish	魚	
☐ guitar	ギター	
☐ gym	体育館	
☐ hat	帽子	
☐ ice	氷	
☐ ink	インク	
☐ jet	ジェット機	
☐ join	～に加わる，参加する	
☐ junior	年下の，下級の	
☐ king	王様	

☐ lion	ライオン
☐ mother	母
☐ mouse	ネズミ
☐ nurse	看護師
☐ OK	だいじょうぶで
☐ omelet	オムレツ
☐ piano	ピアノ
☐ queen	女王
☐ rabbit	ウサギ
☐ salad	サラダ
☐ ship	船
☐ sing	歌う
☐ temple	寺
☐ umbrella	傘
☐ unicycle	一輪車
☐ vegetable	野菜
☐ whale	くじら
☐ window	窓
☐ yellow	黄色(い)
☐ zoo	動物園

Unit 1

☐	a little	少し
☐	baseball	野球
☐	basketball	バスケットボール
☐	but	しかし，けれども
☐	call	…を~と呼ぶ
☐	color	色
☐	cook	~を料理する
☐	cricket	クリケット
☐	every	毎~，~ごとに
☐	fan	ファン
☐	number	数字
☐	just	ただ…だけ，ほんの
☐	often	しばしば，よく
☐	see	~を見る
☐	so	だから，それで
☐	soccer	サッカー
☐	speak	話す
☐	study	勉強する
☐	tennis	テニス
☐	there	そこに[で，へ]

Unit 2

☐	afternoon	午後
☐	also	…もまた，そのうえ
☐	always	いつも

☐	America	アメリカ合衆国
☐	area	区域，場所，地域
☐	around	~の近くに
☐	come	来る
☐	crowded	こみ合った，満員の
☐	fruit	果物
☐	here	ここに[で，へ]
☐	interesting	興味深い
☐	map	地図
☐	market	市場
☐	morning	朝
☐	picnic	ピクニック
☐	popular	人気のある
☐	really	本当ですか
☐	restaurant	レストラン
☐	shrine	神社
☐	sound	~に聞こえる
☐	symbol	シンボル，象徴
☐	toast	トースト
☐	town	町
☐	usually	たいてい
☐	who	だれ
☐	yogurt	ヨーグルト

Unit 3

☐	activity	活動
☐	before	～の前に［の］
☐	bottle	びん，ボトル
☐	brass band	吹奏楽団
☐	bring	～を持ってくる
☐	coach	コーチ
☐	concert	演奏会，コンサート
☐	cool	かっこいい
☐	date	日，日付
☐	excited	わくわくした
☐	hall	会館，ホール
☐	man	男性
☐	month	月
☐	near	～の近くに［で］
☐	next	次の，今度の，となりの
☐	shoe	くつ
☐	someday	いつか
☐	today	今日(は)，現在(では)
☐	towel	タオル
☐	trumpet	トランペット
☐	week	週
☐	win	～に勝つ
☐	woman	女性

Unit 4

☐	after	～のあとに［で］
☐	a.m.	午前
☐	break	休憩
☐	during	～の間ずっと～の間に
☐	front	前，正面
☐	kiwi	キウイ
☐	like	～のような［に］
☐	mean	～を意味する
☐	national	国の
☐	nervous	緊張して
☐	New Zealand	ニュージーランド
☐	noon	正午，昼間
☐	now	今
☐	o'clock	～時
☐	or	…かまたは～
☐	period	(授業の)時間，時限
☐	p.m.	午後
☐	right	正しい，正確な
☐	round	丸い，球形の
☐	some	いくつかの
☐	worry	心配する
☐	yourself	あなた自身を［に］

Unit 5

☐	ate	eatの過去形
☐	bench	ベンチ
☐	candy	キャンディー，砂糖菓子
☐	dancing	おどり，ダンス
☐	delicious	とてもおいしい
☐	end	終わり，最後
☐	festival	祭り，催し物
☐	hair	髪
☐	idea	考え，アイディア
☐	jog	ジョギングする
☐	juice	ジュース
☐	look	見る
☐	lots of	たくさん
☐	need	～を必要とする
☐	over	向こうへ，あちらへ
☐	park	公演
☐	people	人々
☐	pond	池
☐	quiet	静かな
☐	saw	seeの過去形
☐	shy	内気な，恥ずかしがりの
☐	something	何か，あるもの
☐	stage	舞台，ステージ

☐	thirsty	のどのかわいた
☐	together	いっしょに
☐	under	～の下に[で]
☐	went	goの過去形
☐	with	～といっしょに
☐	wonderful	すばらしい
☐	yesterday	昨日(は)

Stage Activity 1

☐	age	年齢
☐	comic	マンガ
☐	famous	有名な
☐	favorite	お気に入りの
☐	movie	映画
☐	other	別の人[もの]，ほかの人[もの]
☐	poster	ポスター，広告
☐	sometimes	ときどき
☐	stadium	スタジアム，球技場
☐	starter	先発メンバー
☐	tell	話す，教える

Unit 6

☐	anyone	[疑問文・否定分で]だれか，だれも（…ない）
☐	Asian	アジア（人）の
☐	beach	浜辺
☐	bean	豆
☐	beautiful	美しい
☐	blog	ブログ
☐	brother	兄弟
☐	camera	カメラ
☐	comment	批評，コメント
☐	dive	もぐる
☐	language	言語，言葉
☐	life	生活，暮らし
☐	local	地元の
☐	mix	混合
☐	nature	自然
☐	post	（インターネットで情報などを）掲示する
☐	question	質問
☐	scuba diving	スキューバダイビング
☐	sister	姉妹
☐	sour	酸っぱい
☐	speech	演説，スピーチ
☐	spot	地点，場所
☐	student	学生，生徒
☐	sweet	甘い
☐	waterproof	防水性の
☐	weekday	平日
☐	weekend	週末
☐	write	書く

Let's Talk 1

☐	borrow	～を借りる
☐	chair	椅子
☐	dad	お父さん
☐	door	ドア，戸
☐	fan	うちわ，扇風機，扇
☐	help	～を手伝う，助ける
☐	homework	宿題
☐	mom	お母さん
☐	moment	瞬間，ちょっとの間
☐	open	開く，あく，あける
☐	problem	問題
☐	sure	もちろん，いいとも

Unit 7			
☐ artist	芸術家，芸能人		
☐ careful	注意深い		
☐ cushion	クッション		
☐ different	いろいろな		
☐ drum	太鼓，ドラム		
☐ foreign	外国の		
☐ funny	おかしな		
☐ grandfather	祖父		
☐ grandmother	祖母		
☐ hand	手		
☐ her	彼女の		
☐ him	彼を[に]		
☐ history	歴史		
☐ maybe	たぶん，もしかすると		
☐ mine	私のもの		
☐ minute	分		
☐ only	ただ～だけ		
☐ perform	演じる，演奏する		
☐ piece	作品		
☐ pottery	陶器，陶芸		
☐ prop	小道具		
☐ role	役，役割		
☐ show	ショー		
☐ still	まだ，今でも		

☐ ticket	切符，チケット
☐ useful	役に立つ
☐ wait	待つ
☐ which	どちら，どれ
☐ whose	だれの
☐ yours	あなた(たち)のもの

Let's Talk 2	
☐ bad	悪い，よくない，ひどい
☐ dentist	歯医者
☐ fever	熱
☐ headache	頭痛
☐ hour	1時間
☐ leg	足
☐ office	事務所
☐ rest	休み，休息
☐ running nose	鼻水
☐ stomachache	胃痛，腹痛
☐ toothache	歯痛
☐ wrong	ぐあいが悪い

11

重要単語 チェック！　Unit 8 ～ Let's Talk 3

教科書 pp.77 ～ 94

Unit 8

☐	busy	忙しい
☐	bye	さよなら，バイバイ
☐	decorate	～を飾る
☐	forever	永久に，永遠に
☐	forget	忘れる
☐	free	ひまな
☐	goodness	善良さ，やさしさ
☐	happen	起こる，生じる
☐	look forward to	～を楽しみに待つ
☐	of course	もちろん
☐	party	パーティー
☐	prepare	～の準備をする，備える
☐	present	プレゼント
☐	quickly	速く，すぐに，急いで
☐	say	言う
☐	surprise	驚くべきこと，驚き
☐	then	そのとき
☐	tomorrow	明日（は）
☐	video game	テレビゲーム

Let's Write 1

☐	dear	親愛なる～（様）
☐	soon	すぐに，まもなく
☐	wish	祈り

Unit 9

☐	act	行動する
☐	as	～として
☐	build	～を建てる
☐	children	子供
☐	collect	～を集める
☐	cousin	いとこ
☐	ethnic	民族の
☐	future	未来の，将来の
☐	globally	世界的に
☐	late	おくれた，遅刻した
☐	later	もっと遅く，あとで
☐	line	列
☐	locally	その地方で
☐	main	主な
☐	money	金，通貨
☐	sick	病気の
☐	understand	理解する，わかる
☐	village	村
☐	volunteer	ボランティア
☐	work	働く

Let's Talk 3

☐	along	～に沿って
☐	light	明かり，電灯
☐	street	通り，街路

Stage Activity 2

☐	cheer	〜を元気づける
☐	guess	〜を推測する
☐	original	独創的な，独自の
☐	song	歌
☐	voice	声
☐	word	歌詞

Let's read 1

☐	anyway	とにかく
☐	choose	〜を選ぶ
☐	climb	〜に[を]のぼる
☐	climber	登山者
☐	crowd	人ごみ
☐	detail	詳細
☐	easily	簡単に，楽に，すぐに
☐	foot	足
☐	hut	小屋
☐	information	情報
☐	interested	興味を持っている
☐	plan	〜を計画する
☐	probably	たぶん
☐	stay	滞在する，泊まる
☐	sunrise	日の出
☐	tired	疲れた
☐	trail	登山道

Unit 10

☐	actor	(女性を含む)俳優
☐	anywhere	[否定分で]どこにも(…ない)
☐	count	数える
☐	each	それぞれの，各自の
☐	early	早く
☐	feel	〜と感じる，気持がする
☐	full	いっぱいの，満腹の
☐	last	この前の，昨〜，先〜，
☐	leading	主要な
☐	midnight	夜の12時，真夜中
☐	musical	ミュージカル
☐	nothing	何も〜ない
☐	parent	親
☐	part	役，役目
☐	performance	演技，演奏，公演
☐	relax	くつろぐ
☐	special	特別の
☐	spend	(時)を過ごす
☐	subway	地下鉄
☐	theater	劇場，映画館
☐	thing	もの，こと
☐	traditional	伝統的な
☐	vacation	休暇

Let's Write 2

□	care	世話
□	hotel	ホテル，旅館
□	miss	…がいないのをさびしく思う
□	outside	外で[に，へ]
□	snow	雪が降る

Unit 11

□	against	～に対抗して，反対して
□	album	アルバム
□	another	他の，別の，ちがった
□	at first	最初は
□	back	戻って，返して
□	beat	どきどきする
□	bring back	～を思い出させる
□	campground	キャンプ場
□	contest	コンテスト
□	event	出来事，行事
□	half	半分，2分の1
□	heart	心臓，心
□	hope	～を望む，～だとよいと思う
□	kitchen	台所
□	lake	湖
□	lose	負ける

□	memory	思い出
□	outdoor	野外の，
□	photo	写真
□	pick	～をつむ
□	pick up	～を拾い上げる
□	rookie	新人
□	set	～を準備する
□	set up	～を建てる
□	shower	シャワー
□	snowy	雪の降る
□	supermarket	スーパーマーケット
□	tent	テント
□	trash	ごみ

Let's Talk 4

□	pleasure	楽しみ，喜び
□	server	ウェイター
□	steak	ステーキ

Stage Activity 3

□	behind	～の後ろに
□	chorus	コーラス
□	relay	リレー競争
□	ran	runの過去形
□	runner	走者
□	won	winの過去形

Let's Read 2	
□ again	もう一度，再び
□ anything	[否定文で]何も (…ない)
□ ask	たずねる，質問する
□ away	はなれて
□ become	〜になる
□ blind	目の不自由な
□ bought	buyの過去形
□ could	〜することができた
□ dollar	ドル
□ drop	〜を落とす
□ eye	目
□ face	顔
□ flower	花
□ forgetful	忘れっぽい
□ get out of	〜から出る
□ give	〜を与える，渡す
□ important	重要な，大切な
□ jail	刑務所
□ lonely	ひとりぼっちの， さみしい
□ met	meetの過去形
□ nod	うなずく
□ one day	ある日
□ pass	〜を通り過ぎる

□ police	警察
□ poor	貧しい， かわいそうな
□ put	〜を置く
□ remember	思い出す
□ rich	金持ちの，裕福な
□ sell	〜を売る
□ several	いくつかの
□ smile	ほほえむ
□ steal	盗む
□ suddenly	突然，急に
□ surgery	手術
□ thanks to	〜のおかげで
□ thought	thinkの過去形
□ thousand	1000(の)
□ told	tellの過去形
□ touch	〜にさわる
□ without	〜なしで[に]

15

A

23 Unit 2	24 Unit 2	25 Unit 2
popular	sound	symbol
26 Unit 2	27 Unit 2	28 Unit 3
toast	yogurt	activity
29 Unit 3	30 Unit 3	31 Unit 3
band	before	bottle
32 Unit 3	33 Unit 3	34 Unit 3
bring	coach	concert
35 Unit 3	36 Unit 3	37 Unit 3
cool	date	excited
38 Unit 3	39 Unit 3	40 Unit 3
hall	man	month
41 Unit 3	42 Unit 3	43 Unit 3
near	next	shoe
44 Unit 3	45 Unit 3	46 Unit 3
someday	today	towel

㉕ Unit 2	㉔ Unit 2	㉓ Unit 2
图 シンボル，象徴，記号	動 ～に聞こえる，思える	形 人気のある
㉘ Unit 3	㉗ Unit 2	㉖ Unit 2
图 活動	图 ヨーグルト	图 トースト
㉛ Unit 3	㉚ Unit 3	㉙ Unit 3
图 びん，ボトル	前 ～の前に［の］	图 バンド，楽団
㉞ Unit 3	㉝ Unit 3	㉜ Unit 3
图 演奏会，コンサート	图 コーチ	動 ～を持ってくる
㊲ Unit 3	㊱ Unit 3	㉟ Unit 3
形 わくわくした	图 日，日付	形 かっこいい
㊵ Unit 3	㊴ Unit 3	㊳ Unit 3
图 月	图 男性	图 会館，ホール
㊸ Unit 3	㊷ Unit 3	㊶ Unit 3
图 くつ	形 次の，今度の，となりの	前 ～の近くに
㊻ Unit 3	㊺ Unit 3	㊹ Unit 3
图 タオル	图 今日，現在	副 いつか

47 Unit 3	48 Unit 3	49 Unit 3
week	win	woman

50 Unit 4	51 Unit 4	52 Unit 4
after	a.m.	break

53 Unit 4	54 Unit 4	55 Unit 4
cold	during	enjoy

56 Unit 4	57 Unit 4	58 Unit 4
front	hungry	mean

59 Unit 4	60 Unit 4	61 Unit 4
nervous	noon	now

62 Unit 4	63 Unit 4	64 Unit 4
o'clock	or	period

65 Unit 4	66 Unit 4	67 Unit 4
p.m.	right	round

68 Unit 4	69 Unit 4	70 Unit 4
season	some	weather

49 Unit 3	48 Unit 3	47 Unit 3
名 女性	動 ～に勝つ	名 週

52 Unit 4	51 Unit 4	50 Unit 4
名 休憩	副 午前	前 ～のあとに［で］

55 Unit 4	54 Unit 4	53 Unit 4
動 ～を楽しむ	前 ～の間ずっと，～の間に	形 冷たい，寒い

58 Unit 4	57 Unit 4	56 Unit 4
動 ～を意味する	形 空腹の	名 前，正面

61 Unit 4	60 Unit 4	59 Unit 4
副 今	名 正午，真昼	形 緊張して

64 Unit 4	63 Unit 4	62 Unit 4
名 （授業の）時間，時限	接 …かまたは～	副 ～時

67 Unit 4	66 Unit 4	65 Unit 4
形 丸い，球形の	形 正しい，正確な	副 午後

70 Unit 4	69 Unit 4	68 Unit 4
名 天気	形 いくつかの	名 季節

教科書ぴったりトレーニング 英語1年 東京書籍版 付録 ③裏

71 Unit 4	72 Unit 4	73 Unit 5
worry	yourself	bench
74 Unit 5	**75** Unit 5	**76** Unit 5
candy	dancing	end
77 Unit 5	**78** Unit 5	**79** Unit 5
festival	hair	idea
80 Unit 5	**81** Unit 5	**82** Unit 5
lot(s)	need	over
83 Unit 5	**84** Unit 5	**85** Unit 5
people	quiet	shy
86 Unit 5	**87** Unit 5	**88** Unit 5
something	stage	thirsty
89 Unit 5	**90** Unit 5	**91** Unit 5
together	under	yesterday
92 Stage Activity 1	**93** Stage Activity 1	**94** Stage Activity 1
age	comic	famous

73 Unit 5	72 Unit 4	71 Unit 4
名 ベンチ	代 あなた自身を［に］	動 心配する，悩む

76 Unit 5	75 Unit 5	74 Unit 5
名 終わり，最後	名 おどり，ダンス	名 キャンディー，砂糖菓子

79 Unit 5	78 Unit 5	77 Unit 5
名 考え，アイディア	名 髪	名 祭り，催し物

82 Unit 5	81 Unit 5	80 Unit 5
副 向こうへ，あちらへ	動 ～を必要とする	名 たくさん

85 Unit 5	84 Unit 5	83 Unit 5
形 内気な，恥ずかしがりの	形 静かな	名 人々

88 Unit 5	87 Unit 5	86 Unit 5
形 のどのかわいた	名 舞台，ステージ	代 何か，あるもの

91 Unit 5	90 Unit 5	89 Unit 5
名副 昨日（は）	前 ～の下に	副 いっしょに

94 Stage Activity 1	93 Stage Activity 1	92 Stage Activity 1
形 有名な	名 マンガ	名 年齢

教科書ぴったりトレーニング 英語1年 東京書籍版 付録 ④裏

favorite

movie

other

poster

stadium

tell

anyone

beach

bean

beautiful

brother

language

Hello!
Bonjour!
你好!

local

大阪

mix

nature

question

sister

student

weekday

S M T W T F S
3 4 5 6 7 8 9

weekend

週末セール

write

ABC

borrow

dad

door

97 Stage Activity 1 代 別の人［もの］, ほかの人［もの］	**96** Stage Activity 1 名 映画	**95** Stage Activity 1 形 お気に入りの
100 Stage Activity 1 動 …に（～を）話す, 教える	**99** Stage Activity 1 名 スタジアム, 球技場	**98** Stage Activity 1 名 ポスター, 広告
103 Unit 6 名 豆	**102** Unit 6 名 浜辺	**101** Unit 6 代 ［疑問文・否定文で］だれか, だれも（～ない）
106 Unit 6 名 言語, 言葉	**105** Unit 6 名 兄弟	**104** Unit 6 形 美しい
109 Unit 6 名 自然	**108** Unit 6 名 混合	**107** Unit 6 形 地元の
112 Unit 6 名 学生, 生徒	**111** Unit 6 名 姉妹	**110** Unit 6 名 質問
115 Unit 6 動 （…を）書く	**114** Unit 6 名 週末	**113** Unit 6 名 平日
118 Let's Talk 1 名 ドア, 戸	**117** Let's Talk 1 名 お父さん	**116** Let's Talk 1 動 ～を借りる

help

homework

mom

moment

open

problem

sure

careful

drum

foreign

funny

grandfather

grandmother

hand

history

maybe

mine

minute

only

perform

piece

role

show

still

⑫ Let's Talk 1 名 お母さん	⑫ Let's Talk 1 名 宿題	⑪ Let's Talk 1 動 ～を手伝う，助ける
⑫ Let's Talk 1 名 問題	⑫ Let's Talk 1 動 （…を）開く，あく，あける	⑫ Let's Talk 1 名 瞬間，ちょっとの間
⑫ Unit 7 名 たいこ	⑫ Unit 7 形 注意深い	⑫ Let's Talk 1 副 もちろん，いいとも
⑬ Unit 7 名 祖父	⑫ Unit 7 形 おかしな	⑫ Unit 7 形 外国の
⑬ Unit 7 名 歴史	⑬ Unit 7 名 手	⑬ Unit 7 名 祖母
⑬ Unit 7 名 分	⑬ Unit 7 代 私のもの	⑬ Unit 7 副 たぶん，もしかすると
⑬ Unit 7 名 作品	⑬ Unit 7 動 演じる，演奏する	⑬ Unit 7 副 ただ～だけ
⑭ Unit 7 副 まだ，今でも	⑭ Unit 7 名 ショー	⑭ Unit 7 名 役，役割

教科書ぴったりトレーニング 英語1年 東京書籍版 付録 ⑥裏

143 Unit 7	144 Unit 7	145 Unit 7
ticket	useful	wait

146 Unit 7	147 Let's Talk 2	148 Let's Talk 2
which	bad	fever

149 Let's Talk 2	150 Let's Talk 2	151 Let's Talk 2
headache	hour	rest

152 Let's Talk 2	153 Let's Talk 2	154 Let's Talk 2
stomachache	toothache	wrong

155 Unit 8	156 Unit 8	157 Unit 8
busy	bye	decorate

158 Unit 8	159 Unit 8	160 Unit 8
forever	forget	free

161 Unit 8	162 Unit 8	163 Unit 8
happen	of course	party

164 Unit 8	165 Unit 8	166 Unit 8
prepare	present	quickly

145 Unit 7	144 Unit 7	143 Unit 7
動 待つ	形 役に立つ	名 切符，チケット

148 Let's Talk 2	147 Let's Talk 2	146 Unit 7
名 熱	形 悪い，よくない，ひどい	代 どちら，どれ，どちらの人 [もの]

151 Let's Talk 2	150 Let's Talk 2	149 Let's Talk 2
名 休み，休息	名 1時間	名 頭痛

154 Let's Talk 2	153 Let's Talk 2	152 Let's Talk 2
形 ぐあいが悪い	名 歯痛	名 胃痛，腹痛

157 Unit 8	156 Unit 8	155 Unit 8
動 ～を飾る	間 さよなら，バイバイ	形 忙しい

160 Unit 8	159 Unit 8	158 Unit 8
形 ひまな	動 ～を忘れる	副 永久に，永遠に

163 Unit 8	162 Unit 8	161 Unit 8
名 パーティー	名 もちろん	動 起こる，生じる

166 Unit 8	165 Unit 8	164 Unit 8
副 速く，すぐに，急いで	名 プレゼント	動 ～の準備をする，備える

167 Unit 8
say
Hello!

168 Unit 8
surprise

169 Unit 8
then

170 Unit 8
think
A.B.C.

171 Unit 8
tomorrow
15

172 Unit 8
video

173 Let's Write 1
dear

174 Let's Write 1
soon

175 Let's Write 1
wish

176 Unit 9
act

177 Unit 9
build

178 Unit 9
children

179 Unit 9
collect

180 Unit 9
cousin

181 Unit 9
future

182 Unit 9
globally

183 Unit 9
late

184 Unit 9
later

185 Unit 9
line

186 Unit 9
listen

187 Unit 9
main

188 Unit 9
money

189 Unit 9
understand
△×○△

190 Unit 9
village

⑯169 Unit 8	⑯168 Unit 8	⑯167 Unit 8
圖 そのとき	名 驚くべきこと，驚き	動 （…を）言う
⑰172 Unit 8	⑰171 Unit 8	⑰170 Unit 8
名 映像，動画	名圖 明日（は）	動 考える，思う
⑰175 Let's Write 1	⑰174 Let's Write 1	⑰173 Let's Write 1
名 祈り	圖 すぐに，まもなく	形 親愛なる～（様）
⑰178 Unit 9	⑰177 Unit 9	⑰176 Unit 9
名 子供たち	動 ～を建てる	動 行動する
⑱181 Unit 9	⑱180 Unit 9	⑱179 Unit 9
形 未来の，将来の	名 いとこ	動 ～を集める
⑱184 Unit 9	⑱183 Unit 9	⑱182 Unit 9
圖 もっと遅く，あとで	形 おくれた，遅刻した	圖 世界的に
⑱187 Unit 9	⑱186 Unit 9	⑱185 Unit 9
形 主な	動 聞く，耳を傾ける	名 列
⑲190 Unit 9	⑲189 Unit 9	⑱188 Unit 9
名 村	動 理解する，わかる	名 金，通貨

volunteer

waste

work

along

light

Pardon me?

street

guess

original

song

voice

word

anyway

choose

climb

easily   1+1=

foot

information

interested

plan

probably

stay

sunrise

tired

193 Unit 9
動 働く

192 Unit 9
動 ～をむだにする

191 Unit 9
名 ボランティア

196 Let's Talk 3
動 もう一度おっしゃってください。

195 Let's Talk 3
名 明かり，電灯

194 Let's Talk 3
前 ～に沿って

199 Stage Activity 2
形 独創的な，独自の

198 Stage Activity 2
動 ～を推測する

197 Let's Talk 3
名 通り，街路

202 Stage Activity 2
名 歌詞

201 Stage Activity 2
名 声

200 Stage Activity 2
名 歌

205 Let's Read 1
動 ～に［を］のぼる

204 Let's Read 1
動 ～を選ぶ

203 Let's Read 1
副 とにかく

208 Let's Read 1
名 情報

207 Let's Read 1
名 足

206 Let's Read 1
副 簡単に，楽に，すぐに

211 Let's Read 1
副 たぶん

210 Let's Read 1
動 ～を計画する

209 Let's Read 1
形 興味を持っている

214 Let's Read 1
形 疲れた

213 Let's Read 1
名 日の出

212 Let's Read 1
動 滞在する，泊まる

教科書ぴったりトレーニング　英語1年　東京書籍版　付録　⑨裏

㉕ Let's Read 1 trip	㉖ Unit 10 actor	㉗ Unit 10 brush
㉘ Unit 10 count	㉙ Unit 10 each	㉚ Unit 10 early
㉑ Unit 10 feel	㉒ Unit 10 full	㉓ Unit 10 last
㉔ Unit 10 midnight	㉕ Unit 10 museum	㉖ Unit 10 musical
㉗ Unit 10 night	㉘ Unit 10 nothing	㉙ Unit 10 parent
㉚ Unit 10 part	㉛ Unit 10 performance	㉜ Unit 10 relax
㉝ Unit 10 special	㉞ Unit 10 spend	㉟ Unit 10 subway
㊱ Unit 10 theater	㊲ Unit 10 thing	㊳ Unit 10 traditional

217 Unit 10	216 Unit 10	215 Let's Read 1
動 〜をみがく	名 （女性を含む）俳優	名 旅行

220 Unit 10	219 Unit 10	218 Unit 10
副 早く	形 それぞれの，各自の	動 数を数える

223 Unit 10	222 Unit 10	221 Unit 10
形 この前の，昨〜，先〜，	形 いっぱいの，満腹の	動 〜と感じる，気持ちがする

226 Unit 10	225 Unit 10	224 Unit 10
名 ミュージカル	名 博物館，美術館	名 夜の12時，真夜中

229 Unit 10	228 Unit 10	227 Unit 10
名 親	代 何も〜ない	名 夜

232 Unit 10	231 Unit 10	230 Unit 10
動 くつろぐ	名 演技，演奏，公演	名 役，役目

235 Unit 10	234 Unit 10	233 Unit 10
名 地下鉄	動 〜を過ごす	形 特別の

238 Unit 10	237 Unit 10	236 Unit 10
形 伝統的な	名 もの，こと	名 劇場，映画館

239 Unit 10
travel

240 Unit 10
vacation

241 Let's Write 2
care

242 Let's Write 2
hotel

243 Let's Write 2
miss

244 Let's Write 2
outside

245 Let's Write 2
snow

246 Unit 11
against

247 Unit 11
album

248 Unit 11
another

249 Unit 11
back

250 Unit 11
half

251 Unit 11
hope

252 Unit 11
kitchen

253 Unit 11
lose

254 Unit 11
memory

255 Unit 11
photo

256 Unit 11
pick

257 Unit 11
set

258 Unit 11
shower

259 Unit 11
trash

260 Let's Talk 4
pleasure

261 Let's Talk 4
server

262 Let's Talk 4
steak

图 世話

图 休暇

動 旅行する

副 外で

動 ～がいないのをさびしく思う

图 ホテル，旅館

图 アルバム

前 ～に対抗して，反対して

動 雪が降る

图 半分，２分の１

副 戻って，返して

形 ほかの，別の，ちがった

動 負ける

图 台所

動 ～を望む，～だとよいと思う

動 ～をつむ

图 写真

图 思い出

图 ごみ

图 シャワー

動 ～を準備する

图 ステーキ

图 ウェイター，給仕

图 楽しみ，喜び

behind

relay

runner

again

ask

away

become

blind

dollar

drop

give

important

lonely

pass

poor

put

remember

rich

sell

smile

suddenly

thousand

touch

without

265 Stage Activity 3 (名) 走者	264 Stage Activity 3 (名) リレー競争	263 Stage Activity 3 (前) ～の後ろに
268 Let's Read 2 (副) はなれて	267 Let's Read 2 (動) たずねる，質問する	266 Let's Read 2 (副) もう一度，再び
271 Let's Read 2 (名) ドル	270 Let's Read 2 (形) 目の不自由な	269 Let's Read 2 (動) ～になる
274 Let's Read 2 (形) 重要な，大切な	273 Let's Read 2 (動) ～を与える，渡す	272 Let's Read 2 (動) ～を落とす
277 Let's Read 2 (形) 貧しい，かわいそうな	276 Let's Read 2 (動) ～を通り過ぎる	275 Let's Read 2 (形) ひとりぼっちの，さびしい
280 Let's Read 2 (形) 金持ちの，裕福な	279 Let's Read 2 (動) 思い出す	278 Let's Read 2 (動) ～を置く
283 Let's Read 2 (副) 突然，急に	282 Let's Read 2 (動) ほほえむ，微笑する	281 Let's Read 2 (動) ～を売る
286 Let's Read 2 (前) ～なしに	285 Let's Read 2 (動) ～にふれる	284 Let's Read 2 (名)(形) 1000（の）

目次

成績アップのための**学習メソッド**

ぴたトレ**1**

要点チェック

教科書の基礎内容についての理解を深め,基礎学力を定着させます。

- 教科書で扱われている文法事項の解説をしています。
- 新出単語を和訳・英訳ともに掲載しています。
- 重要文をもとにした基礎的な問題を解けます。

問題を解くペース

英語は問題を解く時間が足りなくなりやすい教科。普段の学習から解く時間を常に意識しよう!

「ナルホド!」で文法を復習

最初に取り組むときは必ず読もう!

Words & Phrases

単語や熟語のチェックをしよう。
ここに載っている単語は必ず押さえよう!

注目!

⚠ミスに注意

テストによく出る!

テストで狙われやすい,ミスしやすい箇所が一目でわかるよ!

学習メソッド

STEP0 学校の授業を受ける

STEP1 ぴたトレ1を解く
ナルホド!も読んで,基礎をおさらいしよう。

STEP2 解答解説で丸付け
間違えた問題にはチェックをつけて,
何度もやり直そう。

STEP3 別冊mini bookで確認
単語や基本文を
繰り返し読んで覚えよう。

STEP4 得点UPポイントを確認
「注目!」「ミスに注意!」「テストによく出る!」を確認してから,
ぴたトレ2に進もう。

時間のないときは「ナルホド」を読んでから,「注目!」「ミスに注意!」「テストによく出る!」を確認しよう!これだけで最低限のポイントが抑えられるよ!

リー子

より実践的な内容に取り組みます。
また, 専用アプリを使ってスピーキングの練習をします。

- 教科書の文章を読み, 内容をしっかり把握します。
- スピーキング問題を解いて, 答え合わせをし, 文章と解答を音声アプリに吹き込みます。
  (アプリは「おんトレ」で検索し, インストールしてご利用ください。ご利用に必要なコードはカバーの折り返しにあります)

読む📖

教科書の本文と,
対応する問題は,
テスト本番でも
よく狙われるよ。

ヒント

解答に迷ったときは,
問題を解く手助けと
なるヒントを読もう。

英語の音やアクセ
ントを聞き分けた
り, 発音する基礎
練習問題も一緒
にやってみよう。

📝 アプリマークのある問題は, 付属のアプリを使って,
アプリ スピーキングに挑戦!テスト前に取り組むのがおすすめ。

スピーキングアプリの使い方 ▶ Google Play ◆ App Store

❶ アプリマークのある問題を解く。

❷ 答え合わせをする。

❸ アプリの指示に従って, 読解文を1文ずつアプリに吹き込む。

❹ 質問文と, 答え合わせをした解答の音声をアプリに吹き込む。

❺ 音声が適切か判定される。

学習メソッド

STEP1 ぴたトレ2を解く

STEP2 解答・解説を見て答え合わせをする

STEP3 アプリを使って, スピーキング問題を解く

わからない単語や
知らない単語が
あるときはお手本
を聞いてまねして
みよう!

ター坊

3

成績アップのための 学習メソッド

ぴたトレ3
確認テスト

テストで出題されやすい文法事項，教科書の内容をさらに深める
オリジナルの読解問題を掲載しています。

- 学習した文法や単語の入ったオリジナルの文章を載せています。
  初めて読む文章に対応することで，テスト本番に強くなります。

- 「よく出る」「差がつく」「点UP」で，重要問題が一目でわかります。

発音問題もチェック！

発音・アクセント問題も掲載！
何度も声に出して読んで発音を意識しよう。

オリジナル長文に挑戦！

ぴたトレ1や2で学習した文法を基にした長文が出題されるよ。
初めて見る文章にも強くなろう。

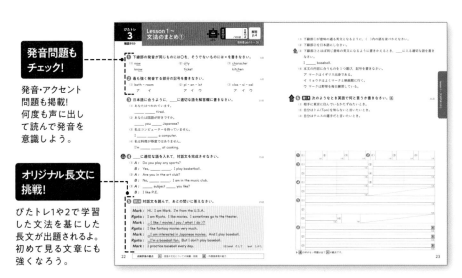

4技能マークに注目！

4技能に対応！
このマークがついている問題は要チェック！

※「聞く」問題は，巻末のリスニングに掲載しています。

繰り返し練習しよう！

ポイントとなる問題は繰り返し練習して，テストでも解けるようにしよう！

学習メソッド

STEP1 ぴたトレ3を解く
テスト本番3日前になったら時間を計って解いてみよう。

STEP2 解答解説を読む
英作文には採点ポイントが示されているよ。
できなかった部分をもう一度見直そう。

STEP3 定期テスト予想問題を解く
巻末にあるテスト対策問題を解いて最後のおさらいをしよう。

STEP4 出題傾向を読んで，苦手な箇所をおさらいしよう
定期テスト予想問題の解答解説には出題傾向が載っているよ。
テストでねらわれやすい箇所をもう一度チェックしよう。

> ぴたトレ3には「観点別評価」も示されてるよ！これなら内申点も意識できるね！

ピー助

● 長文問題を解くことを通して, 解答にかかる時間のペースを意識しましょう。

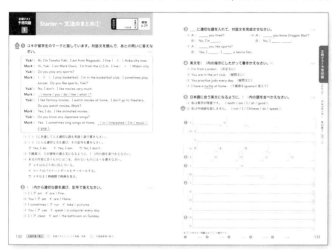

観点別評価

本書では,

「言語や文化についての知識・技能」
「外国語表現の能力」

の2つの観点を取り上げ, 成績に結び付く
ようにしています。

リスニング　文法ごとにその学年で扱われやすい
リスニング問題を掲載しています。
どこでも聞けるアプリに対応!

● リスニング問題はくりかえし
聞いて, 耳に慣れるようにして
おきましょう。

※一部標準的な問題を出題している箇所
があります(教科書非準拠)。
※リスニングには「ポケットリスニング」の
アプリが必要です。
(使い方は表紙の裏をご確認ください。)

英作文　やや難易度の高い英作文や,
表やグラフなどを見て必要な情報を
英文で説明する問題を掲載しています。

● 学年末や, 入試前の対策に
ぴったりです。

● 難しいと感じる場合は, 解答解説
の 英作力UP♪ を読んでから挑戦して
みましょう。

［ ぴたトレが支持される**3**つの理由!! ］

1
**35年以上続く
超ロングセラー商品**

昭和59年の発刊以降, 教科
書改訂にあわせて教材の質
を高め, 多くの中学生に使用
されてきた実績があります。

2
**教科書会社が制作する
唯一の教科書準拠問題集**

教科書会社の編集部が問題
集を作成しているので, 授業
の進度にあわせた予習・復習
にもぴったり対応しています。

3
**日常学習～定期テスト
対策まで完全サポート**

部活などで忙しくても効率的
に取り組むことで, テストの点
数はもちろん, 成績・内申点
アップも期待できます。

教科書の重要ポイント	いろいろな場面の英語表現	教科書 pp.4 ～ 5

①一日のあいさつ

午前中　　Good morning. 〔おはようございます。〕

正午～夕方　Good afternoon. 〔こんにちは。〕

夕方～晩　Good evening. 〔こんばんは。〕

②クラスメートとのあいさつ

Hi, I'm Sato Takashi. 〔こんにちは。 私は佐藤隆です。〕

Nice to meet you. 〔はじめまして。〕

What's your name? 〔あなたの名前は何ですか。〕

My name is Okada Yumi. 〔私の名前は岡田由美です。〕

Nice to meet you, too. 〔はじめまして。〕

③先生からの指示

それぞれの状況によって, 使われる表現は決まっているよ！

先生が生徒に使う英語

Stand up. 〔起立。〕

Sit down. 〔着席。〕

Open your textbook to page three. 〔教科書の3ページを開きなさい。〕

Raise your hand. 〔手をあげなさい。〕

生徒が先生に使う英語

Pardon me? 〔もう一度おっしゃってください。〕 → 先生の言ったことが聞きとれなかったときに使う

Excuse me. 〔失礼ですが。〕 → 話しかけるときに使う

How do you say ... in English? 〔…は英語で何と言いますか。〕
└──日本語のことばを入れる

④好きなものをたずね合う

What food do you like? 〔あなたはどんな食べ物が好きですか。〕

I like omelet. 〔私はオムレツが好きです。〕

⑤できること・入りたい部活動

I can play soccer well. 〔私はサッカーをじょうずにすることができます。〕

I want to join the soccer team. 〔私はサッカー部に入りたいです。〕

Good! I want to join the music club. I like singing.

〔いいですね。私は音楽部に入りたいです。私は歌うことが好きです。〕

ナルホド！

1 それぞれの絵に合う，適切な会話を下から選び，記号を書きなさい。

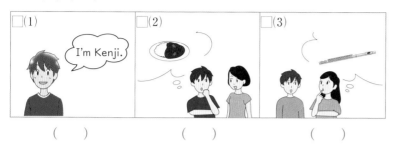

□(1)　I'm Kenji.

(　)

□(2)

(　)

□(3)

(　)

ア　I like curry and rice.

イ　Nice to meet you.

ウ　I want to join the music club.

2 それぞれの絵に合う，教室で使う英語を下から選び，記号を書きなさい。

□(1)

(　)

□(2)

(　)

□(3)

(　)

□(4)

(　)

□(5)

(　)

□(6)

(　)

ア　Stand up.

イ　Excuse me.

ウ　Sit down.

エ　Raise your hand.

オ　Open your textbook to page five.

カ　How do you say "*keshigomu*" in English?

> **注目!**
> **教室で使われる英語**
> 教室で使われる英語には，大きく分けて，先生からの指示「…しなさい」と，生徒が先生に質問する[話しかける]ときに使われるものがある。

7

Unit 0 Welcome to Junior High School (Part 2)

教科書の重要ポイント	アルファベット・単語の書き方	教科書 pp.6～8

英語のアルファベットには A～Z の大文字26文字, a～z の小文字26文字がある。

大文字

A B C D E F G H I J K L M N

O P Q R S T U V W X Y Z

＊大文字はすべて4線の1本目～3本目の間に書くこと。

小文字

a b c d e f g h i j k l m n

o p q r s t u v w x y z

＊小文字のg, j, p, q, yは3本目の線より下に出ることに注意する。

単語の書き方

人名や地名を英語で書くときの正しいルールは次のとおり。

和田（姓）　さとし（名）　　姓↓　名↓　**Wada Satoshi**　　姓も名も大文字ではじめる。
↑ 姓と名の間は, 小文字1文字分くらいあける。

京都　　**Kyoto**　　地名や国名は大文字ではじめる。

ロサンゼルス　**Los Angeles**　　2つの単語からできた地名は, 間を小文字1文字分くらいあけて, それぞれを大文字ではじめる。

1 アルファベットの大文字, 小文字をそれぞれ順番に書くとき, ____にあてはまるものを書きなさい。

□(1) A B C ____ ____ F ____ H I ____ K L ____

N O P ____ ____ S T ____ V W X ____ Z

☐(2) a ＿＿ c d ＿＿ f ＿＿ h i j ＿＿ l ＿＿

　　 n o ＿＿ q ＿＿ ＿＿ t u v w x ＿＿

2 次の絵を表す単語を □ の中から選び，＿＿ に書きなさい。

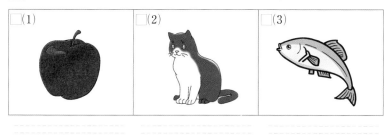

☐(1)　　　　☐(2)　　　　☐(3)

☐(4)　　　　☐(5)　　　　☐(6)

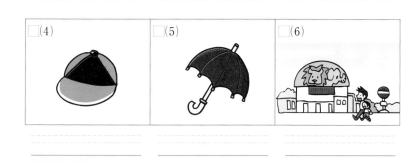

umbrella	apple	zoo	ball
cat	guitar	fish	cap

3 次の姓名を英語で正しく書きなさい。

☐(1) 鈴木　隆　（すずき　たかし）

☐(2) 岡島　結衣　（おかじま　ゆい）

☐(3) 本田　海斗　（ほんだ　かいと）

☐(4) （あなたの姓名）

⚠ミスに注意

英語はローマ字とは異なる書き方，読み方なので注意する！

❶ それぞれの数字を表す単語を下から選び，記号を書きなさい。

☐(1)　　☐(2)　　☐(3)　　☐(4)　　☐(5)　　☐(6)

1　　**3**　　**8**　　**12**　　**17**　　**20**

（　）　（　）　（　）　（　）　（　）　（　）

ア twelve　　イ twenty　　ウ ten　　エ three
オ one　　カ seventeen　　キ eight　　ク seven

❷ 次のそれぞれの曜日を表す単語を下から選び，記号を書きなさい。

☐(1) 土曜日　（　　）　　☐(2) 月曜日　（　　）　　☐(3) 水曜日　（　　）

☐(4) 木曜日　（　　）　　☐(5) 金曜日　（　　）

ア Monday　　イ Tuesday　　ウ Wednesday
エ Thursday　　オ Friday　　カ Saturday

❸ それぞれの絵に合う，適切な月を表す単語を下から選び，記号を書きなさい。

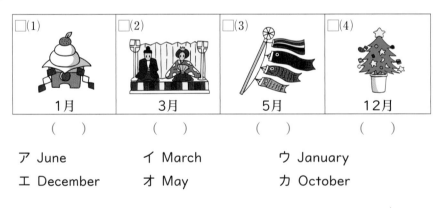

☐(1)	☐(2)	☐(3)	☐(4)
1月	3月	5月	12月
（　）	（　）	（　）	（　）

ア June　　イ March　　ウ January
エ December　　オ May　　カ October

❹ 日本語に合うように，＿＿ に姓名を書きなさい。

☐(1) 私は佐藤久美(さとう　くみ)です。

I am ＿＿＿＿＿＿＿＿＿＿＿＿＿＿＿＿＿.

☐(2) 私の名前は山田翔(やまだ　しょう)です。

My name is ＿＿＿＿＿＿＿＿＿＿＿＿＿＿.

ヒント　❹ 名前の書き方は姓名の順でも名姓の順でもどちらでもよい。

10

5 例にならって，あなたの好きな食べ物や飲み物を答えなさい。食べ物や飲み物は下のヒントから選んでもかまいません。

例 I like <u>ice cream</u>.　〔私は<u>アイスクリーム</u>が好きです。〕

☐ I like _____.

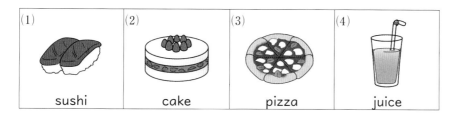

| (1) sushi | (2) cake | (3) pizza | (4) juice |

6 例にならって，あなたのできることを答えなさい。できることは下のヒントから選んでもかまいません。

例 I can play <u>basketball</u>.　〔私は<u>バスケットボール</u>をすることができます。〕

☐ I can play _____.

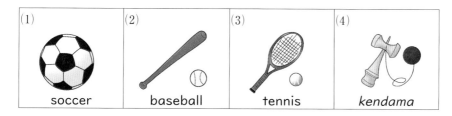

| (1) soccer | (2) baseball | (3) tennis | (4) *kendama* |

7 例にならって，あなたの入りたい部活を答えなさい。入りたい部活は下のヒントから選んでもかまいません。

例 I want to join the <u>badminton</u> team.　〔私は<u>バドミントン</u>部に入りたいです。〕

☐ I want to join the _____ team[club].

| (1) soccer | (2) swimming | (3) baseball | (4) tennis |

ヒント　つづりはまちがえないように正しく書こう。

11

Unit 1 New School, New Friends
(Part 1)

教科書の重要ポイント　「私は…です」「私は…します」の文　教科書 pp.10〜13

I am Meg Brown. 〔私はメグ・ブラウンです。〕

I am ....は「私は…です」と自分のことを言う文。

自分の名前を言うときは，I am[I'm]のあとに自分の名前を入れる。

I am Meg Brown.
　　　　名前

〔ナルホド！〕

I like Japanese food. 〔私は日本食が好きです。〕

likeは「…を好む，…が好きである」という意味の動詞。

動詞はふつう主語のあとに置き，〈主語＋動詞＋「…を」にあたる語〉の形にする。

「私は…します」の文　I like Japanese food.
　　　　　　　　　　主語　動詞　「…を」にあたる語

「私は…です」の文　I am from Australia. 〔私はオーストラリア出身です。〕
　　　　　　　　　　主語　be動詞

Iはいつも大文字で書くよ！

〔ナルホド！〕

Words & Phrases　次の日本語は英語に，英語は日本語にしなさい。

□(1) new （　　　　　　　　　）　　□(3) 〜から _____

□(2) friend （　　　　　　　　）　　□(4) しばしば _____

1 日本語に合うように，次の英文を正しく書きなさい。

□(1) 私はリカコです。

i am Rikako

_____
_____

□(2) 私は天ぷらが好きです。

i like tempura

_____
_____

> **注目！**
> 短縮形
> I amはI'mと短縮できる。
> 例 I'm Meg Brown.
> 〔私はメグ・ブラウンです。〕

Unit 1 New School, New Friends (Part 2)

> **教科書の重要ポイント**　「あなたは…ですか」「あなたは…しますか」の文　教科書 pp.14〜15

Are you from Sydney? 〔あなたはシドニー出身ですか。〕

— Yes, I am. [No, I am not.] 〔— はい，そうです。[いいえ，ちがいます。]〕

> Are you …?は「あなたは…ですか」という意味を表す。
> 相手の出身地をたずねるときは，〈Are you from …?〉で表す。
>
> Are you from Kyoto?
> 　　　　出身地 └── クエスチョンマークが必要
>
> Yes, I am.
> 　　└── Yesのあとには必ずコンマ(,)を入れる

Do you play cricket? 〔あなたはクリケットをしますか。〕

— Yes, I do.　[No, I do not. I do not play cricket.]

〔— はい，します。[いいえ，しません。私はクリケットをしません。]〕

> Do you …?は，「あなたは…しますか」とたずねる疑問文。
> 〈Do you＋動詞 …?〉のように，主語の前にdoを置いて疑問文にする。
> 答えるときもYes, I do.またはNo, I do not [don't]. のようにdoを使って表す。
>
> 肯定文　　I play cricket. 〔私はクリケットをします。〕
> 　　　　　　└── 主語の前に置く
> 疑問文　　Do you play cricket?
> 　　　　　　　主語
> 答え方　　Yes, I do. [No, I do not.]
> 　　　　　　　　　　└── do notはdon'tと短縮できる

Words & Phrases　次の日本語は英語に，英語は日本語にしなさい。

☐(1) soccer （　　　　　　　　）　　☐(4) ただ…だけ ＿＿＿＿＿＿＿＿

☐(2) watch （　　　　　　　　）　　☐(5) ファン ＿＿＿＿＿＿＿＿

☐(3) baseball （　　　　　　　）　　☐(6) だから，それで ＿＿＿＿＿＿＿＿

Unit 1 New School, New Friends
(Part 3)

教科書の重要ポイント　「できる・できない」を表す文／「…できますか」という疑問文　教科書 pp.16〜17

I can read *hiragana*. 〔私はひらがなを読むことができます。〕

I cannot read kanji. 〔私は漢字を読むことができません。〕

canは「…できる」，cannot[can't]は「…できない」の意味を表す。

「…できる［できない］」は〈can[cannot]＋動詞〉で表す。

canのつかない文　I read *hiragana*.

canの文　I can read *hiragana*.
　　　　　　　canのあとは動詞の原形

cannotの文　I cannot read kanji.
　　　　　　　cannotのあとは動詞の原形

can'tはcannotの短縮形だよ。

ナルホド!

Can you read kanji? 〔あなたは漢字を読むことができますか。〕

— Yes, I can. [No, I cannot.] 〔— はい，読めます。［いいえ，読めません。］〕

Can you ...?は「あなたは…できますか」という意味を表す。〈Yes, I can. [No, I cannot.]〉は，
Can you ...?に対して「…できます［できません］」と答える表現。

「…できますか」という疑問文は〈Can＋主語＋動詞 ...?〉の形で表す。答えの文も，canまた
はcannotを使って表す。

一般動詞の疑問文は，Do you ...?, canを使った疑問文はCan you ...?となる！

You can read kanji.〔あなたは漢字を読むことができます。〕
　　　canを主語の前に置く
Can you read kanji?　— Yes, I can. [No, I cannot.]

ナルホド!

Words & Phrases　次の日本語は英語に，英語は日本語にしなさい。

□(1) but　（　　　　　　　　　　　）　　□(3) そこに［へ，で］＿＿＿＿＿＿＿＿

□(2) swim　（　　　　　　　　　　　）　　□(4) 毎…，…ごとに＿＿＿＿＿＿＿＿

1 日本語に合うように，（　）内から適切なものを選び，記号を〇で囲みなさい。

☐(1) 私はテニスをすることができます。

　　I （ ア can　イ am ） play tennis.

☐(2) ユウトはピアノをひくことができますか。

　　（ ア Can　イ Do ） Yuto play the piano?

☐(3) 彼はじょうずに泳ぐことができません。

　　He （ ア can　イ cannot ） swim well.

2 絵を見て例にならい，「…はじょうずに～することができます。」という文を完成させなさい。

| 例 | (1) | (2) |
| ski | Hello. I'm Haruki. / speak English | cook curry |

例 **I can ski well.**

☐(1) Haruki ＿＿＿＿＿＿＿ speak English well.

☐(2) Jane ＿＿＿＿＿＿ ＿＿＿＿＿＿ curry well.

3 日本語に合うように，（　）内の語句を並べかえなさい。

☐(1) 私は速く泳ぐことができます。

　　(swim / I / can) fast.

　　＿＿＿＿＿＿＿＿＿＿＿＿＿＿＿＿＿＿ fast.

☐(2) あなたはギターをひくことができますか。

　　(you / play / can) the guitar?

　　＿＿＿＿＿＿＿＿＿＿＿＿＿＿＿＿ the guitar?

☐(3) ミカはピアノをじょうずにひくことができません。

　　(cannot / Mika / the piano / play) well.

　　＿＿＿＿＿＿＿＿＿＿＿＿＿＿＿＿＿ well.

Unit 1

❶ (   )に入る最も適切なものを1つ選び，記号を〇で囲みなさい。

☐(1) I (   ) Yukiko.

ア am　　イ is　　ウ are

☐(2) Call (   ) Yuki.

ア I　　イ me　　ウ we

☐(3) Can Shota (   ) soccer well?

ア play　　イ plays　　ウ not

> 自分のことや好きな
> ものを伝える表現を
> しっかり覚えよう。

❷ 日本語に合うように，_____ に入る適切な語を書きなさい。

☐(1) 私は加藤エミコです。

_____ Kato Emiko.

☐(2) 私はピザが好きです。

I _____ pizza.

☐(3) 私は大阪出身ではありません。

I'm _____ _____ Osaka.

☐(4) あなたはテニスをしますか。

_____ you _____ tennis?

❸ 書く! (   )内の指示に従って，英文を書きなさい。

☐(1) I'm from Okinawa. （否定文に）

_____

_____

☐(2) You play baseball. （疑問文にしてyesで答える）

_____

_____

— _____

☐(3) I can run fast. （主語をheに変える）

_____

_____

ヒント ❶(2)「私を…と呼んでください。」 ❷(4)「…しますか」はDo you ...?で表す。
❸(2)Do you ...の疑問文にはdoを使って答える。

4 読む 次の会話文を読んで，あとの問いに答えなさい。

Asami: Do you play badminton?

Meg: Yes, I (①).

Asami: Good! ②(私もです). Well, can you see the gym?

Meg: Yes, I can.

Asami: ③We can (ア) badminton (イ).

Meg: Great.

(1) （ ① ）に入る適切な語を書きなさい。

(2) 下線部②の(　　)内の日本語を英語にしなさい。

(3) 下線部③が「私たちはそこでバドミントンをすることができます。」という意味になるように，（ ア ）（ イ ）に入る適切な語を書きなさい。

ア＿＿＿＿＿＿　イ＿＿＿＿＿＿

5 読む 次の会話文を読んで，あなたがTomになったつもりで，あとの問いに答えなさい。

Saki: Are you from Australia?

Tom: No, I'm not. I'm from America.

Saki: Oh, are you a baseball fan?

Tom: Yes, I am. I can play baseball well.

Saki: I like baseball, too.

(注) America アメリカ(合衆国)

(1) Are you from Australia, Tom?

　—＿＿＿＿＿＿

(2) Can you play baseball, Tom?

　—＿＿＿＿＿＿

ヒント **4**(3)「バドミントンをする」はplay badminton。

17

ぴたトレ
3
確認テスト

Unit 1

時間 30分 /100点

合格 70点

解答 p.2

教科書 pp.10〜17

❶ 下線部の発音が同じものには〇を，そうでないものには×を，解答欄に書きなさい。　9点

(1) f<u>a</u>n
　　c<u>a</u>ll

(2) n<u>o</u>
　　s<u>o</u>

(3) f<u>i</u>ne
　　l<u>i</u>ttle

❷ 最も強く発音する部分の記号を解答欄に書きなさい。　9点

(1) of – ten
　　ア　イ

(2) Aus – tral – ia
　　ア　　イ　　ウ

(3) crick – et
　　ア　　　イ

❸ 日本語に合うように，＿＿＿に入る適切な語を書きなさい。　20点

よく出る (1) 私は福岡出身です。

　　I'm ＿＿＿＿ Fukuoka.

(2) 私はサッカーが好きです。

　　I ＿＿＿＿ soccer.

(3) あなたはピアノをひきますか。―いいえ，ひきません。

　　Do you play the piano?

　　―No, I ＿＿＿＿.

(4) ケンはじょうずに泳ぐことができません。

　　Ken ＿＿＿＿ swim well.

❹ ＿＿＿に適切な語を入れ，それぞれの会話文を完成させなさい。　10点

(1) **A :** ＿＿＿＿ you play basketball?

　　B : Yes, I do.

(2) **A :** ＿＿＿＿ you swim well?

　　B : No, I can't.

❺ 読む 次の会話文を読んで，あとの問いに答えなさい。　28点

Jim: ①<u>Are you from Shizuoka?</u>
Shota: Yes, I am.
Jim: ②So, (fan / a / are / soccer / you)?
Shota: Yes, I am.　But I like baseball, (　③　).
Jim: Great!　I can play soccer and baseball.

成績評価の観点　知…言語や文化についての知識・技能　表…外国語表現の能力

(1) 下線部①を日本語にしなさい。

(2) 下線部②の（　）内の語を正しく並べかえなさい。　表

(3) 「私は野球も好きです。」という意味になるように（　③　）に入る適切な語を書きなさい。

(4) 次の文で会話の内容に合わないものを1つ選び，記号で答えなさい。

　　ア　ショウタは静岡出身ではない。

　　イ　ショウタはサッカーファンである。

　　ウ　ジムはサッカーも野球もできる。

点UP 6 書く　次のようなとき英語で何と言うか，（　）内の語数で書きなさい。　表　24点

(1) 自己紹介で自分は12歳だと年齢を言うとき。（2語）

(2) 英語が話せるかどうかをたずねられ，それに対して「ほんの少しだけ」と答えたいとき。（3語）

(3) 相手に英語が好きかどうかたずねたいとき。（4語）

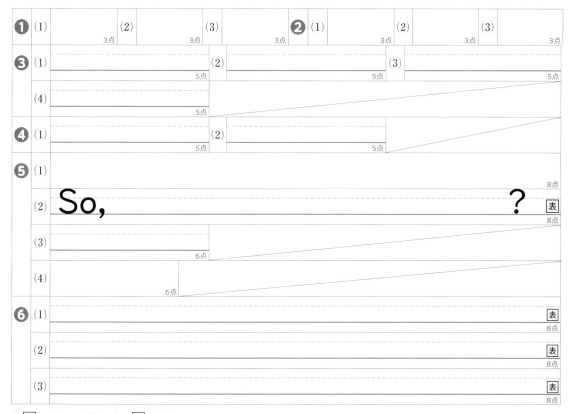

▶ 表 の印がない問題は全て 知 の観点です。

教科書の重要ポイント 「こちらは…です」「あれは…ですか」の文 　教科書 pp.19〜21

This is Kaito. 　**He is in Class 1B.** 〔こちらは海斗です。彼は1年B組です。〕
　　　　　　　　　He is not in Class 1A. 〔彼は1年A組ではありません。〕

This is Ms. Cook. 　**She is our teacher.** 〔こちらはクック先生です。彼女は私たちの先生です。〕
　　　　　　　　　　She is not from Australia. 〔彼女はオーストラリア出身ではありません。〕

thisは近くにあるものを指す。thatは遠くにあるものを指す。
「こちらは [これは] …です」はThis is ....で表す。
「あちらは [あれは] …です」はThat is ....で表す。

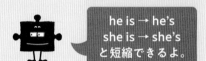

This is Kaito.

That is Yuki.

he is → he's
she is → she's
と短縮できるよ。

Is that a fish market? 〔あれは魚市場ですか。〕
— Yes, it is. [No, it is not.] 〔— はい, そうです。[いいえ, ちがいます。]〕

「これは[あれは]…ですか」とたずねる疑問文と答え方。
This[That] is ....の疑問文は, isをthisやthatの前に出す。
答えの文ではitを使う。

肯定文 This is a fish market.
　　　　　isをthisの前に出す
疑問文 Is this a fish market?
答え方 Yes, it is.
　　　　No, it is not[it's not]. It is[It's] a restaurant.
　　　　isのあとにnotを置く

it is → it's
と短縮できるよ。

Words & Phrases 次の日本語は英語に, 英語は日本語にしなさい。

□(1) market (　　　　　　　)　　□(3) 組, クラス ＿＿＿＿＿＿

□(2) popular (　　　　　　　)　　□(4) 満員の ＿＿＿＿＿＿

Unit 2 Our New Teacher (Part 2)

教科書の重要ポイント　「…は何ですか」「…はだれですか」とたずねる文　教科書 pp.22～23

What is this? 〔これは何ですか。〕

— It is the symbol for "school." 〔— それは「学校」の記号です。〕

whatは疑問文に使い，「何」という意味を表す。

whatは文の先頭に置き，そのあとはbe動詞の疑問文の形になる。

whatのない疑問文	whatのある疑問文
This is the symbol for "school."	This is the symbol for "school."

文の先頭へ　ここがわからない

Is this the symbol for "school"?　　What is this?

whatのある疑問文とない疑問文の答え方は異なる。

・whatがない場合 → yes / noで答える。

　例 Is this the symbol for "school"?　— Yes, it is. / No, it is[it's] not.

・whatがある場合 → whatに対する答えを言う。

　例 What is this?　— It is the symbol for "school."

＼ナルホド!／

Who is that? 〔あちらはだれですか。〕

— That is Josh. 〔— あちらはジョシュです。〕

whoは「だれ」という意味を表す。

「…はだれですか」は〈Who＋be動詞の疑問文の形〉で表す。

Who is that?

　疑問文の形〈be動詞＋主語...?〉

what is → what's
who is → who's
that is → that's
と短縮できるよ。

Who ...?に対して答える内容は，名前や人間関係などになる。

・名前を答える 例 Who is that?　— That is Josh. 〔あちらはジョシュです。〕

・人間関係を答える 例 Who is this girl? 〔この女の子はだれですか。〕

　　　　　　　　　— She is my sister. 〔彼女はわたしの妹です。〕

＼ナルホド!／

Words & Phrases　次の日本語は英語に，英語は日本語にしなさい。

□(1) symbol (　　　　　　　　　)　　□(3) ピクニック ＿＿＿＿＿＿＿＿

□(2) town (　　　　　　　　　)　　□(4) 区域，場所 ＿＿＿＿＿＿＿＿

Unit 2 Our New Teacher (Part 3)

教科書の重要ポイント　「どのようにして」「何を…しますか」とたずねる文　教科書 pp.24〜25

How do you come to school? 〔あなたはどのように学校に来ますか。〕

— I walk to school. 〔— 私は歩いて学校に来ます。〕

Howは「どのようにして」という意味を表し，方法をたずねる。
「どのように…しますか」は〈How＋一般動詞の疑問文の形〉で表す。

疑問文　How do you come to school? 〔あなたはどのように学校に来ますか。〕
　　　　　　　疑問文の形〈do＋主語 ...?〉

答え方　I walk to school. 〔私は歩いて学校に来ます。〕
　　　　　　　　「…で」，「どうやって」を具体的に答える
　　　　I come by bus. 〔私はバスで来ます。〕

ナルホド!

What do you have for breakfast? 〔あなたは朝食に何を食べますか。〕

— I have toast. 〔— 私はトーストを食べます。〕

whatは疑問文に使い，一般動詞の文では「何を」という意味を表すことが多い。
whatは文の先頭に置き，そのあとは一般動詞の疑問文の形になる。

whatのない疑問文
You have toast.
　　Doを文の先頭に置く
Do you have toast?

whatのある疑問文
You have toast.
　文の先頭へ　ここがわからない
What do you have?

be動詞の文でも一般動詞の文でも，whatのあとは疑問文の形にする。
・be動詞の文 → What is this? 〔これは何ですか。〕
・一般動詞の文 → What do you want? 〔あなたは何がほしいですか。〕

ナルホド!

Words & Phrases　次の日本語は英語に，英語は日本語にしなさい。

☐(1) yogurt （　　　　　　　　）　　☐(4) …に聞こえる _____

☐(2) walk （　　　　　　　　）　　☐(5) …もまた _____

☐(3) math （　　　　　　　　）　　☐(6) 来る _____

1 日本語に合うように，（　）内から適切なものを選び，記号を○で囲みなさい。

☐(1) あなたは火曜日は何の授業がありますか。

（ ア How　イ What) do you have on Tuesday?

☐(2) あなたはどのようにしてそこへ行きますか。

（ ア How　イ What) do you go there?

☐(3) 私は自転車でそこへ行きます。

I go there (ア by　イ in) bike.

2 絵を見て 例 にならい，「あなたは何を…しますか」の文とその答えの文を完成させなさい。

Unit2

注目!
whatの位置
whatは文の先頭に置く。

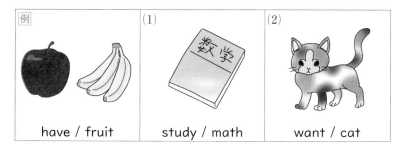

例	(1)	(2)
have / fruit	study / math	want / cat

例 **What do you have for breakfast?　—I have fruit.**

☐(1) _____ do you _____ every day?

—I _____ _____ every day.

☐(2) _____ do you _____?

—I _____ a _____.

3 日本語に合うように，（　）内の語を並べかえなさい。

☐(1) あなたは昼食に何を食べますか。

(do / have / what / you) for lunch?

_____ for lunch?

☐(2) 私はふつうヨーグルトを食べます。

I (yogurt / have / usually).

I _____.

⚠ミスに注意
(2) usuallyはふつう一般
動詞の前に置くよ！

教科書の重要ポイント | **be動詞と一般動詞のまとめ**　　教科書 pp.26〜27

---

be動詞

①肯定文「…は〜です」　　I am Ken.　〔私は健です。〕
　　　　　　　　　　　主語　be動詞

②否定文「…は〜ではありません」　　notをbe動詞のあとに置く
　　I am[I'm] not Ken.　〔私は健ではありません。〕
　　主語　be動詞

③疑問文「…は〜ですか」　be動詞を主語の前に置く
　　Are you Ken?　〔あなたは健ですか。〕
　　　　主語

　　—Yes, I am.　〔はい,そうです。〕

　　—No, I am not [I'm not].　〔いいえ,ちがいます。〕

am, are, isのことをbe動詞というんだよ!

ナルホド!

一般動詞 like, play, wantなどを使った文の語順

①肯定文

　　I play soccer every day.　〔私は毎日サッカーをします。〕
　　主語　動詞

②否定文
　　　　　do notを動詞の前に置く
　　I do not[don't] play soccer.　〔私はサッカーをしません。〕
　　主語　　　　　動詞

③疑問文
　　　Doを主語の前に置く
　　Do you play soccer?　〔あなたはサッカーをしますか。〕
　　　主語　動詞

　　—Yes, I do.　〔はい,します。〕

　　—No, I do not[don't].　〔いいえ,しません。〕

ナルホド!

Words & Phrases　次の日本語は英語に，英語は日本語にしなさい。

□(1) bag　（　　　　　　　　）　　□(3) かわいい _____

□(2) dog　（　　　　　　　　）　　□(4) ネコ _____

1 日本語に合うように，（ ）内から適切なものを選び，記号を○で囲みなさい。

☐(1) 私はカナです。

I （ ア am　イ are ）Kana.

☐(2) あなたは野球選手です。

You （ ア am　イ are ）a baseball player.

☐(3) あなたは毎日ピアノをひきます。

You （ ア play　イ like ）the piano every day.

2 絵を見て例にならい，「あなたは…しますか」という文を完成させなさい。

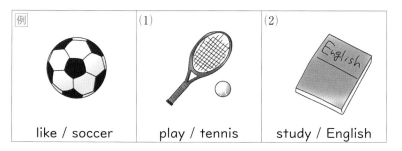

例	(1)	(2)
like / soccer	play / tennis	study / English

例 **Do you like soccer?　—Yes, I do.**

☐(1) ＿＿＿＿＿ ＿＿＿＿＿ play tennis every day?

　　—No, ＿＿＿＿＿ ＿＿＿＿＿.

☐(2) ＿＿＿＿＿ you ＿＿＿＿＿ English every day?

　　—Yes, ＿＿＿＿＿ ＿＿＿＿＿.

3 日本語に合うように，（ ）内の語句を並べかえなさい。

☐(1) あなたは岡山出身ですか。

(from / you / are) Okayama?

＿＿＿＿＿＿＿＿＿＿＿＿＿＿ Okayama?

☐(2) 私はラグビーファンです。

(am / rugby fan / I / a).

＿＿＿＿＿＿＿＿＿＿＿＿＿＿＿＿.

⚠ ミスに注意

語順に注意！
肯定文
〈主語＋動詞 ....〉
否定文
〈主語＋do not[don't]
＋動詞 ....〉
疑問文
〈Do＋主語＋動詞 ...?〉

テストによく出る！

主語とbe動詞の
組み合わせ

主語	be動詞
I	am
you	are
this/that	is
he/she	is

① ( )に入る最も適切なものを1つ選び，記号を〇で囲みなさい。

人やものを紹介したり，知らないものについてたずねたりする表現を確認しよう。

□(1) ( ) is Mr. Saito.

　　ア I　　イ This　　ウ You　　エ No

□(2) ( ) is that?　―It's a tempura restaurant.

　　ア Do　　イ What　　ウ How　　エ Who

□(3) That is Ms. Hayashi. ( ) is our teacher.

　　ア She's　　イ He　　ウ She　　エ He's

② 日本語に合うように，＿＿に入る適切な語を書きなさい。

□(1) あなたは朝食に何を食べますか。　―私はトーストと果物を食べます。

　　＿＿＿＿＿＿＿＿＿＿ do you have for breakfast?　―I have toast and fruit.

□(2) あちらはだれですか。　―彼は私たちの先生です。

　　＿＿＿＿＿＿＿＿＿＿ is that?　―He is our teacher.

□(3) あなたはどうやってその寺へ行きますか。　―私はその寺へ歩いて行きます。

　　＿＿＿＿＿＿＿＿＿＿ do you go to the temple?　―I walk to the temple.

□(4) あなたはどうですか。　―私もサッカーが好きです。

　　＿＿＿＿＿＿＿＿＿＿ about you?　―I like soccer, too.

③ 書く✍ ( )内の指示に従って，英文を書きなさい。

□(1) It's <u>our town map</u>. （thisを使って下線部をたずねる文に）

　　＿＿＿＿＿＿＿＿＿＿＿＿＿＿＿＿＿＿＿＿＿＿＿＿＿＿＿＿＿＿

□(2) This is your hat. （疑問文にしてyesで答える）

　　＿＿＿＿＿＿＿＿＿＿＿＿＿＿＿＿＿＿＿＿＿＿＿＿＿＿＿＿＿＿

　　―＿＿＿＿＿＿＿＿＿＿＿＿＿＿＿＿＿＿＿＿＿＿＿＿＿＿＿＿＿

□(3) I come to school <u>by bike</u>. （下線部をたずねる文に）

　　＿＿＿＿＿＿＿＿＿＿＿＿＿＿＿＿＿＿＿＿＿＿＿＿＿＿＿＿＿＿

ヒント　❶(3)Ms.は女性をさす。　❷(3)「どうやって行くか」をたずねている。

❹ 読む📖 次の会話文を読んで，あとの問いに答えなさい。

Kaito: (①) do you have for breakfast?

Ms. Cook: I usually have toast, fruit,and yogurt. ②(you / about / how)?

Kaito: I have rice and miso soup. I (③) have an egg and a sausage.

Ms. Cook: Sounds nice!

☐(1) (①)に入る適切な語を書きなさい。

☐(2) 下線部②が「あなたはどうですか。」という意味になるように，(   )内の語を正しく並べかえなさい。

_____ ?

☐(3) (③)に入る「…もまた」という意味の語を1つ選び，記号を○で囲みなさい。

ア always   イ so   ウ very   エ also

☐(4) 次の選択肢から会話の内容に合っているものを１つ選び，記号に○をつけなさい。

ア クック先生は朝食にトースト，フルーツ，卵を食べる。

イ 海斗(かいと)はご飯とみそ汁，卵，ソーセージを食べる。

❺ 話す🔊 次の問題を読んで，あとの問いに答えなさい。解答の答え合わせのあと，発音アプリの指示に従って，問題文と解答を声に出して読みなさい。 アプリ

Aoi: Oh, you have a guitar. Can you play it?

Emily: Yes, I can. How about you, Aoi?

Aoi: I can't play the guitar, but I can play the sax.

Emily: Great. Let's play music together.

（注）　sax サックス（木管楽器の一種）　let's ～しよう　together いっしょに

☐(1) Can Aoi play the guitar?

☐(2) Can you play music?　（自分自身の立場で答える）

ヒント　❹(1)「あなたは朝食に何を食べますか。」　❺(2)自分について答えよう。

27

ぴたトレ
3
確認テスト

Unit 2 ~ Grammar for Communication 1

時間 30分 ／100点
合格 70点
解答 p.4

教科書 pp.19 ~ 27

❶ 下線部の発音が同じものには〇を，そうでないものには×を，解答欄に書きなさい。 9点

(1) ar<u>ou</u>nd
s<u>ou</u>nd

(2) l<u>i</u>ve
p<u>i</u>cnic

(3) <u>a</u>lso
m<u>ar</u>ket

❷ 最も強く発音する部分の記号を解答欄に書きなさい。 9点

(1) pop – u – lar
　ア　イ　ウ

(2) yo – gurt
　ア　イ

(3) break – fast
　ア　イ

❸ 日本語に合うように，＿＿＿に入る適切な語を書きなさい。 18点

よく出る (1) あれは市場ですか。―はい，そうです。

　　Is that a market?

　　―Yes, ＿＿＿＿ is.

(2) あちらはだれですか。　―あちらはショウタです。

　　＿＿＿＿ is that?

　　―That's Shota.

(3) あなたは昼食に何を食べますか。　―私はオムレツとサラダを食べます。

　　＿＿＿＿ do you have for lunch?

　　―I have omelet and salad.

❹ ＿＿＿に適切な語を入れ，それぞれの会話文を完成させなさい。 12点

(1) **A :** ＿＿＿＿ is this?

　　B : It is a cap.

(2) **A :** ＿＿＿＿ do you go to school?

　　B : By bike.

❺ 読む 次の会話文を読んで，あとの問いに答えなさい。 28点

Aya : Good morning, Satoshi.

Satoshi : Hey, Aya. Good morning.

Aya : ①(どのように) do you come to school?

Satoshi : I come to school (②) bike.

Aya : Oh, ③(school / walk / I / to).

成績評価の観点　知…言語や文化についての知識・技能　表…外国語表現の能力

(1) 下線部①の（　）内の日本語を英語にしなさい。

(2) （　②　）に入る最も適切なものを1つ選び，記号を書きなさい。

　　ア in　　イ by　　ウ for

差がつく (3) 下線部③の（　）内の語を正しく並べかえなさい。 表

(4) 次の文が会話の内容に合っていれば○，合っていなければ×を書きなさい。

　　アヤは歩いて学校へ来る。

点UP ❻ 書く✏ 次のようなとき英語で何と言うか，（　）内の語数で書きなさい。 表　　24点

(1) 朝，担任の先生に会って「おはようございます。」とあいさつするとき。（2語）

(2) 目の前の友人に，となりにいる女性を自分のクラスの英語の先生だと紹介するとき。（4語）

(3) 遠くの建物を指して，レストランかどうかをたずねたいとき。（4語）

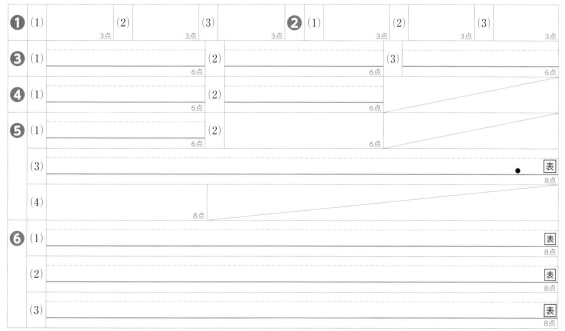

▶ 表 の印がない問題は全て 知 の観点です。

Unit 3 Club Activities
(Part 1)

| 教科書の重要ポイント | 「どこで…しますか」「…はいつですか」とたずねる文 | 教科書 pp.29〜31 |

Where do you practice? 〔あなたたちはどこで練習しますか。〕
— **We practice in the music room.** 〔— 私たちは音楽室で練習します。〕

Where is Midori Hall? 〔緑ホールはどこですか。〕
— **It is near the station.** 〔— それは駅の近くです。〕

〈Where＋do[does]＋主語＋動詞…?〉は「どこで…しますか」，
〈Where＋be動詞＋主語 …?〉は「…はどこにありますか」という意味。
答えるときは〈It is＋場所を表す語句.〉「…にあります」で表す。

たずねるものが単数のときは〈Where is＋主語(単数)?〉，複数のときは
〈Where are＋主語(複数)?〉とする。
▼いろいろな場所の表し方
　　「…の近くに」→near …　　　　「…の上に」→on …
　　「…の中に」→in …　　　　　　「…の下に」→under …

\ナルホド!/

When is the next concert? 〔次のコンサートはいつですか。〕
— **It is on July 5.** 〔— 7月5日です。〕

whenは「いつ」という意味を表す。
「…はいつですか」という疑問文は，〈When＋be動詞＋主語 …?〉で表す。
▼whenを使った疑問文に対しては，「いつ」なのかを答える。
　　時を表す表現
　・〈in ＋ 月〉 例 in July 〔7月に〕
　・〈on ＋ 日付・曜日〉 例 on Sunday 〔日曜日に〕
　・〈at ＋ 時刻〉 例 at ten 〔10時に〕

\ナルホド!/

Words & Phrases　次の日本語は英語に，英語は日本語にしなさい。

☐(1) before (　　　　　　　　)　　☐(4) コンサート _____

☐(2) next (　　　　　　　　)　　☐(5) 5日，5番目の _____

☐(3) near (　　　　　　　　)　　☐(6) ホール _____

Unit 3 Club Activities
(Part 2)

| 教科書の重要ポイント | 「…したい」「…になりたい」の文 | 教科書 pp.32 ～ 33 |

I want to win the game. 〔私は試合に勝ちたいです。〕

I want to be a good soccer player. 〔私はよいサッカー選手になりたいです。〕

> 〈want to＋一般動詞の原形〉で「…したい」，〈want to＋be動詞の原形〉で「…になりたい」という意味を表す。
>
> I want to <u>win</u> the game.
>   toのあとには動詞の原形を置く
>
> I want to <u>be</u> a good soccer player.
>   toのあとには動詞の原形を置く

＼ナルホド！／

Words & Phrases 次の日本語は英語に，英語は日本語にしなさい。

☐(1) excited (　　　　　　　　)　　☐(3) 今日(は) ＿＿＿＿＿＿＿

☐(2) singer (　　　　　　　　)　　☐(4) …に勝つ ＿＿＿＿＿＿＿

1 日本語に合うように，（ ）内から適切なものを選び，記号を○で囲みなさい。

☐(1) 私はオーストラリアに行きたいです。

I (ア come　イ want) to go to Australia.

☐(2) 私は教師になりたいです。

I want to (ア am　イ be) a teacher.

2 日本語に合うように，（ ）内の語を並べかえなさい。

☐(1) 私は歌手になりたいです。

I (to / be / want) a singer.

I ＿＿＿＿＿＿＿＿＿＿＿＿＿＿ a singer.

☐(2) 私はテニスがしたいです。

(play / to /I /tennis /want).

＿＿＿＿＿＿＿＿＿＿＿＿＿＿＿＿.

⚠ミス に 注意

(1)am, is, areの原形はbeだよ。want toのあとにはbe動詞の原形を置くよ！

31

Unit 3 Club Activities
(Part 3)

教科書の
重要ポイント　「いくつ」と数をたずねる表現　教科書 pp.34 ～ 35

How many rackets do you have? 〔あなたは何本のラケットを持っていますか。〕

— I have two rackets. 〔— 私は2本のラケットを持っています。〕

> How many ...?は「いくつ」と数をたずねる疑問文。
> 数をたずねるときは〈How many＋名詞の複数形 ...?〉で表す。数をたずねているので，答えるときは数を言う。
>
> 　　How many rackets do you have?
> 　　　　　複数形　　「あなたは持っていますか」という疑問文の形
>
> 　　I have two rackets.
> 　　　　　数を答える
>
> ▼数をたずねられて，答えが１つ（単数）のときや，１つもないときは次のように答える
> How many balls do you have? 〔あなたは何個のボールを持っていますか。〕
> — I have one ball. 〔私は１個のボールを持っています。〕
> 　　　　単数なのでsはつかない
> — I do not have any balls. 〔私はボールを1個も持っていません。〕
> 　　〈not ... any＋複数形〉で「１つも…ない」

ナルホド!

Words & Phrases　次の日本語は英語に，英語は日本語にしなさい。

☐(1) bottle （　　　　　　　　）　　☐(6) 彼らは[が]　_____

☐(2) towel （　　　　　　　　）　　☐(7) …を持っている　_____

☐(3) coach （　　　　　　　　）　　☐(8) 1週間　_____

☐(4) woman （　　　　　　　　）　　☐(9) 男の人　_____

☐(5) shoe （　　　　　　　　）　　☐(10) あれらの　_____

1 日本語に合うように，（　）内から適切なものを選び，記号を〇で囲みなさい。

☐(1) あなたはネコを何匹飼っていますか。

（ ア How　イ What ）many cats do you have?

☐(2) 私はネコを2匹飼っています。

I have two (ア cat　イ cats).

☐(3) 私たちは水曜日と日曜日は休みです。

We're (ア in　イ off) on Wednesday and Sunday.

2 絵を見て例にならい，「あなたはいくつ…を持っていますか」という文を完成させなさい。

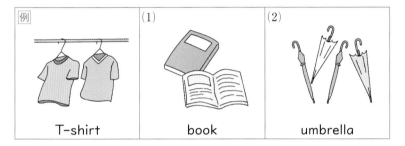

例	(1)	(2)
T-shirt	book	umbrella

例 **How many T-shirts do you have?**

☐(1) ＿＿＿＿＿＿ ＿＿＿＿＿＿ books do you have?

☐(2) ＿＿＿＿＿＿ many ＿＿＿＿＿＿ do you have?

3 日本語に合うように，（　）内の語を並べかえなさい。

☐(1) あなたは何本ペンを持っていますか。

(how / pens / many) do you have?

＿＿＿＿＿＿＿＿＿＿＿＿＿＿＿＿ do you have?

☐(2) あなたはリンゴを何個ほしいですか。

(do / how / you / apples / many) want?

＿＿＿＿＿＿＿＿＿＿＿＿＿＿＿＿ want?

☐(3) あなたはノートを何冊持っていますか。

(you / many / notebooks / how / do / have)?

＿＿＿＿＿＿＿＿＿＿＿＿＿＿＿＿?

Unit3

33

Grammar for Communication 2

教科書の重要ポイント　**名詞のまとめ**　教科書p.36

「人」や「もの」「こと」などの名称を表す語を名詞という。

・数えられる名詞

1つ2つと数えられる名詞には単数形と複数形がある。

単数形　　1つの場合

a pencil〔1本の鉛筆〕　　an apple〔1個のリンゴ〕

名詞の前にaやanをつける

anは母音で始まる数えられる名詞の前につけるよ。

複数形　　2つ以上の場合

two pencils〔2本の鉛筆〕　　three apples〔3個のリンゴ〕　　four buses〔4台のバス〕

名詞にsまたはesをつける

・数えられない名詞

1つ2つのようには数えられない名詞

素材や物質，抽象的なものなど

water（水）　　rain（雨）　　music（音楽）　　など

aやanはつかない。sやesもつかない

名詞の形

・数えられる名詞

s, esのつくもの　　racket（ラケット）　→　rackets

不規則に変化するもの　child（子供）　→　children　　man（男の人）　→　men

単複同形　　sheep（ヒツジ）　→　sheep　　fish（魚）　→　fish　など

・数えられない名詞

一定の形がないもの　　water（水）　　sugar（砂糖）

目に見えないもの　　air（空気）　　music（音楽）　　freedom（自由）

人や場所　　Kenji（健二）　　Kyoto（京都）　　など

ナルホド!

Words & Phrases　次の日本語は英語に，英語は日本語にしなさい。

☐(1) sheep（　　　　　　　　）　　☐(4) カップ _____

☐(2) milk　（　　　　　　　　）　　☐(5) 歯 _____

☐(3) jam　（　　　　　　　　）　　☐(6) 食べる _____

1 日本語に合うように，（　）内から適切なものを選び，記号を○で囲みなさい。

☐(1) 私はリンゴを2個食べます。

I eat two (ア apple　イ apples).

☐(2) あなたはボールを1つ持っています。

You have one (ア ball　イ balls).

☐(3) 私はグラス1杯の水を飲みます。

I drink a (ア glass　イ glasses) of water.

注目!

数えられない名詞
waterやcheese,
meatなどの数えられ
ない名詞はaやanをつ
けたり，sで終わる形
にはならないが，
a glass of water
（グラス1杯の水）
a piece of cheese
（チーズひと切れ）
some meat
（いくらかの肉）
などをつけて量を表す
ことができる。

Grammar for Communication 2

2 絵を見て例にならい，「私は…を～つ持っています」という文を完成させなさい。

例	(1)	(2)
three pens	one racket	ten eggs

例 **I have three pens.**

☐(1) I have _____ racket.

☐(2) I have _____ _____.

3 日本語に合うように，（　）内の語を並べかえなさい。

☐(1) あの女性はだれですか。

(that / is / who / woman)?

_____?

☐(2) 私はタオルを3枚持っています。

(three / I / towels / have).

_____.

☐(3) あなたはえんぴつを2本持っていますか。

(two / you / pencils / have / do)?

_____?

① ( )に入る最も適切なものを1つ選び，記号を〇で囲みなさい。

□(1) ( ) is the sushi restaurant? — It's near the station.

　ア What　イ When　ウ Where　エ How

□(2) ( ) do you practice soccer? — We practice soccer on Saturday.

　ア When　イ What　ウ Where　エ Who

□(3) I ( ) to watch TV.

　ア want　イ do　ウ practice　エ win

場所をたずねるときは where を，時をたずねるときは when を使うよ。

② 日本語に合うように，＿＿ に入る適切な語を書きなさい。

□(1) あなたはいつ野球を練習しますか。　—私は日曜日に野球を練習します。

　＿＿＿＿＿＿＿＿＿＿ do you practice baseball? — I practice baseball on Sunday.

□(2) あなたはどこでピアノをひきますか。　—私は音楽室でピアノをひきます。

　＿＿＿＿＿＿＿＿＿＿ do you play the piano? — I play the piano in the music room.

□(3) あなたは帽子をいくつ持っていますか。　—私は２つ持っています。

　How many ＿＿＿＿＿＿＿＿＿＿ do you have? — I have two caps.

□(4) 渋谷ホールはどこですか。　—それは駅の近くです。

　＿＿＿＿＿＿＿＿＿＿ is Shibuya Hall? — It's near the station.

③ 書く✍ ( )内の指示に従って，英文を書きなさい。

□(1) I have <u>three cats</u>.　（下線部をたずねる文に）

□(2) We practice tennis <u>on Friday</u>.　（下線部をたずねる文に）

□(3) I am a singer.　（…になりたいという文に）

□(4) I watch TV every day.　（…したいという文に）

ヒント　①(1)「駅の近く」と答えている。　(2)「土曜日に」と答えている。　③(3)「…になりたい」は want to be …。

36

定期テスト
予報

●where, when, how manyなどの使い方が問われるでしょう。
⇒どの語が何をたずねるときに使われるか覚えましょう。
●名詞の複数形や，数の表し方が問われるでしょう。
⇒ 複数形は名詞に (e)sをつけて表す。いろいろな名詞への (e)sのつけ方を確認しておきましょう。

❹ 読む📖 次の会話文を読んで，あとの問いに答えなさい。

Meg: ①Where do you practice?

Josh: In the music room. But before a concert, we practice in the gym.

Meg: ②(next / the / is / when / concert)?

Josh: It's (③) July 5, (④) Midori Hall.

☐(1) 下線部①を日本語にしなさい。

(　　　　　　　　　　　　　　　　　　　　　　　　　　　　　　　)

☐(2) 下線部②の(　　　)内の語を正しく並べかえなさい。

_____?

☐(3) (③) (④)に入る適切な語を選び，記号で答えなさい。

ア by　　イ on　　ウ at　　エ for

③(　　　　　　　)　④(　　　　　　　)

☐(4) 会話の内容について次の選択肢から正しいものを１つ選び，記号に○をつけなさい。

ア ジョシュたちはコンサートの前は体育館で練習をする。

イ コンサートは6月5日に行われる。

❺ 話す🔊 次の問題を読んで，あとの問いに答えなさい。解答の答え合わせのあと，
発音アプリの指示に従って，問題文と解答を声に出して読みなさい。 [アプリ]

Emily: This is a strange picture of a penguin.　　　　　　絵：三輪みわ(アソビディア)

Sora: I see two animals in the picture. Look at the picture upside down.

Emily: Oh, now I see a cow. Do you see two people's faces, too?

Sora: No, I don't.

(注)strange 奇妙な　penguin ペンギン　upside down　逆さまに　cow ウシ　face 顔

☐(1) What animal do you see?　（Soraになったつもりでどちらか一方の動物を答える）

— _____

☐(2) Do you see two people's faces?　（あなた自身の答えを書く）

— _____

ヒント　❹(1)whereは「どこで」の意味。　(3)④「…で」と場所を表す語を選ぶ。

❶ 下線部の発音が同じものには〇を，そうでないものには×を，解答欄に書きな さい。　　　　　　　　　　　　　　　　　　　　　　　　　　　　　　　9点

(1) b<u>a</u>nd　　　　　　　　(2) w<u>i</u>n　　　　　　　　(3) sh<u>oe</u>
　　pr<u>a</u>ctice　　　　　　　　　fi<u>f</u>th　　　　　　　　　<u>c</u>oncert

❷ 最も強く発音する部分の記号を解答欄に書きなさい。　　　　　　　　　9点

(1) be – fore　　　　　　(2) ac – tiv – i – ty　　　　(3) to – day
　　ア　　イ　　　　　　　ア　　イ　　ウ　　エ　　　　ア　　イ

❸ 日本語に合うように，＿＿に入る適切な語を書きなさい。　　　　　　18点

(1) 図書館はどこですか。　―それは駅の近くです。

　　＿＿＿＿ is the library?

　　― It's near the station.

(2) 私はピアノを練習したいです。

　　I ＿＿＿＿ to practice the piano.

(3) あなたはいくつ帽子を持っていますか。　―2つ持っています。

　　＿＿＿＿ many hats do you have?

　　― I have two hats.

❹ ＿＿に適切な語を入れ，それぞれの会話文を完成させなさい。　　　　12点

(1) **A :** I want to be a soccer player. How about you?

　　B : I want to ＿＿＿＿ an English teacher.

(2) **A :** ＿＿＿＿ do you practice the guitar?

　　B : I practice the guitar on Sunday.

❺ 読む 次の会話文を読んで，あとの問いに答えなさい。　　　　　　　　28点

> **Jim:**　(①) do you practice tennis?
>
> **Mayu:**　We practice on Wednesday and Saturday.
>
> **Jim:**　②(rackets / how / you / many / have / do)?
>
> **Mayu:**　I have three ③(racket).
>
> **Jim:**　When is the next game?
>
> **Mayu:**　It's on May 6.

成績評価の観点　知…言語や文化についての知識・技能　表…外国語表現の能力

⑴ （ ① ）に入る最も適切なものを1つ選び，記号を書きなさい。

　　ア How　　イ When　　ウ Where

差がつく ⑵ 下線部②の（ ）内の語を正しく並べかえなさい。表

⑶ 下線部③を適切な形にしなさい。

⑷ 次の文が会話の内容に合っていれば○，合っていなければ×を書きなさい。

　　ア マユはテニスの練習を水曜日と土曜日にする。

　　イ マユはラケットを2本持っている。

　　ウ 次の試合は5月6日だ。

点UP ❻ 書く✐ 次のようなとき英語で何と言うか，（ ）内の語数で書きなさい。表　　24点

⑴ 相手の学校の場所をたずねるとき。（4語）

⑵ 相手に本を何冊持っているかをたずねるとき。（6語）

⑶ 自分は数学の教師になりたいというとき。（7語）

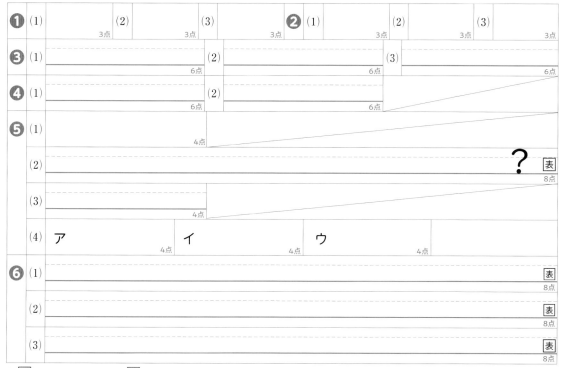

❶ ⑴ ＿＿＿ 3点　⑵ ＿＿＿ 3点　⑶ ＿＿＿ 3点　❷ ⑴ ＿＿＿ 3点　⑵ ＿＿＿ 3点　⑶ ＿＿＿ 3点

❸ ⑴ ＿＿＿ 6点　⑵ ＿＿＿ 6点　⑶ ＿＿＿ 6点

❹ ⑴ ＿＿＿ 6点　⑵ ＿＿＿ 6点

❺ ⑴ ＿＿＿ 4点

　⑵ ＿＿＿ ？ 表 8点

　⑶ ＿＿＿ 4点

　⑷ ア ＿＿＿ 4点　イ ＿＿＿ 4点　ウ ＿＿＿ 4点

❻ ⑴ ＿＿＿ 表 8点

　⑵ ＿＿＿ 表 8点

　⑶ ＿＿＿ 表 8点

▶ 表 の印がない問題は全て 知 の観点です。

39

Unit 4 Friends in New Zealand
(Part 1)

教科書の 重要ポイント	指示・命令する文や助言する文	教科書 pp.37〜39

Come to the front.〔前に来なさい。〕

Be brave.〔勇気を出して。〕

Don't worry.〔心配しないで。〕

comeなど動詞のもとの形（原形）から始まる文は，相手に「…しなさい」と指示・命令する文で，命令文という。

命令文は動詞で文を始める。

Come to the front.

be動詞の命令文

Be ....も命令文で，「…しなさい」という意味を表す。

be動詞の文で「…しなさい」はBe ....の形で表す。

be 動詞の文	Yuka is brave. 〔ユカは勇かんです。〕

be 動詞の命令文	Be brave.

be動詞はbeにする

否定の命令文

否定の命令文は「…してはいけません」という意味を表す。

「…してはいけません」は〈Don't＋動詞 ....〉の形で表す。

一般動詞の命令文	Play the piano. 〔ピアノをひきなさい。〕

否定の命令文	Don't play the piano. 〔ピアノをひいてはいけません。〕

命令文では，動詞は (e)sがつかないもとの形を使い，主語はいらないよ！

ナルホド!

1 次の日本語の意味になる英語を選び，記号を書きなさい。

□(1) いい子でね。　　　　　ア　Don't take pictures here.

□(2) 心配しないで。　　　　イ　Be a good boy.

□(3) 走らないように。　　　ウ　Don't run.

□(4) 勇気を出して。　　　　エ　Be brave.

□(5) ここで写真をとらないで。　オ　Don't worry.

(1) (　　)　　(2) (　　)　　(3) (　　)

(4) (　　)　　(5) (　　)

いろいろな命令文を覚えよう。

ぴたトレ
1
要点チェック

Unit 4 Friends in New Zealand
(Part 2)

時間
15分

解答
p.7

〈新出語・熟語 別冊p.8〉

教科書の
重要ポイント
時刻のたずね方と答え方

教科書 pp.40〜41

What time is it? 〔何時ですか。〕
— **It is noon. [It is twelve (o'clock).]** 〔— 正午です。[12時です。]〕

What time do you have lunch? 〔あなたたちは昼食を何時に食べますか。〕
— **At one. [We have lunch at one.]** 〔— 1時です。[私たちは1時に昼食を食べます。]〕

what timeは「何時」という意味を表す。
現在の時刻をたずねるときは，What time is it?で表す。時刻を答えるときは，〈It is [It's]
＋時刻．〉の形で答える。

| 疑問文 | What time is it? |
| 答え方 | It is four. 〔4時です。〕 |

＊「時」を言う文では主語をitにする。

相手が「何かをする時刻」をたずねるときは〈What time＋疑問文の形〉で表す。

Do you have lunch? 〔あなたは昼食を食べますか。〕

What time do you have lunch? 〔あなたは何時に昼食を食べますか。〕

\ナルホド!/

Words & Phrases 次の日本語は英語に，英語は日本語にしなさい。

□(1) a.m. (   )　　□(3) …時 _____

□(2) noon (   )　　□(4) …のあとで _____

1 日本語に合うように，＿＿に適切な語を書きなさい。

□(1) あなたは何時に起きますか。

＿＿＿＿＿＿＿ ＿＿＿＿＿＿＿ do you get up?

□(2) 大阪は今，4時です。

It's ＿＿＿＿＿＿＿ ＿＿＿＿＿＿＿ in Osaka now.

Unit 4 Friends in New Zealand (Part 3)

| 教科書の重要ポイント | 〈what＋名詞〉の疑問文 | 教科書 pp.42～43 |

What animals can we see in New Zealand?
〔私たちはニュージーランドでどんな動物を見ることができますか。〕
— You can see sheep and kiwis. 〔— あなたたちはヒツジとキーウィを見ることができます。〕

What sport do you like? 〔あなたは何のスポーツが好きですか。〕
— I like netball. 〔— 私はネットボールが好きです。〕

〈what＋名詞〉は「何の…」という意味を表す。

whatの疑問文

What do you like?

〔あなたは何が好きですか。〕

「何」と一般的にたずねる

〈what＋名詞〉の疑問文

What sport do you like?

〔あなたは何のスポーツが好きですか。〕

「どんな…」と特定してたずねる

〈what＋名詞〉で文をはじめ，そのあとに疑問文の形を続ける。

一般動詞の疑問文

Do you like any sports? 〔あなたはスポーツが好きですか。〕
〈Do＋主語＋一般動詞〉

〈what＋名詞〉の疑問文

What sport do you like?
〈what＋名詞〉　疑問文の語順

ナルホド！

| Words & Phrases | 次の日本語は英語に，英語は日本語にしなさい。 |

☐(1) national (　　　　　　　)　　☐(6) 丸い _____

☐(2) subject (　　　　　　　)　　☐(7) 正しい，正確な _____

☐(3) bird (　　　　　　　)　　☐(8) …のような _____

☐(4) animal (　　　　　　　)　　☐(9) …を意味する _____

☐(5) football (　　　　　　　)　　☐(10) スポーツ _____

1 日本語に合うように, ( )内から適切なものを選び, 記号を○で囲みなさい。

テストによく出る!

〈what＋名詞〉で始まる疑問文

〈what＋名詞〉のあとに疑問文の形を続ける。
一般動詞の疑問文は〈Do＋主語＋動詞～?〉の形。

□(1) あなたはどんな教科が好きですか。

　　(ア How　イ What) subject do you like?

□(2) あなたは何時に寝ますか。

　　What (ア time　イ day) do you go to bed?

□(3) 私たちはそこでどんな果物を食べることができますか。

　　(ア When　イ What) fruit can we eat there?

2 絵を見て例にならい,「あなたは何を…しますか」という文を完成させなさい。

注目!

〈what＋名詞〉の疑問文に対する答え方
Yes / No を使わず, 具体的に答える。
What season do you like?
〔あなたはどの季節が好きですか。〕
― I like summer.
〔夏が好きです。〕

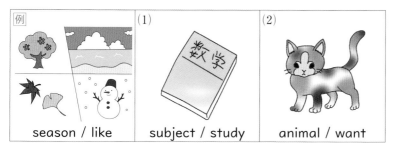

| 例 | (1) | (2) |
| season / like | subject / study | animal / want |

例 **What season do you like?**

□(1) _____ subject do you _____?

□(2) _____ _____ do you want?

3 日本語に合うように, ( )内の語を並べかえなさい。

⚠ミスに注意

〈what＋名詞〉の文は, whatと名詞を離さないように注意。ひとまとまりにして文の最初に置くこと!

□(1) あなたは何のスポーツをしますか。

　　(do / play / what / you / sport)?

　　_____?

□(2) あなたは何時に学校へ行きますか。

　　(time / go / you / what / school / do / to)?

　　_____?

□(3) あなたは何色が好きですか。

　　(like / what / do / color / you)?

　　_____?

| 教科書の重要ポイント | 疑問詞 | 教科書 pp.44〜45 |

① 「いつ」かをたずねる語→when

When can we ski?　〔私たちはいつスキーをすることができますか。〕

— We can ski in winter.　〔冬にできます。〕

② 「どこ」かをたずねる語→where

Where is my cap?　〔私の帽子はどこですか。〕

— It is under the desk.　〔それは机の下です。〕

when, where, who, what, howなど, 特定のことをたずねるのに使う語のことを疑問詞というよ!

③ 「だれ」かをたずねる語→who

Who is this woman?　〔この女性はだれですか。〕

— She is Ms. Sato, our teacher.　〔彼女はサトウ先生, 私たちの先生です。〕

④ 「何(の)」かをたずねる語→what

What is this?　〔これは何ですか。〕　— It is an eraser.　〔それは消しゴムです。〕

What do you have for breakfast?　〔あなたは朝食に何を食べますか。〕

— I have toast and egg.　〔私はトーストと卵を食べます。〕

What animal do you like?　〔あなたはどんな動物が好きですか。〕

— I like cats.　〔私はネコが好きです。〕

⑤ 「どう, どのようにして」と様子や方法をたずねる語→how

How are you?　〔調子はどうですか。〕 …「様子」をたずねる。　— I am OK.　〔よいですよ。〕

How do you come to school?　〔あなたはどのようにして学校へ来ますか。〕 …「方法」をたずねる。

— I come by bus.　〔私はバスで来ます。〕

⑥ 「どのくらい」かをたずねる語→how …

How many books do you have?　〔あなたは本を何冊持っていますか。〕

— I have twenty books.　〔私は本を20冊持っています。〕

ナルホド!

1 次の表の空欄に入る適切な語を □ の中から選んで書き, 表を完成させなさい。2回使用する語が1つあります。

意味	疑問詞	意味	疑問詞
何(の)	□(1)	どこ	□(2)
どのくらい…	□(3)	いつ	□(4)
だれ	□(5)	どのようにして	□(6)

| how　　who　　when　　what　　where |

2 日本語に合うように，（ ）内から適切なものを選び，記号を〇で囲みなさい。

☐(1) あなたはどんな教科が好きですか。

（ ア What　イ How) subject do you like?

☐(2) あなたは何本のペンを持っていますか。

（ ア What　イ How) many pens do you have?

☐(3) あちらはだれですか。

（ ア Who　イ What) is that?

☐(4) あなたはどこでテニスをしますか。

（ ア When　イ Where) do you play tennis?

3 絵を見て例にならい，「あなたは何時に…しますか」という文を完成させなさい。

例	(1)	(2)
have breakfast	get up	go to bed

例 **What time do you have breakfast?**

☐(1) _____ _____ do you get up?

☐(2) What _____ do you _____ to bed?

4 日本語に合うように，（ ）内の語句を並べかえなさい。

☐(1) あなたはどこに住んでいますか。

(you / where / do / live)?

_____?

☐(2) あなたはどのようにして学校へ行くのですか。

(go / to / how / you / school / do)?

_____?

ぴたトレ
2
練習

Unit 4 ～
Grammar for Communication 3

時間 **20分**

解答 p.8

教科書 pp.37 ～ 45

◆❶ ( )に入る最も適切なものを1つ選び，記号を○で囲みなさい。

□(1) ( ) quiet.

　　ア Is　　イ Be　　ウ Am　　エ Do

□(2) ( ) run here.

　　ア Don't　　イ What　　ウ Is　　エ Are

□(3) ( ) time is it in Australia now?

　　ア When　　イ How　　ウ What　　エ Who

□(4) ( ) fruit do you like?

　　ア How　　イ Where　　ウ What　　エ Do

時刻をたずねたり，何が好きかをたずねたりする表現をしっかり覚えよう。

❷ 日本語に合うように， ____ に入る適切な語を書きなさい。

□(1) あなたは何のスポーツが好きですか。　―私はテニスが好きです。

　　What _____ do you like?　― I like tennis.

□(2) 日本の天気はどうですか。　―寒いです。

　　_____ is the weather in Japan?　― It's cold.

□(3) あなたは何時に昼食を食べますか。　―12時です。

　　What _____ do you have lunch?　― At twelve.

□(4) 図書館はどこですか。　―それは駅の近くです。

　　_____ is the library?　― It's near the station.

❸ 書く✐ ( )内の指示に従って，英文を書きなさい。

□(1) I like <u>rabbits</u>. （下線部をたずねる文に）

　　_____

　　_____

□(2) I usually get up <u>at six</u>. （下線部をたずねる文に）

　　_____

　　_____

□(3) You are kind to children. （命令文に）

　　_____

　　_____

ヒント　❶(2)否定の命令文。　❷(4)「駅の近くです」と答えている。
　　　　❸(3)be動詞の命令文。

●「何時」「どんな…」などをたずねる表現が問われるでしょう。
⇒what のあとは疑問文の形であることを覚えておきましょう。
⇒時刻や日，月，季節を言う文の主語はitであることを覚えておきましょう。
⇒「何時ですか」はbe動詞，「何時に…しますか」は一般動詞を使うことに注意しましょう。

4 読む 次の会話文を読んで，あとの問いに答えなさい。

Asami: It's 9 a.m. in Japan now. ①(is / what / it / time) in New Zealand?

David: It's (②).

Asami: Wow, noon. Are you hungry?

David: No. We have morning tea. So I'm not hungry.

□(1) 下線部①が「何時ですか。」という意味になるように，（　　）内の語を正しく並べかえなさい。

□(2) （ ② ）に「正午」という意味の語を書きなさい。

□(3) 会話の内容に合うものを次の選択肢から1つ選び，記号に○をつけなさい。

　　ア 日本は今，午後9時だ。

　　イ Davidはおなかがすいていない。

5 話す 次の問題を読んで，あとの問いに答えなさい。解答の答え合わせのあと，発音アプリの指示に従って，問題文と解答を声に出して読みなさい。 アプリ

Traveler: Where's the library?

Aoi: It's near here. Go straight on this street.

　　　　Turn right at the park.

　　　　It's on your left. You can't miss it.

Traveler: OK. I see. Thanks.

Aoi: You're welcome.

（注）traveler 旅行者　　street 通り　　park 公園　　miss（目印などを）見逃す

□(1) Where does the traveler go?　（旅行者はどこへ行きますか。）

　　 ― He goes to ＿＿＿＿＿＿＿＿＿＿＿＿＿＿＿＿＿＿＿＿＿＿＿＿．

　　　　　　　　　　　　　（注）goes goの三人称単数現在形。heやsheに続けて用いる。

□(2) Please tell the way to the police station.

　　 ―

ぴたトレ
3
確認テスト

Unit 4 ~ Grammar for Communication 3

時間30分 /100点　合格70点

解答 p.8

教科書 pp.37 ~ 45

❶ 下線部の発音が同じものには〇を，そうでないものには×を，解答欄に書きなさい。　9点

(1) after
　national

(2) time
　like

(3) front
　worry

❷ 最も強く発音する部分の記号を解答欄に書きなさい。　9点

(1) dur – ing
　ア　イ

(2) pe – ri – od
　ア　イ　ウ

(3) your – self
　ア　イ

❸ 日本語に合うように，＿＿に入る適切な語を書きなさい。　18点

よく出る (1) ここでサッカーをしてはいけません。

＿＿＿＿ play soccer here.

(2) 日本は今，何時ですか。一午前10時です。

＿＿＿＿ time is it in Japan now?

— It's 10 a.m.

(3) あなたは何の教科が好きですか。　一私は数学が好きです。

What ＿＿＿＿ do you like?

— I like math.

❹ ＿＿に適切な語を入れ，それぞれの会話文を完成させなさい。　12点

(1) **A :** ＿＿＿＿ sport do you like?

B : I like baseball.

(2) **A :** What ＿＿＿＿ do you have breakfast?

B : I have breakfast at seven.

❺ 読む📖 次の会話文を読んで，あとの問いに答えなさい。　28点

Sam : What （　①　） do you like?

Ryo : I like basketball. I'm （　②　） the basketball team.

Sam : Oh, that's good. I'm （　②　） the soccer team. ③(you / basketball / when / do / practice)?

Ryo : We usually practice basketball after school.

Sam : I see. We practice soccer on Saturday.

成績評価の観点　知…言語や文化についての知識・技能　表…外国語表現の能力

(1) （ ① ）に入る適切な語を書きなさい。

(2) （ ② ）に入る最も適切なものを1つ選び，記号を書きなさい。

　　ア for　　イ on　　ウ at

差がつく (3) 下線部③の（　）内の語を正しく並べかえなさい。　表

(4) 会話文の内容に合わないものを1つ選び，記号を書きなさい。

　　ア リョウはバスケットボールが好きだ。

　　イ サムはサッカー部に入っている。

　　ウ サムは放課後サッカーの練習をする。

点UP ❻ 書く！ 次のようなとき英語で何と言うか，（　）内の語数で書きなさい。表　24点

(1) オーストラリアの時刻をたずねるとき。（6語）

(2) 相手にどんな動物がほしいかたずねるとき。（5語）

(3) 相手に「ここへ来なさい」というとき。（2語）

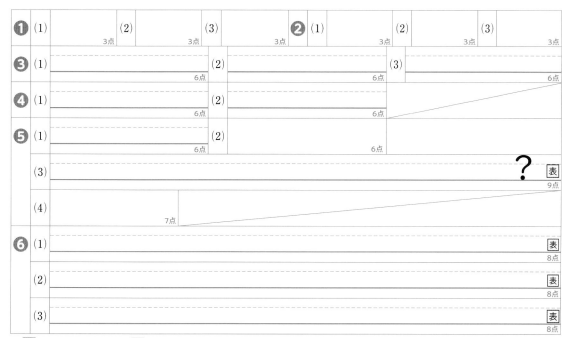

▶ 表 の印がない問題は全て 知 の観点です。

Unit 5
A Japanese Summer Festival
(Part 1)

教科書の重要ポイント　「…は〜にあります[〜にいます]」の文　教科書 pp.47〜49

Meg is by the bench.　〔メグはベンチのそばにいます。〕

Look at the bench under the tree.　〔木の下のベンチを見なさい。〕

Look at the people on the stage.　〔舞台上の人々を見なさい。〕

「…は〜にあります[〜にいます]」は〈主語＋is[are]＋場所を表す語句.〉で表す。
ものの位置を表すときは次のような語を使う。

The ball is _____ the box.

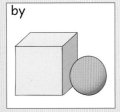　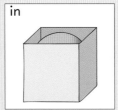　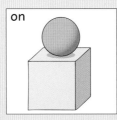　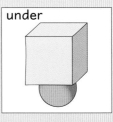

| by | in | on | under |

探しものをするときなど「…はどこにありますか」というときは，たずねるものが単数のときは〈Where is＋主語(単数)?〉，複数のときは〈Where are＋主語(複数)?〉で表す。

　Where is my cap?

「それは〜にあります」と答えるときは〈It is＋場所を表す語句.〉で表す。

　It is on the desk.

ナルホド!

Words & Phrases　次の日本語は英語に，英語は日本語にしなさい。

□(1) festival （　　　　　　　　）　　□(6) 髪 _____

□(2) pond （　　　　　　　　）　　□(7) 人々 _____

□(3) bench （　　　　　　　　）　　□(8) 静かな _____

□(4) stage （　　　　　　　　）　　□(9) 木，樹木 _____

□(5) park （　　　　　　　　）　　□(10) …の下に[で] _____

1 日本語に合うように，（ ）内から適切なものを選び，記号を〇で囲みなさい。

注目!
「いる」と「ある」
日本語では，主語が
人・動物なら「いる」，
ものなら「ある」と言う
が，英語ではその区別
はなく，主語に応じた
be動詞を使う。

□(1) 木の下のイヌを見なさい。

Look at the dog (ア on イ under) the tree.

□(2) あなたのえんぴつは箱の中にあります。

Your pencil is (ア on イ in) the box.

□(3) 彼の帽子はいすの上にあります。

His cap is (ア on イ at) the chair.

□(4) 私は友達と池のまわりを走ります。

I jog with my friend (ア by イ around) the pond.

2 絵を見て例にならい，「…はどこにありますか。それは~にあります」という文を完成させなさい。

例	(1)	(2)
under the desk	by the book	in this bag

テストによく出る!
短縮形
Where is ...? は
Where's…?と短縮で
きる。

例 **Where is my book?　— It's under the desk.**

□(1) Where is my eraser?　— It's _____ the book.

□(2) Where is my computer?　— It's _____ this bag.

3 日本語に合うように，（ ）内の語句や符号を並べかえなさい。

□(1) ヒロシはどこにいますか。

(is / where / Hiroshi / ?)

_____

□(2) 彼は体育館にいます。

(in / he / gym / the / is).

_____ .

□(3) 赤いゆかたを着た女の子がユイです。

The girl (is / yukata / the red / Yui / in).

The girl _____ .

Unit 5
A Japanese Summer Festival
(Part 2)

教科書の重要ポイント 「…することが好きだ」「…が得意だ」の文　　教科書 pp.50～51

I like dancing. 〔私はおどることが好きです。〕

I am good at dancing. 〔私はおどることが得意です。〕

---

likeのあとに動詞のing形の語を置くと，「…することが好きです」，be good atのあとに動詞のing形の語を置くと，「…が得意です」という意味になる。

| likeの文 | I like music. 〔私は音楽が好きです。〕 |

| 〈like ＋一般動詞のing形〉の文 | I like listening to music. 〔私は音楽を聞くことが好きです。〕 |

〈be good at ＋一般動詞のing形〉の否定文はbe動詞のあとにnotを置く。

I am not [I'm not] good at dancing. 〔私はおどることが得意ではありません。〕

　　　　　└──────┘ be動詞のあとにnotを置く

Words & Phrases 次の日本語は英語に，英語は日本語にしなさい。

☐(1) something （　　　　　　　　）　　☐(6) …を必要とする ＿＿＿＿＿＿＿

☐(2) idea （　　　　　　　　）　　☐(7) 水泳 ＿＿＿＿＿＿＿

☐(3) sea （　　　　　　　　）　　☐(8) ヌードル，めん ＿＿＿＿＿＿＿

☐(4) juice （　　　　　　　　）　　☐(9) 内気な ＿＿＿＿＿＿＿

☐(5) together （　　　　　　　　）　　☐(10) のどのかわいた ＿＿＿＿＿＿＿

1 日本語に合うように，（　）内から適切なものを選び，記号を〇で囲みなさい。

☐(1) 私は英語を勉強することが好きです。

　　I like （ ア study　イ studying ）English.

☐(2) ショウタは水泳が得意です。

　　Shota is good （ ア at　イ in ）swimming.

□(3) 私たちは音楽を聞くのが好きです。

We like (ア listen　イ listening) to music.

□(4) 彼女はテニスをするのが得意です。

She is good at (ア play　イ playing) tennis.

□(5) 私は川で泳ぎたいです。

I want (ア swimming　イ to swim) in the river.

テストによく出る!

動名詞

動詞のing形は「動名詞」といい，「…すること」という意味を表し，like や enjoy などの動詞の目的語になる。

2 絵を見て例にならい，「…は～が得意です」という文を完成させなさい。

例	(1)	(2)
play the piano	cook	play soccer

例 **I am good at playing the piano.**

□(1) Eri is ＿＿＿＿＿＿＿ at cooking.

□(2) Shota is ＿＿＿＿＿＿ at ＿＿＿＿＿＿ soccer.

3 日本語に合うように，（　）内の語を並べかえなさい。

□(1) ユウトはスキーをするのが得意です。

(at / good / Yuto / is) skiing.

＿＿＿＿＿＿＿＿＿＿＿＿＿＿＿ skiing.

□(2) 私は歌うのが好きです。

(like / singing / I).

＿＿＿＿＿＿＿＿＿＿＿＿＿＿＿.

□(3) 私は本を読むのが好きです。

(like / books / I / reading).

＿＿＿＿＿＿＿＿＿＿＿＿＿＿＿.

□(4) ミカは泳ぐことが得意ではありません。

(swimming / isn't / at / Mika / good).

＿＿＿＿＿＿＿＿＿＿＿＿＿＿＿.

ぴたトレ
1
要点チェック

Unit 5
A Japanese Summer Festival
(Part 3)

時間 **15分**　解答 p.10

〈新出語・熟語 別冊p.9〉

教科書の重要ポイント	過去を表す文	教科書 pp.52 〜 53

I went to to the summer festival yesterday.

〔私は昨日夏祭りに行きました。〕

「…しました」と，思い出など過去にしたことを話すときは，動詞の形が変わる。

…に行った	went	←	go
…を食べた	ate	←	eat
…を見た	saw	←	see
…を楽しんだ	enjoyed	←	enjoy

過去を表す語を使うことで，行った場所やそこでしたことなどを表現することができる。

ナルホド!

Words & Phrases 次の日本語は英語に，英語は日本語にしなさい。

□(1) candy （　　　　　　　）　　　□(6) 昨日(は) ＿＿＿＿＿＿＿＿

□(2) river （　　　　　　　）　　　□(7) とてもおいしい ＿＿＿＿＿＿＿＿

□(3) small （　　　　　　　）　　　□(8) 大きい ＿＿＿＿＿＿＿＿

□(4) firework （　　　　　　　）　　　□(9) goの過去形 ＿＿＿＿＿＿＿＿

□(5) wonderful （　　　　　　　）　　　□(10) eatの過去形 ＿＿＿＿＿＿＿＿

1 日本語に合うように，（　）内から適切なものを選び，記号を○で囲みなさい。

□(1) 私は昨日動物園に行きました。

I （ ア go　イ went ）to the zoo yesterday.

□(2) 私は昨日焼きそばを食べました。

I （ ア ate　イ eat ）fried noodles yesterday.

□(3) 私たちはそこでたくさんのきれいな花火を見ました。

We (ア see イ saw) a lot of beautiful fireworks there.

□(4) 私たちは楽しく過ごしました。

We (ア have イ had) a good time.

2 絵を見て例にならい，「私は昨日…しました」という文を完成させなさい。

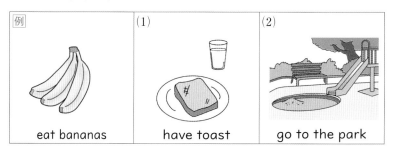

例	(1)	(2)
eat bananas	have toast	go to the park

例 **I ate bananas yesterday.**

□(1) I ＿＿＿＿＿＿＿ toast for breakfast yesterday.

□(2) I ＿＿＿＿＿＿＿ to the park yesterday.

3 日本語に合うように，（　）内の語句を並べかえなさい。

□(1) 私たちは夏祭りを楽しみました。

(we / summer festival / enjoyed).

＿＿＿＿＿＿＿＿＿＿＿＿＿＿＿＿＿＿＿＿＿＿＿.

□(2) 私はおいしい天ぷらを食べました。

(delicious / ate / tempura / I).

＿＿＿＿＿＿＿＿＿＿＿＿＿＿＿＿＿＿＿＿＿＿＿.

□(3) 私は昨日図書館へ行きました。

(to / library / went / I / the) yesterday.

＿＿＿＿＿＿＿＿＿＿＿＿＿＿＿＿＿＿ yesterday.

□(4) 私たちは公園でたくさんの動物を見ました。

(lots / we / animals / of / saw) in the zoo.

＿＿＿＿＿＿＿＿＿＿＿＿＿＿＿＿＿ in the zoo.

⚠ミスに注意

動詞の過去形には(e)dをつけるものと，不規則に変化させるものがある。

Stage Activity 1

教科書の
重要ポイント | **自分を知ってもらうための自己紹介** | 教科書 pp.54～55

自分の好きなことや得意なこと，入っている部活動などを紹介する。

①自己紹介のときの名前の言い方には2通りある。

1. **I'm Ikeda Shin.** 〔私は池田慎です。〕
   名前

2. **My name is Ikeda Shin.** 〔私の名前は池田慎です。〕
   名前

②自己紹介では自分の名前を言ったあとに，自己紹介で取り上げたい話題，取り上げた話題に対する一言を述べるとよい。

▼自己紹介で取り上げたい話題

・好きなこと/好きでないこと(教科，スポーツ，食べ物など)

  I like cooking. 〔私は料理をすることが好きです。〕

・クラブ活動　**I'm on the tennis team.** 〔私はテニス部です。〕

・出身　　　　**I'm from Osaka.** 〔私は大阪出身です。〕

・年齢　　　　**I'm twelve.** 〔私は12歳です。〕

・家族　　　　**I have two brothers.** 〔私には兄が2人います。〕

Words & Phrases　**次の日本語は英語に，英語は日本語にしなさい。**

□(1) poster （　　　　　　　　　）　　□(6) 別の人[もの]　_____

□(2) movie （　　　　　　　　　）　　□(7) 年齢　_____

□(3) stadium（　　　　　　　　　）　　□(8) ときどき　_____

□(4) famous （　　　　　　　　　）　　□(9) 話す，しゃべる　_____

□(5) book （　　　　　　　　　）　　□(10) …に(～を)話す　_____

1 **日本語に合うように，（　）内から適切なものを選び，記号を〇で囲みなさい。**

□(1) 私は斎藤博です。

　I（ ア am　イ are ）Saito Hiroshi.

□(2) 私はサッカーが好きです。

I (ア want　イ like) soccer.

□(3) 私はバスケットボール部に入っています。

I'm (ア on　イ at) the basketball team.

□(4) あなたはどんな動物が好きですか。

(ア What　イ How) animals do you like?

注目!

be on the …

…部に入っているは
be on the … team で
表せる。

2 絵を見て|例|にならい，自己紹介の文を完成させなさい。

|例|
Yamada Jiro
○math / ×English

(1)
Kato Eri
○music / ×math

(2)
Sato Taro
○baseball / ×soccer

|例| **I'm Yamada Jiro.**

My favorite subject is math.

I don't like English.

□(1) _____ Kato Eri.

My favorite _____ is music.

I don't _____ math.

□(2) _____ _____ Taro.

My favorite sport is _____.

I _____ like _____.

3 日本語に合うように，（　）内の語を並べかえなさい。

□(1) 私はラグビー部です。

(on / rugby / the / I'm / team).

_____.

□(2) 私はサッカーファンです。

(am / fan / I / soccer / a).

_____.

□(3) 私はよく焼きそばを食べます。

(eat / often / fried / I / noodles).

_____.

テストによく出る!

副詞の位置

often はふつう一般動
詞の前に置く。

Stage Activity 1

Unit 5 ～ Stage Activity 1

① （　　）に入る最も適切なものを1つ選び，記号を〇で囲みなさい。

☐(1) My bag is (　　) the desk.

　　ア on　　イ for　　ウ at　　エ over

☐(2) I like (　　) the guitar.

　　ア play　　イ plays　　ウ playing　　エ do

☐(3) I'm not good at (　　) songs.

　　ア sing　　イ sings　　ウ singing　　エ do

> ものや人の位置を表す前置詞の使い分けをしっかり覚えよう。

② 日本語に合うように，＿＿＿に入る適切な語を書きなさい。

☐(1) 窓のそばにいるネコを見なさい。

　　Look ＿＿＿＿＿＿＿ the cat ＿＿＿＿＿＿＿ the window.

☐(2) 私はピアノをひくのが得意です。

　　I'm good ＿＿＿＿＿＿＿ ＿＿＿＿＿＿＿ the piano.

☐(3) 私は海で水泳を楽しみました。

　　I ＿＿＿＿＿＿＿ ＿＿＿＿＿＿＿ in the sea.

③ 日本語に合うように，（　　）内の語句を並べかえなさい。

☐(1) 私のイヌはベンチの下にいます。

　　(is / dog / my / under) the bench.

　　＿＿＿＿＿＿＿＿＿＿＿＿＿＿＿＿＿＿＿＿＿＿ the bench.

☐(2) 私はケンといっしょに川に行きました。

　　(to / I / a river / went) with Ken.

　　＿＿＿＿＿＿＿＿＿＿＿＿＿＿＿＿＿＿＿＿＿＿ with Ken.

☐(3) 私たちはそこで，つりを楽しみました。

　　(enjoyed / there / we / fishing).

　　＿＿＿＿＿＿＿＿＿＿＿＿＿＿＿＿＿＿＿＿＿＿ .

④ 書く✐ 次の日本語を英語にしなさい。

☐(1) 私は水泳が得意です。

　　＿＿＿＿＿＿＿＿＿＿＿＿＿＿＿＿＿＿＿＿＿＿＿＿

☐(2) 何か食べましょう。

　　＿＿＿＿＿＿＿＿＿＿＿＿＿＿＿＿＿＿＿＿＿＿＿＿

ヒント　**①**(2)「…することが好きです」。　(3)「…することが得意ではありません」。　**④**(2)「…しましょう」はLet'sではじめる。

5 読む📖 昨日の出来事についてMeg(メグ)がスピーチをしています。次の英文を読んで，あとの問いに答えなさい。

Yesterday, I ①(go) to the summer festival with Asami, Josh, and Kaito.
We enjoyed ②(dance) there. I ate a big candy apple. ③It was delicious.
At the end of the festival, we saw lots of wonderful fireworks.

☐(1) ①②を正しい形にしなさい。

① _____

② _____

☐(2) 下線部③を日本語にしなさい。

(　　　　　　　　　　　　　　　　　　　　　　　　　　　　　　　　　　　)

☐(3) 会話文の内容に合うものを１つ選び，記号を○で囲みなさい。

ア メグは友達と２人で夏祭りに行った。

イ メグは夏祭りで踊りを楽しんだ。

ウ メグはリンゴあめを食べなかった。

6 話す🔊 次の会話文を読んで，あとの問いに答えなさい。解答の答え合わせのあと，発音アプリの指示に従って，問題文と解答を声に出して読みなさい。 📱アプリ

Chen: Look at this picture. This is chicken rice. It's a popular food in Singapore.

Sora: Oh, I like chicken very much.

Chen: Let's make it together someday.

Sora: But I'm not good at cooking.

Chen: Don't worry. I'm a good cook.

(注) chicken とり肉　　Singapore シンガポール　　cook 料理人

☐(1) What is chicken rice?

— _____

☐(2) Is Sora good at cooking?

— (　　　　　　　　), he (　　　　　　　　).

☐(3) Is Chen good at cooking?

— (　　　　　　　　), he (　　　　　　　　).

ヒント **④**(1)① yesterdayがあるので過去形にする。　(1)②enjoyのあとは-ing形。

❶ 下線部の発音が同じものには〇を，そうでないものには×を，解答欄に書きなさい。 9点

(1) ate / saw

(2) festival / went

(3) lot / over

❷ 最も強く発音する部分の記号を解答欄に書きなさい。 9点

(1) qui – et
ア　イ

(2) yes – ter – day
ア　イ　ウ

(3) fes – ti – val
ア　イ　ウ

❸ 日本語に合うように，＿＿に入る適切な語を書きなさい。 18点

よく出る (1) 私は走ることが好きです。

I like ＿＿＿＿.

(2) ウサギはどこにいますか。―木の下にいます。

Where is the rabbit?

— It's ＿＿＿＿ the tree.

(3) 私たちは山へ行きました。　―私たちはそこでキャンプを楽しみました。

We went to the mountains.

— We ＿＿＿＿ camping there.

❹ 日本語に合うように，（　）内の語を並べかえなさい。 14点

よく出る (1) 私はスキーをすることが得意ではありません。

(not / at / I'm / good) skiing.

(2) 私は川でつりを楽しみました。

(enjoyed / in / I / fishing) the river.

❺ 読む 次の会話文を読んで，あとの問いに答えなさい。 26点

Satoshi: Sam, you're good at swimming!

Sam: Thanks. I like ①(swim). Come on, Satoshi. ②(〜しましょう) swim.

Satoshi: No, thank you. ③(not / swimming / I'm / at / good).

Sam: Don't worry. You can do it!

Satoshi: OK.

成績評価の観点　知…言語や文化についての知識・技能　表…外国語表現の能力

(1) 下線部①の語を適切な形にしなさい。

(2) 下線部②の（　）内の日本語を英語にしなさい。

(3) 下線部③が「私は泳ぐことが得意ではありません。」という意味になるように（　　）内の語を正しく並べかえて，全文を書きなさい。　表

(4) 会話の内容について次の問いに英語で答えなさい。

　　Is Satoshi good at swimming?

❻ 書く✎ 次のようなとき英語で何と言うか，（　）内の語数で，指示がある場合は指示にしたがって書きなさい。　表　24点

(1) 自分はよく紅茶を飲むというとき。（4語）

(2) 自己紹介で自分がサッカーチームに所属していることをいうとき。（5語）

(3) 食べたものがとてもおいしかったというとき。（itで始めて　3語）

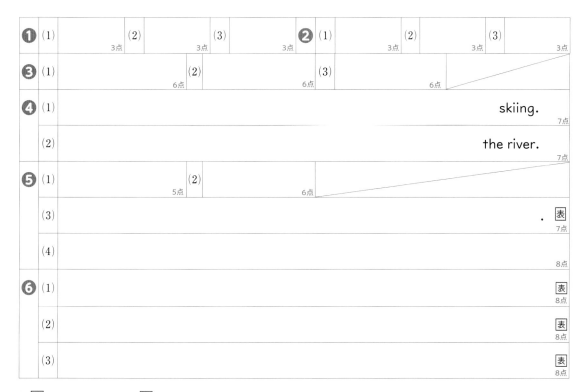

▶ 表 の印がない問題は全て 知 の観点です。

Unit 6 A Speech about My Brother
〈Story 1〉

〈新出語・熟語 別冊p.10〉

| 教科書の重要ポイント | 主語がI, you以外で単数のときの動詞の形 | 教科書 pp.57～59 |

Takuya lives in Cebu. 〔卓也はセブ島に住んでいます。〕

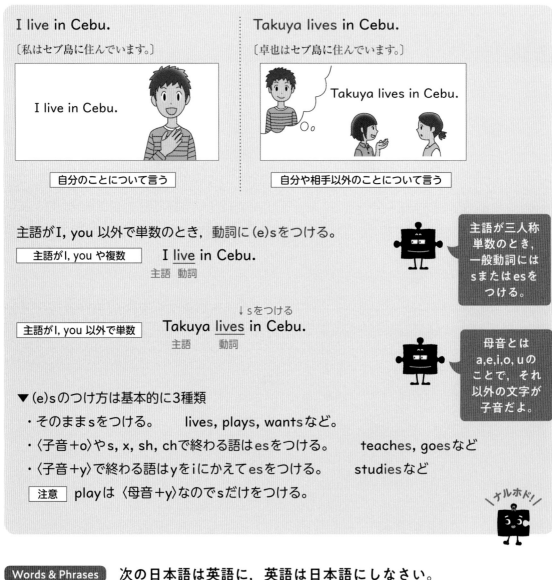

I live in Cebu.
〔私はセブ島に住んでいます。〕

I live in Cebu.

自分のことについて言う

Takuya lives in Cebu.
〔卓也はセブ島に住んでいます。〕

Takuya lives in Cebu.

自分や相手以外のことについて言う

主語がI, you以外で単数のとき，動詞に(e)sをつける。

主語がI, youや複数　　I live in Cebu.
　　　　　　　　　　　主語　動詞

↓sをつける

主語がI, you以外で単数　Takuya lives in Cebu.
　　　　　　　　　　　　主語　　　動詞

主語が三人称単数のとき，一般動詞にはsまたはesをつける。

母音とはa,e,i,o, uのことで，それ以外の文字が子音だよ。

▼(e)sのつけ方は基本的に3種類

・そのままsをつける。　　lives, plays, wantsなど。
・〈子音+o〉やs, x, sh, chで終わる語はesをつける。　　teaches, goesなど
・〈子音+y〉で終わる語はyをiにかえてesをつける。　　studiesなど

注意　playは〈母音+y〉なのでsだけをつける。

｜ナルホド!｜

Words & Phrases 次の日本語は英語に，英語は日本語にしなさい。

□(1) dive 　（　　　　　　　　）　　□(4) 言語，言葉 _____

□(2) his 　（　　　　　　　　）　　□(5) アジアの _____

□(3) weekday （　　　　　　　　）　　□(6) 週末 _____

1 日本語に合うように，（ ）内から適切なものを選び，記号を◯で囲みなさい。

□(1) ケンはサッカーが好きです。

Ken (ア like　イ likes) soccer.

□(2) 私の母は日本語を教えています。

My mother (ア teach　イ teaches) Japanese.

□(3) キョウコは夕方に英語の勉強をします。

Kyoko (ア studies　イ study) English in the evening.

2 絵を見て例にならい，「…は〜します」という文を完成させなさい。

例	(1)	(2)
Yuto / like	she / speak	they / have

例 **Yuto likes baseball.**

□(1) She ＿＿＿＿＿＿＿ English well.

□(2) They ＿＿＿＿＿＿＿ two dogs.

3 日本語に合うように，（ ）内の語句を並べかえなさい。

□(1) 私の兄はオーストラリアに住んでいます。

(brother / in / my / lives / Australia).

＿＿＿＿＿＿＿＿＿＿＿＿＿＿＿＿＿＿＿＿.

□(2) カナは夕食のあとテレビを見ます。

(TV / Kana / after dinner / watches).

＿＿＿＿＿＿＿＿＿＿＿＿＿＿＿＿＿＿＿＿.

□(3) リョウはこのコンピュータを使います。

(this / Ryo / uses / computer).

＿＿＿＿＿＿＿＿＿＿＿＿＿＿＿＿＿＿＿＿.

□(4) 彼らは毎日テニスを練習します。

(practice / they / every / tennis / day).

＿＿＿＿＿＿＿＿＿＿＿＿＿＿＿＿＿＿＿＿.

Unit 6 A Speech about My Brother
(Story 2)

教科書の重要ポイント	主語が三人称単数のときの否定文	教科書 pp.60〜61

Takuya does not write a blog.〔卓也はブログを書きません。〕

〈does not . . .〉は「…しません」という否定の意味を表す。

主語が三人称単数の否定文は〈主語＋does not＋動詞 . . .〉の形にする。

動詞には(e)sをつけない。

| 肯定文 | Takuya | writes a blog. | 〔卓也はブログを書きます。〕 |

sがつかないもとの形(動詞の原形)

| 否定文 | Takuya <u>does not</u> write a blog. | 〔卓也はブログを書きません。〕 |

動詞の前にdoes notを置く

| does notは短縮できる |

・does not → doesn't　　例　Ryo doesn't play baseball.

〔リョウは野球をしません。〕

ナルホド!

Words & Phrases　次の日本語は英語に，英語は日本語にしなさい。

□(1) blog　(　　　　　　　　)　　□(5) カメラ　＿＿＿＿＿＿

□(2) comment(　　　　　　　　)　　□(6) 地点，場所　＿＿＿＿＿＿

□(3) local　(　　　　　　　　)　　□(7) 防水の　＿＿＿＿＿＿

□(4) post　(　　　　　　　　)　　□(8) (…を)書く　＿＿＿＿＿＿

1 日本語に合うように，(　)内から適切なものを選び，記号を○で囲みなさい。

□(1) トムはサッカーが好きではありません。

Tom (ア don't　イ doesn't) like soccer.

□(2) ビルはギターを持っていません。

Bill (ア don't　イ doesn't) have a guitar.

□(3) 彼女は私の妹を知りません。

She doesn't (ア know　イ knows) my sister.

テストによく出る!
doesn'tのあとの動詞
(4)doesn'tのあとの動詞にはsをつけない。

☐(4) アヤとケンはピアノをひきません。

Aya and Ken (ア don't イ doesn't) play the piano.

2 絵を見て例にならい,「…は〜しません」という文を
完成させなさい。

例	(1)	(2)
Mr. Brown / teach English	Yoko / play tennis	Jim / eat natto

例 **Mr. Brown doesn't teach English.**

☐(1) Yoko ＿＿＿＿＿＿＿ play tennis.

☐(2) Jim ＿＿＿＿＿＿＿ ＿＿＿＿＿＿＿ *natto*.

3 日本語に合うように，＿＿に入る適切な語を書きなさい。

☐(1) ジムは日本語を話しません。

Jim ＿＿＿＿＿＿＿ speak Japanese.

☐(2) リョウはこのコンピュータを使いません。

Ryo ＿＿＿＿＿＿＿ ＿＿＿＿＿＿＿ this computer.

4 日本語に合うように，（ ）内の語句を並べかえなさい。

☐(1) マキはかさを持っていません。

(an umbrella/ does / Maki / not / have).

＿＿＿＿＿＿＿＿＿＿＿＿＿＿＿＿＿＿＿＿＿＿.

☐(2) コウジはネコはほしくありません。

(cat / doesn't / Koji / want / a).

＿＿＿＿＿＿＿＿＿＿＿＿＿＿＿＿＿＿＿＿＿＿.

☐(3) 私の弟は牛乳を飲みません。

(milk / doesn't /drink / my brother).

＿＿＿＿＿＿＿＿＿＿＿＿＿＿＿＿＿＿＿＿＿＿.

☐(4) 彼女は平日はギターの練習をしません。

(the guitar / doesn't /she / practice) on weekdays.

＿＿＿＿＿＿＿＿＿＿＿＿＿＿＿＿＿＿＿ on weekdays.

⚠️ミスに注意

否定文で使うdon'tと
doesn'tは主語によっ
て使い分ける。
I, you, 複数のとき →
don'tを使う。
主語が三人称単数のと
き→doesn'tを使う。

教科書の重要ポイント | 主語が三人称単数のときの疑問文と答えの文 | 教科書 pp.62〜63

Does Takuya like Filipino food? 〔卓也はフィリピン料理が好きですか。〕
— Yes, he does. [No, he does not.] 〔はい, 好きです。[いいえ, 好きではありません。]〕

〈Does . . .?〉は「…しますか」という意味の疑問文。

Takuya likes Filipino food. 〔卓也はフィリピン料理が好きです。〕
三人称単数の主語　　sをつける

<u>Does</u> Takuya <u>like</u> Filipino food? 〔卓也はフィリピン料理が好きですか。〕
主語の前にDoesを置く　　sがつかないもとの形（動詞の原形）

Yes, he does. [No, he doesn't.] doesを使って答える
〔はい, 好きです。[いいえ, 好きではありません。]〕

答えの文ではふつう主語を代名詞he, she, it, theyなどにするよ。

疑問文の主語が男性1人のとき, 答えの文にはheを使う。
疑問文の主語が女性1人のとき, 答えの文にはsheを使う。
Does Takuya like Filipino food? — Yes, he does. [No, he doesn't.]
Does Yuki like Filipino food? — Yes, she does. [No, she doesn't.]

Words & Phrases　次の日本語は英語に, 英語は日本語にしなさい。

□(1) question (　　　　　　　)　　□(4) （疑問文で）だれか _____

□(2) home (　　　　　　　)　　□(5) あまい _____

□(3) sour (　　　　　　　)　　□(6) デザート _____

1 日本語に合うように，（ ）内から適切なものを選び，記号を〇で囲みなさい。

☐(1) サトシは野球が好きですか。

（ ア Do　イ Does) Satoshi like baseball?

☐(2) この市には公園がありますか。

（ ア Do　イ Does) this city have parks?

☐(3) あなたは友達とバドミントンをしますか。

（ ア Do　イ Does) you play badminton with your friend?

☐(4) カナはウサギを飼っていますか。

Does Kana (ア has　イ have) rabbits?

テストによく出る!

疑問文の do と does

主語が三人称単数のとき→Does …?

主語が I, you, 複数のとき→Do …?

2 絵を見て例にならい，「…は～しますか」という文を完成させなさい。

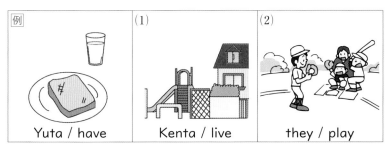

例	(1)	(2)
Yuta / have	Kenta / live	they / play

⚠ミスに注意

Does ～の疑問文のあとは，動詞にsはつけない。

例 **Does Yuta have toast and milk for breakfast?**

☐(1) _____ Kenta _____ near the park?

☐(2) _____ they _____ baseball?

3 日本語に合うように，（ ）内の語句や符号を並べかえなさい。

☐(1) サチはコンピュータを3台持っていますか。

(three / Sachi / computers / have / does)?

_____?

☐(2) ショウタには兄弟がいますか。

(brothers / have / Shota / does / any)?

_____?

☐(3) マイクは週末にその市へ行くのですか。

(does / go / the city / Mike / to / on weekend)?

_____?

☐(4) いいえ，行きません。〔(3)の答え〕

(doesn't / no / , / he).

_____.

注目!

時を表す語の位置

(3)on weekend や every day のような時を表す語句はふつう文の最後に置く。

Unit 6

Let's Talk 1

教科書の
重要ポイント　**身近な人への許可の求め方・依頼のしかた**　教科書p.64

▼許可や同意を求める。

「…してもよいですか」と相手に許可や同意を求めるときはCan I …?という文を使う。

　Can I turn on the fan?　〔扇風機をつけてもいいですか。〕

▼依頼する

「…してくれますか」と相手に何かを頼むときはCan you …?という文を使う。

　Can you help me with my homework?　〔私の宿題を手伝ってくれますか。〕

▼頼まれたときの返答のしかた

　◆許可・同意するとき，引き受けるとき

　　Sure.【もちろんいいよ。】　　　　All right. / OK.【いいですよ。】

　◆許可・同意しないとき，引き受けられないとき

　　Sorry, but ….【悪いけれど…】

　　　　　↑ 理由を言う

　◆理由の言い方

　　I'm busy now.【今忙しいのです。】

　　I'm using it.【それを使っています。】

Words & Phrases　次の日本語は英語に，英語は日本語にしなさい。

□(1) problem（　　　　　　　　）　　□(6) 借りる　＿＿＿＿＿＿＿＿＿

□(2) door　（　　　　　　　　）　　□(7) 扇風機　＿＿＿＿＿＿＿＿＿

□(3) help　（　　　　　　　　）　　□(8) 瞬間　＿＿＿＿＿＿＿＿＿

□(4) open　（　　　　　　　　）　　□(9) 宿題　＿＿＿＿＿＿＿＿＿

□(5) All right.（　　　　　　　）　　□(10) 忙しい　＿＿＿＿＿＿＿＿＿

1 日本語に合うように，（ ）内から適切なものを選び，記号を〇で囲みなさい。

☐(1) 窓を開けてもいいですか。

Can (ア I イ you) open the window?

☐(2) このペンを使ってもいいですか。

Can (ア I イ you) use this pen?

☐(3) ドアを開けてくれませんか。

Can (ア I イ you) open the door?

☐(4) 私に昼食を作ってくれませんか。

Can (ア I イ you) make lunch for me?

注目!

canが表すさまざまな意味

canは，「…できる」という可能であることを表す意味や，「…してもよい」という許可を表す意味，疑問文で「…してくれますか」と依頼を表す意味を持つ。

2 絵を見て例にならい，「…してもいいですか」という文を完成させなさい。

例 eat   watch   borrow

例 **Can I eat this apple?**

☐(1) ＿＿＿＿＿＿ ＿＿＿＿＿＿ watch TV?

☐(2) ＿＿＿＿＿＿ I ＿＿＿＿＿＿ this book?

3 日本語に合うように，（ ）内の語や符号を並べかえなさい。

☐(1) ここにあなたの名前を書いてくれますか。

(name / you / your / can / write) here?

＿＿＿＿＿＿＿＿＿＿＿＿＿＿＿＿＿＿ here?

☐(2) 私を手伝ってくれますか。

(help / you / me / can)?

＿＿＿＿＿＿＿＿＿＿＿＿＿＿＿＿＿＿ ?

☐(3) ごめんなさい。できません。〔(2)に対してことわる返事〕

(sorry / I'm / can't / I / , / but).

＿＿＿＿＿＿＿＿＿＿＿＿＿＿＿＿＿＿ .

⚠ミスに注意

…してもいいですか。
は Can I …?
…してくれませんか。
は Can you …?

Let's Talk 1

69

Grammar for Communication 4

| 教科書の重要ポイント | 主語が三人称単数のときの一般動詞の文 | 教科書 p.66 |

自分と相手以外の人やもののことを三人称という。

	一人称	二人称	三人称
単数	I	you	he, she, it, 名前など
複数	we	you	they, 名詞の複数形など

①主語が三人称単数のとき，一般動詞には (e)s がつく。

主語が三人称以外　I play the guitar. 〔私はギターをひきます。〕

　　　　　　　↑ 動詞にsはつかない（原形にする）

主語が三人称　Ken plays the piano. 〔ケンはピアノをひきます。〕

　　　　　　↑ 動詞にsがつく

②主語が三人称単数のとき，一般動詞の否定文は，〈主語＋does not [doesn't]＋動詞 ....〉となる。

　Ken doesn't play the piano. 〔ケンはピアノをひきません。〕

　　　　　　↑ 動詞はsがつかないもとの形（動詞の原形）

③主語が三人称単数のとき，一般動詞の疑問文は，〈Does＋主語＋動詞 ...?〉となる。

　Does Ken play the piano? 〔ケンはピアノをひきますか。〕

　　　　　　↑ 動詞はsがつかないもとの形（動詞の原形）

④es をつける動詞や形を変化させる動詞に注意する。

es をつける動詞　例 watch → watches

y を i にして es をつける動詞　例 study → studies

形を変化させる動詞　例 have → has

1 日本語に合うように，（ ）内から適切なものを選び，記号を〇で囲みなさい。

☐(1) ユリはトーストとオレンジジュースが好きです。

Yuri（ ア like　イ likes ）toast and orange juice.

☐(2) 私の兄はよいギターを持っていません。

My brother（ ア don't　イ doesn't ）have a nice guitar.

☐(3) アンは週末にバスケットボールをしますか。

（ ア Does　イ Do ）Anne play basketball on weekends?

☐(4) 吉田先生は英語を教えますか。

（ ア Do　イ Does ）Mr. Yoshida teach English?

2 絵を見て例にならい，「…は～しません」という文を完成させなさい。

例	(1)	(2)
my sister / practice	Emma / write	Satoru / play

例 **My sister doesn't practice the piano every day.**

☐(1) Emma ＿＿＿＿＿＿＿ write a blog.

☐(2) Satoru ＿＿＿＿＿＿＿ ＿＿＿＿＿＿＿ soccer on weekends.

3 日本語に合うように，（ ）内の語句を並べかえなさい。

☐(1) 私の姉は音楽を教えています。

(music / my / teaches / sister).

＿＿＿＿＿＿＿＿＿＿＿＿＿＿＿＿＿＿＿＿＿＿＿.

☐(2) ユウトは毎日はリンゴを食べません。

(eat / doesn't / Yuto / apples) every day.

＿＿＿＿＿＿＿＿＿＿＿＿＿＿＿＿＿ every day.

☐(3) リョウはカナダに住んでいるのですか。

(live / Ryo / in / does / Canada)?

＿＿＿＿＿＿＿＿＿＿＿＿＿＿＿＿＿?

☐(4) ミカとマユはまんがを読みません。

(comic books / don't / Mika and Mayu / read).

＿＿＿＿＿＿＿＿＿＿＿＿＿＿＿＿＿.

⚠️ミスに注意

(4)…主語が三人称でも，複数（2人または2つ以上）の場合，動詞にsはつかない。

例 They play the piano.

ぴたトレ
2
練習

Unit 6 ～
Grammar forCommunication 4

時間 **20**分

解答 p.14

教科書 pp.57 ～ 66

◆❶ ( )に入る最も適切なものを1つ選び，記号を〇で囲みなさい。

☐(1) ( ) Kana and Saki play the piano?

ア Do　　イ Does　　ウ Is　　エ Are

☐(2) Yoshio ( ) go to school with Yoko.

ア don't　　イ doesn't　　ウ isn't　　エ aren't

☐(3) Does your sister ( ) math at junior high school?

ア teach　　イ teaches　　ウ watch　　エ watches

> Does ...?と疑問文にしたら，動詞は(e)sがつかないもとの形になるよ。

◆❷ 日本語に合うように，＿＿＿に入る適切な語を書きなさい。

☐(1) ショウタは夕方に英語の勉強をします。

Shota ＿＿＿＿＿＿＿ ＿＿＿＿＿＿＿ in the evening.

☐(2) ジムはオーストラリアには住んでいません。

Jim ＿＿＿＿＿＿＿ ＿＿＿＿＿＿＿ in Australia.

☐(3) 彼女はじょうずに英語を話しますか。

＿＿＿＿＿＿＿ she ＿＿＿＿＿＿＿ English well?

◆❸ 日本語に合うように，（ ）内の語句を並べかえなさい。

☐(1) ケイコはふつう公園で走りますか。

(run / the park / does / in / Keiko / usually)?

＿＿＿＿＿＿＿＿＿＿＿＿＿＿＿＿＿＿＿＿＿＿＿＿ ?

☐(2) 私の父はアメリカで日本語を教えています。

(America / my father / Japanese / teaches / in).

＿＿＿＿＿＿＿＿＿＿＿＿＿＿＿＿＿＿＿＿＿＿＿＿ .

☐(3) リカは妹について話しません。

(about / her / Rika / talk / doesn't / sister).

＿＿＿＿＿＿＿＿＿＿＿＿＿＿＿＿＿＿＿＿＿＿＿＿ .

◆❹ 書く！ 次の日本語を英語にしなさい。

☐(1) 私の兄は野球をしません。

＿＿＿＿＿＿＿＿＿＿＿＿＿＿＿＿＿＿＿＿＿＿＿＿＿＿

☐(2) マヤは3匹イヌを飼っていますか。

＿＿＿＿＿＿＿＿＿＿＿＿＿＿＿＿＿＿＿＿＿＿＿＿＿＿

ヒント ❶(1)主語が複数。 (2)主語が三人称単数。 ❷(2)(3)否定文のdoesn't，疑問文のDoes ～のあとの動詞にはsはつけない。

⑤ 読む📖 次の英文を読んで，あとの問いに答えなさい。

Hello, everyone. Look at this picture.

This is Takuya, my brother. ①He's twenty (　　)(　　). He lives in Cebu, the Philippines. He ②(　study　) English at a language school there.

He ③(　meet　) many Asian students at school.

☐(1) 下線部①が「彼は20歳です」という意味になるように，（　）に入る適切な語を書きなさい。

①＿＿＿＿＿＿＿＿＿＿ ＿＿＿＿＿＿＿＿＿＿

☐(2) 下線部②，③の（　　）内の語を適切な形にしなさい。

②＿＿＿＿＿＿＿＿＿＿ ③＿＿＿＿＿＿＿＿＿＿

☐(3) 英文の内容に合うものを1つ選び，記号を○で囲みなさい。

ア 卓也はフィリピンに住んでいる。

イ 卓也は日本語を教えている。

ウ 卓也は学校で多くのヨーロッパの学生に会う。

⑥ 話す🗣 次の会話文を読んで，あとの問いに答えなさい。解答の答え合わせのあと，発音アプリの指示に従って，問題文と解答を声に出して読みなさい。📱

Ms. Bell: Why do you like *kotatsu*?

Aoi: Because I can relax in it. I often sleep in a *kotatsu*.

Ms. Bell: Oh,really?

Aoi: Also a *kotatsu* is eco-friendly because it warms a small space and doesn't use a lot of power.

Ms. Bell: That's great!

（注）because …だから，…なので　relax くつろぐ　sleep 眠る　eco-friendly 環境にやさしい
warm …を暖める　space 空間　power 電力

☐(1) Why does Aoi like kotatsu?　（Aoi→sheで答える。）

— Because ＿＿＿＿＿＿＿＿＿＿＿＿＿＿＿＿＿＿＿

☐(2) Does kotatsu use a lot of power?

— ＿＿＿＿＿＿＿＿＿＿＿＿＿＿＿＿＿＿＿

ヒント　④(2)「飼っている」はhaveを使う。

73

Unit 6 ~ Grammar for Communication 4

時間 30分　／100点　合格 70点　解答 p.14

教科書 pp.57 ~ 66

❶ 下線部の発音が同じものには○を，そうでないものには×を，解答欄に書きなさい。　　6点

(1) t<u>a</u>ke　　　　　　(2) sp<u>o</u>t　　　　　　(3) l<u>i</u>fe
　 f<u>a</u>mily　　　　　　 l<u>o</u>cal　　　　　　　 wr<u>i</u>te

❷ 最も強く発音する部分の記号を解答欄に書きなさい。　　6点

(1) fam – i – ly　　　　(2) des – sert　　　　(3) prac – tice
　 ア　イ　ウ　　　　　　 ア　　イ　　　　　　　ア　　　イ

❸ ____ に入る適切な語を1つ選び，それぞれの会話文を完成させなさい。　　20点

(1) **A :** What ___①___ this animal?
　 B : I ___②___ know. But Mr. Kato knows.
　 ①　ア am　　イ is　　ウ are　　　②　ア do　　イ am　　ウ don't

(2) **A :** What ___①___ Yuto have for lunch on Friday?
　 B : He ___②___ curry and rice.
　 ①　ア do　　イ does　　ウ is　　　②　ア is　　イ have　　ウ has

❹ 日本語に合うように，（　）内の語句を並べかえなさい。　　18点

(1) 彼女はカナダで英語を教えています。
　 (teaches / in Canada / she / English).

(2) エマは朝食にヨーグルトを食べますか。
　 (for / Emma / yogurt / does / have / breakfast)?

(3) そのバレーボールチームは日曜日には練習しません。
　 (Sunday / does / on / the volleyball team / not / practice).

❺ 読む 次の会話文を読んで，あとの問いに答えなさい。　　26点

Masaru : Does Shota live in London?
Yuka : Yes, he does. He ①(study) English there. He writes a blog (②) English. But he does not write it every day.
Masaru : Does he enjoy his life in London?
Yuka : Yes. ③(goes / his friends / he / with / shopping) on weekends.
Masaru : That's good.

成績評価の観点　知…言語や文化についての知識・技能　表…外国語表現の能力

(1) 下線部①の（　）内の語を適切な形にしなさい。

(2) （　②　）に入る最も適切なものを１つ選び，記号を書きなさい。

　　ア at　　イ in　　ウ on

(3) 下線部③の（　）内の語句を正しく並べかえなさい。　表

(4) 会話の内容について，次の問いに英語で答えなさい。

　　Does Shota write a blog every day?

⑥ 書く！ 次のようなとき英語で何と言うか，（　）内の語数で書きなさい。　表　　24点

(1) 部屋が暑いので窓をあけてもいいかとたずねるとき。(5語)

(2) ある国の人たちについて，彼らは牛乳を飲まないというとき。(4語)

(3) 写真に写っている人を指して，自分の兄だというとき。(4語)

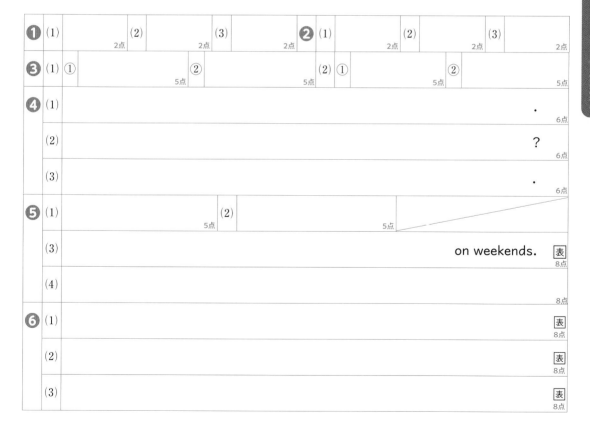

ぴたトレ
1
要点チェック

Unit 7 Foreign Artists in Japan
(Story 1)

時 間
15分

解答
p.16

〈新出語・熟語 別冊p.11〉

教科書の 重要ポイント	「彼を」や「彼女を」という形	教科書 pp.67～69

That is Kaito. Do you know him? 〔あちらは海斗です。あなたは彼を知っていますか。〕

That is Meg. Do you know her? 〔あちらはメグです。あなたは彼女を知っていますか。〕

himは「彼を」，herは「彼女を」という意味を表す。

heは「彼は」，hisは「彼の」

He likes his dog.

〔彼は彼のイヌが好きです。〕

himは「彼を」

That is Kaito. Do you know him?

〔あちらは海斗です。あなたは彼を知っていますか。〕

	…は	…の	…を
私	I	my	me
あなた	you	your	you
彼	he	his	him
彼女	she	her	her

\ナルホド!/

himやherは主語の位置には来ない。動詞のあとに置かれる。

主語の形

He likes soccer.   She likes dogs.

主語   主語

動詞のあとの形

Do you know him?   Do you know her?

動詞   動詞のあと   動詞   動詞のあと

▼上の表に出ている語については，次のことも考えて使い分けること。

・日本語では「私は」「私の」のように「私」の部分は変わらず，「は・が・の・を」などをつけるが，英語では語全体が変化する。

例 「私は」→I，「私の」→my，「私を」→me

\ナルホド!/

Words & Phrases	次の日本語は英語に，英語は日本語にしなさい。

□(1) useful （　　　　　　　　）　　　　　□(4) 彼らを［に］ _____

□(2) him （　　　　　　　　）　　　　　□(5) 彼女を［に］ _____

□(3) show （　　　　　　　　）　　　　　□(6) 演じる，演奏する _____

1 日本語に合うように，（ ）内から適切なものを選び，記号を〇で囲みなさい。

□(1) 私は彼がとても好きです。

I like (ア his　イ him) very much.

□(2) 谷先生は彼を知っています。

Ms. Tani knows (ア his　イ him).

□(3) こちらはジルです。あなたは彼女を知っていますか。

This is Jill.　Do you know (ア her　イ she)?

2 絵を見て例にならい，「こちらは…です。あなたは～を知っていますか」という文を完成させなさい。

例　Sam / him　　　(1)　Yui / her　　　(2)　popular singers / them

例 **This is Sam. Do you know him?**

□(1) This is Yui.　Do you know _____?

□(2) Those are popular singers.　Do you know _____?

3 日本語に合うように，（ ）内の語を並べかえなさい。

□(1) 私は彼女が大好きです。

(like / her / I) very much.

_____ very much.

□(2) こちらは健です。あなたは彼を知っていますか。

This is Ken.　Do (know / you / him)?

This is Ken.　Do _____?

□(3) あちらは私の友達です。あなたは彼らを知っていますか。

Those are my friends.　(you / do / them / know)?

Those are my friends.　_____?

□(4) 兄はたくさんの本を持っています。私はそれらを読みたいです。

My brother has many books.　(read / want / them / to / I).

My brother has many books.　_____.

Unit 7

Unit 7 Foreign Artists in Japan
(Story 2)

教科書の重要ポイント 「どちら」とたずねる文 教科書 pp.70〜71

Which does she speak, English or Japanese? 〔彼女は英語と日本語のどちらを話しますか。〕
— She speaks English. 〔彼女は英語を話します。〕

〈Which ..., A or B?〉は，AかBのどちらであるかをたずねる表現。
Whichのあとは疑問文の形になる。

疑問文 Which <u>does she speak</u>, <u>English or Japanese</u>?
疑問文の形

答え方 She speaks <u>English</u>.
どちらかを答える

YesやNoは使わず，AかBのどちらかを選び，具体的に答える。

▼Which ..., *A* or *B*?の*A*と*B*には選択肢を入れる。

Which do you like, <u>spring</u> or <u>fall</u>? 〔あなたは春と秋のどちらが好きですか。〕
└─ 選択肢 ─┘

ナルホド!

Words & Phrases 次の日本語は英語に，英語は日本語にしなさい。

☐(1) role （　　　　　　　）　　☐(6) ただ…だけ ＿＿＿＿＿＿＿＿

☐(2) hand （　　　　　　　）　　☐(7) いろいろな ＿＿＿＿＿＿＿＿

☐(3) chocolate（　　　　　　　）　　☐(8) ケーキ ＿＿＿＿＿＿＿＿

☐(4) prop （　　　　　　　）　　☐(9) コーヒー ＿＿＿＿＿＿＿＿

☐(5) cushion （　　　　　　　）　　☐(10) どちら，どれ ＿＿＿＿＿＿＿＿

---

1 日本語に合うように，（　）内から適切なものを選び，記号を〇で囲みなさい。

☐(1) あなたはペンとノートのどちらがほしいですか。

（ ア Who　イ Which) do you want, a pen or a notebook?

□(2) あなたはバナナとリンゴのどちらを食べますか。

（ ア Which　イ What) do you eat, a banana or an apple?

□(3) あなたはイヌとネコのどちらが好きですか。

Which do you like, dogs (ア and　イ or) cats?

□(4) あなたはピアノとギターのどちらをひきますか。

Which do you play, the piano (ア or　イ but) the guitar?

□(5) 壮太は野球とサッカーのどちらをしますか。

Which (ア do　イ does) Sota play, baseball or soccer?

テストによく出る!

動詞がlikeのとき，選択肢は複数形

(3)Which do you like, A or B?でAとBに入る語が複数形になることができる名詞の場合には，複数形を使う。複数形は種類全体を表す。(dogs〔犬というもの〕) ただし，「特定のひとつのもの」を比べるときは単数形を使う。

例 Which do you like, this pen or that pen?（あなたはこのペンとあのペンのどちらが好きですか。）

2 絵を見て例にならい，「あなたは…と~のどちらを＿＿しますか」という文を完成させなさい。

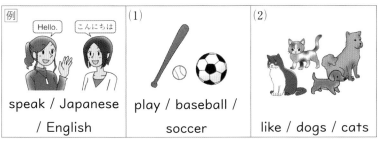

例	(1)	(2)
Hello. こんにちは speak / Japanese / English	play / baseball / soccer	like / dogs / cats

例 **Which do you speak, Japanese or English?**

□(1) _____ do you play, baseball or soccer?

□(2) _____ do you _____ dogs or cats?

3 日本語に合うように，（ ）内の語を並べかえなさい。

□(1) あなたは英語と数学のどちらが好きですか。

(like / you / do / which), English or math?

_____, English or math?

□(2) あなたはこの帽子とあの帽子のどちらがほしいですか。

(you / which / want / do), this hat or that hat?

_____, this hat or that hat?

□(3) 彼は音楽と理科のどちらを教えていますか。

(does / he / which / teach), music or science?

_____, music or science?

□(4) 陽子はふつうテニスとバレーボールのどちらをしますか。

(play / does / which / Yoko / usually), tennis or volleyball?

_____, tennis or volleyball?

ぴたトレ 1
要点チェック

Unit 7 Foreign Artists in Japan
(Story 3)

時間 **15**分

解答 p.16

〈新出語・熟語 別冊p.11〉

教科書の重要ポイント 「だれのものですか」とその答えの文 　教科書 pp.72 ～ 73

Whose ticket is this? 〔これはだれのチケットですか。〕
— It is mine. 〔それは私のものです。〕

Whoseは「だれの」という意味。 mineは「私のもの」という意味。
だれのものかをたずねるときは，〈Whose …＋疑問文の形〉で表す。

　　　　　　　　　┌── 疑問文の形〈be 動詞＋主語〉
Whose book is this? 〔これはだれの本ですか。〕
　　　└──持ち主をたずねたいもの

—It is mine.
　　　└「…のもの」を表す語　　＊It is my book.のようにbookをくり返さない。

▼「…の(もの)」の言い方。

・I → mine　　you → yours

例 This book is mine[yours]. 〔この本は私[あなた]のものです。〕

・人の名前の場合は，「's」をつける。

例 This bag is Saki's. 〔このかばんは咲のものです。〕

\ナルホド!/

Words & Phrases 次の日本語は英語に，英語は日本語にしなさい。

□(1) ticket （　　　　　　　　　）　　□(6) 注意深い ＿＿＿＿＿＿＿＿＿

□(2) still （　　　　　　　　　）　　□(7) 待つ ＿＿＿＿＿＿＿＿＿

□(3) maybe （　　　　　　　　　）　　□(8) 私のもの ＿＿＿＿＿＿＿＿＿

□(4) yours （　　　　　　　　　）　　□(9) だれの, だれのもの ＿＿＿＿＿＿＿＿＿

□(5) history （　　　　　　　　　）　　□(10) (時間の単位の)分 ＿＿＿＿＿＿＿＿＿

1 日本語に合うように，（　）内から適切なものを選び，記号を○で囲みなさい。

□(1) これはだれの帽子ですか。

（ ア Who　イ Whose) hat is this?

□(2) あれはだれのバイオリンですか。

（ ア Whose　イ Which) violin is that?

□(3) そのコンピュータはクミのものです。

The computer is (ア Kumi　イ Kumi's).

□(4) これは『ハリー・ポッター』ですね。それはあなたのものですか。

This is *Harry Potter*. Is it (ア you　イ yours)?

2 絵を見て例にならい，「…はだれのものですか」「…は～のものです」という文を完成させなさい。

例	(1)	(2)
camera / my father's	cat / Kaito's	watch / Yumi's

例 **Whose camera is that? —It's my father's.**

□(1) ＿＿＿＿＿＿＿ cat is that?　—It's ＿＿＿＿＿＿.

□(2) ＿＿＿＿＿＿ ＿＿＿＿＿＿ is this?　—It's ＿＿＿＿＿＿.

3 日本語に合うように，（　）内の語や符号を並べかえなさい。

□(1) これはあなたのものですか。

(this / yours / is)?

＿＿＿＿＿＿＿＿＿＿＿＿＿＿＿＿＿＿？

□(2) はい，私のものです。〔(1)の答え〕

(it's / yes / , / mine).

＿＿＿＿＿＿＿＿＿＿＿＿＿＿＿＿＿＿．

□(3) これはだれの傘ですか。

(umbrella / this / whose / is) ?

＿＿＿＿＿＿＿＿＿＿＿＿＿＿＿＿＿＿？

□(4) あれはだれの帽子ですか。

(that / whose / is / cap) ?

＿＿＿＿＿＿＿＿＿＿＿＿＿＿＿＿＿＿？

ぴたトレ
1
要点チェック

Let's Talk 2

時間 **15**分

解答 p.17

〈新出語・熟語 別冊p.11〉

教科書の
重要ポイント ## 体調のたずね方や体調の言い方

教科書 p.74

① 体調をたずねる言い方には，次のようなものがある。

How are you today? 〔今日の調子はどうですか。〕

What's wrong? 〔どうかしたのですか。〕

How are you? はあいさつのときに「お元気ですか」という意味でも使われるよ。

＊主語と動詞を変えれば，相手以外の人の調子もたずねることができる。

How is Mika today? 〔今日のミカの調子はどうですか。〕

② 体調の悪さの表現としては，次のようなものがある。

I have a headache. 〔頭が痛いのです。〕

I have a fever. 〔熱があります。〕

(I feel) terrible. 〔ひどいのです。〕

③ 体調の悪い相手に言う表現としては，次のようなものがある。

Take this medicine. 〔この薬を飲んでください。〕

Take a rest. 〔休息をとってください。〕

Go to the nurse's office. 〔保健室に行きなさい。〕

④ そのほかに，次のような表現もよく使われる。

Not very good. 〔あまり(調子が)よくありません。〕

Not so bad. 〔それほどひどくはありません。〕

ナルホド!

Words & Phrases ## 次の日本語は英語に，英語は日本語にしなさい。

□(1) doctor （   ）

□(2) bad （   ）

□(3) fever （   ）

□(4) nose （   ）

□(5) headache （   ）

□(6) ぐあいが悪い ＿＿＿＿＿＿＿＿＿＿

□(7) 休み，休憩 ＿＿＿＿＿＿＿＿＿＿

□(8) 1時間 ＿＿＿＿＿＿＿＿＿＿

□(9) 歯痛 ＿＿＿＿＿＿＿＿＿＿

□(10) 胃痛，腹痛 ＿＿＿＿＿＿＿＿＿＿

1 日本語に合うように，（ ）内から適切なものを選び，記号を○で囲みなさい。

☐(1) 私は歯が痛いです。

I（ ア am イ have ）a toothache.

☐(2) 今日，カナミの調子はどうですか。

How（ ア are イ is ）Kanami today?

☐(3) あなたは頭が痛いのですか。

（ ア Are イ Do ）you have a headache?

☐(4) どうしましたか。

（ ア What's イ How's ）wrong?

2 絵を見て例にならい，それぞれの絵に合う会話文を完成させなさい。

| 例 | (1) | (2) |

例 *A*: **How are you?**

B: **Not very good.**

☐(1) *A*: ＿＿＿＿＿＿＿＿ wrong?

B: I have a headache.

☐(2) *A*: I have a pain here.

B: ＿＿＿＿＿＿＿ ＿＿＿＿＿＿＿ the nurse's office.

3 日本語に合うように，（ ）内の語を並べかえなさい。

☐(1) 私はよく熱が出るのです。

(fever / I / have / often / a).

＿＿＿＿＿＿＿＿＿＿＿＿＿＿＿＿＿＿＿＿＿ .

☐(2) 私はいつもはこの薬を飲みます。

(usually / medicine / take / this / I).

＿＿＿＿＿＿＿＿＿＿＿＿＿＿＿＿＿＿＿＿＿ .

☐(3) お父さん，ひと休みしましょう。

Dad, (a / take / rest / let's).

Dad, ＿＿＿＿＿＿＿＿＿＿＿＿＿＿＿＿＿＿ .

Grammar for Communication 5

| 教科書の
重要ポイント | 代名詞の変化 | 教科書 p.76 |

① 日本語では「私」に，「は・が・の・を・に」などをつけて意味を区別するが，英語では
I – my – me のように，語そのものが変化する。

②「あなた」「彼」「彼女」「私たち」「あなたたち」「彼(女)ら」についても同じような変化が
ある。

		単数(1人・1つ)				複数(2人・2つ以上)			
		…が[は]	…の	…を[に]	…のもの	…が[は]	…の	…を[に]	…のもの
私		I	my	me	mine	we	our	us	ours
あなた		you	your	you	yours	you	your	you	yours
自分と 相手 以外	彼	he	his	him	his	they	their	them	theirs
	彼女	she	her	her	hers				
	もの	it	its	it					
代名詞以外の 言い方の例		Saki	Saki's	Saki	Saki's	boys	boys'	boys	boys'

③ 相手のことは，日本語では「あなた」「あなたたち」のように表現が異なるが，英語では
you で両方の意味を表す。

④「…のもの」を表す形(mine, yours など)のあとには名詞は使わない。名詞を使うときは，
「…の」の形(my, your など)を使う。　　×mine book　　○my book

| Words & Phrases | 次の日本語は英語に，英語は日本語にしなさい。

☐(1) ours　（　　　　　　　　　）　　☐(4) 彼らのもの　＿＿＿＿＿＿＿＿＿＿

☐(2) their　（　　　　　　　　　）　　☐(5) 彼女のもの　＿＿＿＿＿＿＿＿＿＿

☐(3) its　（　　　　　　　　　）　　☐(6) 私たちを[に]　＿＿＿＿＿＿＿＿＿＿

1 日本語に合うように，（ ）内から適切なものを選び，記号を○で囲みなさい。

☐(1) 私の父は英語の先生です。

（ ア I　イ My ）father is an English teacher.

☐(2) これは彼女の本です。

This is (ア his　イ her) book.

☐(3) エリは私たちを知っていますか。

Does Eri know (ア us　イ we)?

☐(4) 彼らは「ピーターラビットのおはなし」が好きです。

(ア They　イ Their) like *The Tale of Peter Rabbit*.

☐(5) この辞書はキョウコのものです。

This dictionary is (ア Kyoko　イ Kyoko's).

> **注目!**
>
> 同じ形の語の区別
>
> his
>
> hisだけ…彼のもの
>
> his pen…彼のペン
>
> it
>
> 〈主語〉It is mine.
>
> [それは私のものです。]
>
> 〈動詞のあと〉
>
> I know it. [私はそれを
>
> 知っています。]

2 絵を見て例にならい，「…は～のものです」という文を完成させなさい。

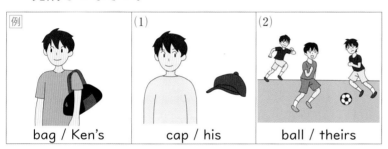

例	(1)	(2)
bag / Ken's	cap / his	ball / theirs

例 **This bag is Ken's.**

☐(1) That cap is ＿＿＿＿＿＿＿＿.

☐(2) This ball is ＿＿＿＿＿＿＿.

3 日本語に合うように，（ ）内の語を並べかえなさい。

☐(1) 私たちは彼らが好きです。

(like / we / them).

＿＿＿＿＿＿＿＿＿＿＿＿＿＿＿＿＿＿＿.

☐(2) この犬は私たちの姉のものです。

(our / this / sister's / is / dog).

＿＿＿＿＿＿＿＿＿＿＿＿＿＿＿＿＿＿＿.

☐(3) 彼女は自分の部屋でピアノをひきます。

She (piano / plays / her / in / room / the).

She ＿＿＿＿＿＿＿＿＿＿＿＿＿＿＿＿＿＿＿.

1 ( )に入る最も適切なものを1つ選び，記号を○で囲みなさい。

□(1) This animal is from ( ) country.

　　ア we　　イ us　　ウ our　　エ him

□(2) ( ) do you want, orange juice or tea?

　　ア Where　　イ How　　ウ Which　　エ What

□(3) This dictionary is ( ).

　　ア my father　　イ my father's　　ウ my fathers　　エ him

which(どれ，どちら)やwhose(だれの，だれのもの)の使い方を確認しよう。

2 日本語に合うように，＿＿＿に入る適切な語を書きなさい。

□(1) 私はいつか彼に会いたいです。

　　I ＿＿＿＿＿＿＿＿ to see ＿＿＿＿＿＿＿＿ someday.

□(2) 野球とサッカーのどちらをしますか？

　　＿＿＿＿＿＿＿＿ do you play, baseball ＿＿＿＿＿＿＿＿ soccer?

□(3) あれはだれのかばんですか。

　　＿＿＿＿＿＿＿＿ bag is ＿＿＿＿＿＿＿＿?

3 日本語に合うように，( )内の語句や符号を並べかえなさい。

□(1) こちらは山田先生です。彼女を知っていますか。

　　This is Ms. Yamada. Do (know / you / her)?

　　This is Ms. Yamada. Do ＿＿＿＿＿＿＿＿＿＿＿＿＿＿＿＿＿＿＿?

□(2) あれはだれの絵ですか。

　　(that / whose / is / picture)?

　　＿＿＿＿＿＿＿＿＿＿＿＿＿＿＿＿＿＿＿?

□(3) あなたはこのかばんとあのかばんのどちらが好きですか。

　　(or / which / this bag / do / that bag / you / like / ,)?

　　＿＿＿＿＿＿＿＿＿＿＿＿＿＿＿＿＿＿＿?

4 書く✐ 次の日本語を英語にしなさい。

□(1) 私は私のイヌが大好きです。(loveを使って)

　　＿＿＿＿＿＿＿＿＿＿＿＿＿＿＿＿＿＿＿

□(2) この本は彼らのものです。

　　＿＿＿＿＿＿＿＿＿＿＿＿＿＿＿＿＿＿＿

ヒント　**1**(2)コンマ(,)のあとはA or Bの形であることに着目する。
　　　　2(3)持ち主をたずねる。

●I – my – me – mine などの変化形が正しく使いこなせるかが問われるでしょう。
⇒you, he, she, it, we, theyについても，変化形と，いつどの形を使うかを覚えましょう。
●where, whose, what, which, how, how manyなどの使い方が問われるでしょう。
⇒どの語が何をたずねるときに使われるか覚えましょう。

5 読む 次の会話文を読んで，あとの問いに答えなさい。

Kaito: Diane Kichijitsu has a show in Midori Hall next Sunday.
（　①　）don't we go together?

Meg: Sure! Which does she speak in her show, English（　②　）Japanese?

Kaito: ③(speaks / usually / English / she), but she sometimes speaks Japanese.

Meg: Great.

□(1) （　①　）に入る最も適切な語を1つ選び，記号を○で囲みなさい。
ア What　　イ Why　　ウ Which　　エ When

□(2) （　②　）に入る「…かまたは〜」という意味の語を書きなさい。

_____

□(3) 下線部③の（　　　）内の語を正しく並べかえなさい。

_____

□(4) 次の文が会話の内容に合っていれば○，合っていなければ×を書きなさい。
落語家のDiane Kichijitsuさんはショーではいつも日本語を話します。

（　　　　　）

6 話す 次の会話文を読んで，あとの問いに答えなさい。解答の答え合わせのあと，発音アプリの指示に従って，問題文と解答を声に出して読みなさい。 アプリ

Emily:　Does your grandfather grow other fruits?

Sora:　No. He doesn't grow other fruits. But he grows rice.

Emily:　Do you help your grandfather?

Sora:　No, I don't. But I want to grow cherries with him someday.

(注)grow 育てる，栽培する

□(1) Does Sora help his grandfather?
—_____

□(2) What does Sora's grandfather grow?
—_____

❶ 下線部の発音が同じものには〇を，そうでないものには×を，解答欄に書きなさい。　　6点

(1) wh<u>o</u>se　　　　　　　　(2) st<u>i</u>ll　　　　　　　　(3) m<u>ay</u>be

　　sh<u>ow</u>　　　　　　　　　　m<u>i</u>nute　　　　　　　　　c<u>are</u>ful

❷ 最も強く発音する部分の記号を解答欄に書きなさい。　　6点

(1) his - to - ry　　　　　　(2) per - form　　　　　　(3) use - ful

　　ア　イ　ウ　　　　　　　　ア　　イ　　　　　　　　　ア　　イ

❸ ＿＿＿に入る適切な語を1つ選び，それぞれの会話文を完成させなさい。　　15点

(1) **A :** ＿①＿ pens are those?

　　B : They're ＿②＿.

　　① ア Which　イ Whose　ウ What　　② ア my　イ me　ウ mine

(2) **A :** ＿①＿ does she speak, Japanese or Filipino?

　　B : She speaks Filipino.

　　① ア Who　イ Which　ウ Where

❹ 日本語に合うように，（　）内の語を並べかえなさい。　　18点

よく出る (1) あなたはハンバーガーとピザのどちらを食べますか。

　　(you / which / eat / do), hamburger or pizza?

(2) あれはだれのくつですか。

　　(shoes / those / whose / are)?

(3) 健は自分の部屋でギターをひきます。

　　Ken (in / the / plays / room / guitar / his).

❺ 読む📖 次の会話文を読んで，あとの問いに答えなさい。　　31点

> **Aya:** The game starts in twenty minutes. I can't wait!
>
> **Shota:** ①Oh, (is / whose / this / ticket)?
>
> **Aya:** I have one. Is it (②), Ryo?
>
> **Ryo:** Oh, yes. ③(　) (　). Thanks.
>
> **Shota:** OK, let's go.
>
> **Aya:** Look, the stadium is so crowded! I'm very excited.

(1) 下線部①の（　）内の語を正しく並べかえなさい。表

(2) （　②　）に入る最も適切なものを 1 つ選び，記号を書きなさい。

　　ア you　　イ your　　ウ yours

(3) 下線部③が「それは私のものです。」という意味になるように（　　　）に入る適切な語を書きなさい。

(4) 次の文が会話の内容に合っていれば○，合っていなければ×を書きなさい。

　　①ショウタがチケットを落とした。

　　②アヤはチケットを持っていない。

　　③アヤはとてもわくわくしている。

6 書く✐ **次のようなとき英語で何と言うか，（　）内の語数で書きなさい。** 表　　24点

(1) 男の子の写真を見て，その男の子を知っていると伝えたいとき。（ 3 語）

(2) ペンが 1 本落ちていたので，みんなに見せながら，だれのものかとたずねるとき。（ 4 語）

(3) 春と秋のどちらが好きかを相手にたずねるとき。（ 7 語）

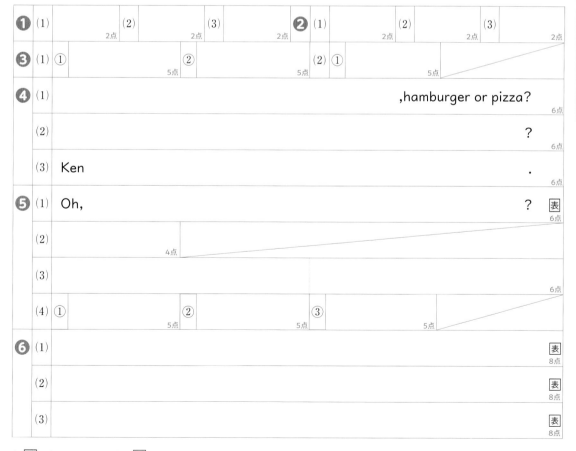

Unit 8 A Surprise Party
(Story 1)

教科書の重要ポイント | 「今…しています」を表す現在進行形 | 教科書 pp.77～79

I am watching TV now. 〔私は今テレビを見ています。〕

〈am[are, is]＋動詞のing形〉は現在進行形といい，「…しています」という意味を表す。

現在形の文	現在進行形の文
I watch TV every day.	I am watching TV now.
〔私は毎日テレビを見ます。〕	〔私は今テレビを見ています。〕

日常的にすることを表す

現時点でしていることを表す

現在進行形の文は，〈主語＋am[are, is]＋動詞のing形 ....〉で表す。

現在形の文　　I watch TV every day.

現在進行形の文　　I am watching TV now.
　　　　　　　　主語　be動詞　動詞のing形

ナルホド!

動詞のing形は，動詞の語尾にingをつけて作る。
▼ingのつけ方は以下の3種類
・そのままingをつける。　　例 play→playing, drink→drinking
・eで終わる語は，eをとってingをつける。　例 come→coming, have→having
・〈短く発音する母音＋子音字〉で終わる語は，その子音字を重ねてingをつける。
例 swim→swimming, run→running

ナルホド!

Words & Phrases 次の日本語は英語に，英語は日本語にしなさい。

□(1) TV （　　　　　　　　）　　　□(4) 明日 ＿＿＿＿＿＿＿＿

□(2) house （　　　　　　　　）　　　□(5) そのときに ＿＿＿＿＿＿＿＿

□(3) shop （　　　　　　　　）　　　□(6) ひまな ＿＿＿＿＿＿＿＿

1 日本語に合うように，（　）内から適切なものを選び，記号を○で囲みなさい。

☐(1) 私は今，本を読んでいます。

　　I'm（ ア read　イ reading ）now.

☐(2) 私の父は今，公園で走っています。

　　My father is（ ア runs　イ running ）in the park now.

☐(3) ショウタは今，泳いでいます。

　　Shota（ ア swims　イ is swimming ）now.

☐(4) ピーターは今，ギターをひいています。

　　Peter（ ア is playing　イ is plays ）the guitar now.

2 絵を見て例にならい，「…は今，～をしています」という文を完成させなさい。

例	(1)	(2)
drink	run	play

例 **This boy is drinking water now.**

☐(1) They are ＿＿＿＿＿＿＿ in the park now.

☐(2) Shota ＿＿＿＿＿＿＿ ＿＿＿＿＿＿＿ the piano now.

3 日本語に合うように，（　）内の語を並べかえなさい。

☐(1) 私たちは今，昼食をとっています。

　　(are / lunch / having / we / now).

　　＿＿＿＿＿＿＿＿＿＿＿＿＿＿＿＿＿＿＿＿＿.

☐(2) 母は今，朝食を作っています。

　　(making / now / breakfast / mother / is / my).

　　＿＿＿＿＿＿＿＿＿＿＿＿＿＿＿＿＿＿＿＿＿.

☐(3) 私は明日を楽しみにしてます。

　　(looking / am / forward / I / tomorrow / to).

　　＿＿＿＿＿＿＿＿＿＿＿＿＿＿＿＿＿＿＿＿＿.

Unit 8

91

ぴたトレ
1
要点チェック

Unit 8 A Surprise Party
（Story 2）

時間 **15分**
解答 p.19

〈新出語・熟語 別冊p.12〉

教科書の
重要ポイント
現在進行形の疑問文・否定文
教科書 pp.80～81

Are you taking a picture? 〔あなたは写真をとっているのですか。〕
— Yes, I am. [No, I am not.] 〔はい，そうです。[いいえ，ちがいます。]〕
What are you doing? 〔あなたは何をしていますか。〕
— I am writing a birthday card. 〔私は誕生日カードを書いています。〕

be動詞が主語の前に来ると「…していますか」と疑問の意味を表す。〈be動詞＋not〉で「…していません」と否定の意味を表す。whatは「何」という意味を表す。

現在進行形の疑問文

Are you taking pictures?

現時点で「している」か「していない」かをたずねる

whatのある現在進行形の疑問文

What are you doing?

現時点で「何をしているか」をたずねる

ナルホド！

進行形の疑問文はbe動詞を主語の前に置き，否定文はbe動詞のあとにnotを置く。

| 現在進行形の文 | You are taking a picture. 〔あなたは写真を撮っています。〕 |

現在進行形の疑問文　Are you taking a picture?
be動詞　主語　動詞のing形

否定文や疑問文の作り方はbe動詞の文と同じだね！

現在進行形の否定文　I am not taking a picture. 〔私は写真を撮っていません。〕
be動詞　be動詞のあとにnotを置く

whatのある現在進行形の疑問文　What are you doing?
whatは文の先頭に　疑問文の形〈be動詞＋主語＋動詞のing形〉

ナルホド！

Words & Phrases 次の日本語は英語に，英語は日本語にしなさい。

□(1) decorate（　　　　　　　　）　　　□(4) …だと言う ＿＿＿＿＿＿＿＿

□(2) forever（　　　　　　　　）　　　□(5) …の準備をする ＿＿＿＿＿＿＿＿

□(3) happy（　　　　　　　　）　　　□(6) カード，はがき ＿＿＿＿＿＿＿＿

1 日本語に合うように，（ ）内から適切なものを選び，記号を〇で囲みなさい。

☐(1) ユキはケーキを作っているのですか。

（ ア Does　イ Is) Yuki making a cake?

☐(2) あなたは数学を勉強しているのですか。

（ ア Are　イ Is) you studying math?

☐(3) あなたたちは今，テレビを見ていますか。

（ ア Do　イ Are) you watching TV now?

☐(4) ―いいえ，見ていません。（(3)の答え）

― No, we（ ア do not　イ are not).

☐(5) あなたは何を食べているのですか。

What（ ア do　イ are) you eating?

注目!

what は文頭に置く

(5) what は進行形の文でも，そのほかの文でも文頭に置く。

例 What do you do?
〔あなたは何をしますか。〕

例 What are you doing?
〔あなたは何をしていますか。〕

例 What is that?
〔あれは何ですか。〕

2 絵を見て例にならい，「…は今，～しているところですか」とたずねる文を完成させなさい。

例	(1)	(2)
help / mother	drink / water	study / English

例 **Are you helping your mother now?**

☐(1) ＿＿＿＿＿＿ Peter drinking water now?

☐(2) ＿＿＿＿＿＿ Ken ＿＿＿＿＿＿ English now?

3 日本語に合うように，（ ）内の語を並べかえなさい。

☐(1) アキラは誕生日カードを書いています。

(card / Akira / birthday / writing / a / is).

＿＿＿＿＿＿＿＿＿＿＿＿＿＿＿＿＿＿＿.

☐(2) マキは何をしているのですか。

(doing / Maki / what / is)?

＿＿＿＿＿＿＿＿＿＿＿＿＿＿＿＿＿?

☐(3) ずっと親友でいましょうね。

(best / be / forever / let's / friends)!

＿＿＿＿＿＿＿＿＿＿＿＿＿＿＿＿＿!

Unit 8

テストによく出る!

現在進行形の疑問文・否定文

do[don't] や does[doesn't] は使わない。

【進行形の文】

Yuri is running.
（ユリは走っています。）

→Is Yuri running?
（ユリは走っていますか。）

→Yuri isn't running.
（ユリは走っていません。）

【進行形でない文】

Yuri runs fast.
（ユリは速く走ります。）

→Does Yuri run fast?
（ユリは速く走りますか。）

→Yuri doesn't run fast.
（ユリは速く走りません。）

Unit 8 A Surprise Party
(Story 3)

| 教科書の重要ポイント | 感動を表す感嘆文 | 教科書 pp.82〜83 |

How nice!〔なんてすてきなのでしょう。〕

What a cute bag!〔なんてかわいいバッグでしょう！〕

〈How ...!〉や〈What (a) ...!〉で「なんて…だろう！」と，よろこびやおどろきなどの感動を表すことができる。

　　How nice!
　　　　形容詞

　　What a cute bag!
　　　　形容詞＋名詞

▼〈How ...!〉と〈What (a [an]) ...!〉の使い分け

　[形容詞や副詞を強調]
　・形容詞か副詞だけのときは〈How ＋ 形容詞［副詞］＋!〉を使う。

　[名詞を含む語句を強調]
　・形容詞のあとに名詞が入っていたら〈What (a [an]) ＋形容詞＋名詞＋!〉を使う。
　名詞が単数形のときはaまたはanをつける。
　例 **What an interesting book!**〔なんておもしろい本だろう！〕

ナルホド!

Words & Phrases 次の日本語は英語に，英語は日本語にしなさい。

□(1) happen （　　　　　　　）　　□(6) 速く，すぐに ＿＿＿＿＿＿

□(2) forget （　　　　　　　）　　□(7) 教える ＿＿＿＿＿＿

□(3) kind （　　　　　　　）　　□(8) プレゼント ＿＿＿＿＿＿

□(4) birthday （　　　　　　　）　　□(9) Tシャツ ＿＿＿＿＿＿

□(5) cute （　　　　　　　）　　□(10) もちろん ＿＿＿＿＿＿

1 日本語に合うように，（　）内から適切なものを選び，記号を○で囲みなさい。

□(1) なんてすばらしいのだろう！

　　（ ア How　イ What ）wonderful!

□(2) なんておいしいソーセージだろう！

（ ア How　イ What ） a delicious sausage!

□(3) なんてすてきな帽子だろう！

（ ア How a　イ What a ） nice cap!

□(4) なんておもしろい映画だろう！

（ ア What a　イ What an ） interesting movie!

⚠ ミスに注意

形容詞のあとに名詞が
あったらWhat で文
を始める。

2 絵を見て例にならい，「なんて…だろう！」という文を
完成させなさい。

例	(1)	(2)
beautiful picture	kind	big fish

例 **What a beautiful picture!**

□(1) ＿＿＿＿＿＿＿＿ kind!

□(2) ＿＿＿＿＿＿＿ ＿＿＿＿＿＿＿ big fish!

3 日本語に合うように，（　）内の語や符号を並べかえなさい。

□(1) どういたしまして。

(welcome / you're / .)

＿＿＿＿＿＿＿＿＿＿＿＿＿＿＿＿＿＿

□(2) なんておいしいのだろう！

(delicious / how / !)

＿＿＿＿＿＿＿＿＿＿＿＿＿＿＿＿＿＿

□(3) なんてかわいいウサギだろう！

(cute / a / rabbit / what)!

＿＿＿＿＿＿＿＿＿＿＿＿＿＿＿＿＿＿!

□(4) なんてすてきなTシャツだろう！

(T-shirt / a / nice / what)!

＿＿＿＿＿＿＿＿＿＿＿＿＿＿＿＿＿＿!

□(5) もちろんです。

(course / of / .)

＿＿＿＿＿＿＿＿＿＿＿＿＿＿＿＿＿＿

Unit 8

95

Let's Write 1

| 教科書の重要ポイント | いろいろなグリーティングカードに書く文 | 教科書p.84 |

① グリーティングカードは，「お祝い」「お見舞い」「感謝」などの気持ちを伝えるために書く。

② どの内容のカードも一定の形式がある。

・はじめのあいさつ　例 Dear Keiko,　　Dear Mom,

・カードをおくる目的によることば

　　「お祝い」　例 Happy Birthday!　〔誕生日おめでとう。〕

　　「お見舞い」　例 Get well soon!　〔早く元気になってね。〕

　　「感謝」　例 Thank you for the nice picture!　〔すてきな写真をありがとう。〕

・そえることば　例 I love you.　〔大好きです。〕

　　　　　　　　　　I really like it.　〔とても気に入っています。〕

・終わりのあいさつ　例 Love,　　Take care

・署名

〔ナルホド!〕

1 それぞれの英語が表すものを，下の□□□内から選び，記号を書きなさい。

□(1) Happy Birthday! (　　)

□(2) Happy Holidays! (　　)

□(3) Get well soon! (　　)

□(4) Happy New Year! (　　)

ア　明けましておめでとう。	イ　早くよくなってね。
ウ　合格おめでとう。	エ　誕生日おめでとう。
オ　楽しい休暇を過ごしてね。	

2 ＿＿に適切な語を入れて誕生日に送るグリーティングカードを完成させなさい。

□(1) ＿＿＿＿＿＿＿ Kyoko,

□(2) ＿＿＿＿＿＿＿ Birthday!

□(3) ＿＿＿＿＿＿＿ wishes for your 13th birthday.

　　　　　　　　　　　　Your friend,

　　　　　　　　　　　　Yuto

教科書の重要ポイント | 「今…しています」を表す進行形のまとめ | 教科書 p.86

① 進行形は，〈be動詞(am, are, is)＋動詞のing形〉で表す。

② 肯定文：〈主語＋be動詞＋動詞のing形 ….〉で，「…しています」と進行中の動作を表す。

> | 現在形の文 | Akira plays tennis every day. 〔アキラは毎日テニスをします。〕
>
> ↓ 〈be動詞＋動詞のing形〉の形に
>
> | 進行形の文 | Akira is playing tennis now. 〔アキラは今，テニスをしています。〕

③ 否定文：〈主語＋be動詞＋not＋動詞のing形 ….〉で，「…していません」と動作が進行中でないことを表す。

> | 肯定文 | Akira is playing tennis now. 〔アキラは今，テニスをしています。〕
>
> ↓ be動詞のあとにnotを入れる
>
> | 否定文 | Akira is not playing tennis now. 〔アキラは今，テニスをしていません。〕

④ 疑問文：〈be動詞＋主語＋動詞のing形…?〉で，「…していますか」と動作が進行中かどうかをたずねる。

> | 肯定文 | Akira is playing tennis now. 〔アキラは今，テニスをしています。〕
>
> ↓ be動詞を主語の前に
>
> | 疑問文 | Is Akira playing tennis now? 〔アキラは今，テニスをしていますか。〕
>
> | 答え方 | Yes, he is. / No, he is not. 〔はい，しています。／いいえ，していません。〕

⑤ whatのようなたずねる語のある疑問文，〈What＋進行形の疑問文の形〉で表す。

> | whatのある疑問文 | What is Akira doing now? 〔アキラは今，何をしていますか。〕
>
> 進行形の疑問文の形
> doingはdo（する）のing形
>
> | 答え方 | He is playing tennis now. 〔彼は今，テニスをしています。〕

⑥ ing形の作り方

・ふつうはそのままingをつける。

> 例 play→playing, do→doing

・eで終わる語はeをとってingをつける。　例 use→using, come→coming

・〈短く発音する母音＋子音字〉で終わる語は，子音字を重ねてingをつける。

> 例 swim→swimming, run→running

それぞれの動詞のing形を書きなさい。

☐ (1) use ＿＿＿＿＿＿＿＿　　☐ (3) study ＿＿＿＿＿＿＿＿

☐ (2) swim ＿＿＿＿＿＿＿＿　　☐ (4) drink ＿＿＿＿＿＿＿＿

ぴたトレ
2
練習

Unit 8 ～
Grammar for Communication 6

時間 **20**分
解答 p.20

教科書 pp.77 ～ 86

① ( )に入る最も適切なものを1つ選び, 記号を○で囲みなさい。

□(1) Ai and her father ( ) a baseball game on TV.

　　ア are watching　　イ watching　　ウ watches　　エ is watching

□(2) Are you ( ) science?

　　ア study　　イ studies　　ウ studying　　エ is studying

□(3) What ( ) Mike doing?

　　ア do　　イ are　　ウ is　　エ does

現在進行形は〈am[are, is]+...ing形〉で表すのだったね。

② 日本語に合うように, ＿＿＿に入る適切な語を書きなさい。

□(1) あなたはピアノをひいているのですか。

　　＿＿＿＿＿＿＿＿ you ＿＿＿＿＿＿＿＿ the piano?

□(2) ユリは紅茶を飲んでいるのですか。

　　＿＿＿＿＿＿＿＿ Yuri ＿＿＿＿＿＿＿＿ tea?

□(3) トムとサトルはテレビを見ています。

　　Tom and Satoru ＿＿＿＿＿＿＿＿ ＿＿＿＿＿＿＿＿ TV.

③ 日本語に合うように, ( )内の語句を並べかえなさい。

□(1) 私は母と昼食を作っています。

　　(with / making / I'm / my mother / lunch).

　　＿＿＿＿＿＿＿＿＿＿＿＿＿＿＿＿＿＿＿＿＿＿＿＿＿＿＿ .

□(2) あなたは今, 英語を勉強しているのですか。

　　(you / English / are / now / studying)?

　　＿＿＿＿＿＿＿＿＿＿＿＿＿＿＿＿＿＿＿＿＿＿＿＿＿＿＿ ?

□(3) なんて親切な女の子でしょう！

　　(kind / what / girl / a)!

　　＿＿＿＿＿＿＿＿＿＿＿＿＿＿＿＿＿＿＿＿＿＿＿＿＿＿＿ !

④ 書く！ 次の日本語を英語にしなさい。

□(1) 私は今, ピアノをひいています。

　　＿＿＿＿＿＿＿＿＿＿＿＿＿＿＿＿＿＿＿＿＿＿＿＿＿＿＿＿＿

□(2) なんて美しい絵でしょう！（pictureを使って）

　　＿＿＿＿＿＿＿＿＿＿＿＿＿＿＿＿＿＿＿＿＿＿＿＿＿＿＿＿＿

ヒント　①(1)主語は複数(アイとお父さん)
　　　　③(3)〈形容詞＋名詞〉の形。　④(1)「ピアノをひく」はplay the piano。　(2)〈形容詞＋名詞〉の形。

98

定期テスト
予報

●「…しています」の意味を表す進行形が使いこなせるかが問われるでしょう。
⇒進行形は〈be動詞＋動詞のing形〉で表すことを必ず覚えておきましょう。
⇒「…します」の文とは，疑問文・否定文の作り方のルールが異なるので注意しましょう。
⇒教科書Unit 8に出ている動詞のing形はすべて覚えておきましょう。

5 読む 次の会話文を読んで，あとの問いに答えなさい。

Josh: We're (①) Kaito's house. Kaito is decorating the room.

②(Meg's / is / today / birthday). We're ③(prepare) a surprise party.

Asami: Oh, Josh. Are you taking a picture?

Josh: No, I'm not. I'm taking a video for Meg.

□(1) (①)に入る最も適切な語を1つ選び，記号を○で囲みなさい。

ア on　　イ at　　ウ for　　エ with

□(2) 下線部②の（　　　）内の語を正しく並べかえなさい。

_____ .

□(3) 下線部③の（　　　）内の語を適切な形にしなさい。　　_____

□(4) 次の文が会話の内容に合っていれば○，合っていなければ×を書きなさい。

①海斗は部屋を飾っています。　　　　　　　　　　　　　　　（　　　　）

②ジョシュのサプライズパーティーの準備をしています。　　（　　　　）

③ジョシュはビデオを撮っています。　　　　　　　　　　　（　　　　）

6 話す 次の会話文を読んで，あとの問いに答えなさい。解答の答え合わせのあと，
発音アプリの指示に従って，問題文と解答を声に出して読みなさい。 アプリ

Chen: Look at this picture. This is an event in France.

Aoi: What are they doing?

Chen: They're posing in costumes.

Aoi: Wow! This woman is wearing a costume from "Sailor Moon." These men
are wearing costumes from "Naruto."

Chen: Anime and manga are popular around the world.

(注)event 行事　France フランス　pose ポーズをとる　in costume 衣装を着て　wear …を着る
Sailor Moon セーラームーン　these これらの　around the world 世界各国で

□(1) What is the woman wearing?

—_____

□(2) Are anime and manga popular around the world?

—_____

Unit 8 ～ Grammar for Communication 6

❶ 下線部の発音が同じものには〇を，そうでないものには×を，解答欄に書きなさい。　6点

(1) s<u>ay</u>　　　　　　(2) b<u>y</u>e　　　　　　(3) forg<u>e</u>t

h<u>a</u>ppy　　　　　　　surpr<u>i</u>se　　　　　th<u>e</u>n

❷ 最も強く発音する部分の記号を解答欄に書きなさい。　6点

(1) pre – pare　　　　(2) dec – o – rate　　　(3) to – mor – row
　　ア　　イ　　　　　　　ア　イ　ウ　　　　　　　ア　　イ　　ウ

❸ ＿＿＿に入る適切な語を1つ選び，それぞれの会話文を完成させなさい。　16点

(1) **A :** ＿＿①＿＿ are you doing?

B : I'm ＿＿②＿＿ my room.

①ア When　イ What　ウ Where　　②ア decorate　イ decorating　ウ decorates

(2) **A :** ＿＿①＿＿ you playing a video game?

B : No, I'm just ＿＿②＿＿ it.

①ア Is　　イ Am　　ウ Are　　②ア watch　　イ watches　　ウ watching

❹ 日本語に合うように，（　）内の語を並べかえなさい。　21点

よく出る (1) ケンは何を勉強していますか。

(what / Ken / studying / is)?

(2) 私の兄はギターをひいています。

(is / the / brother / guitar / my / playing).

(3) 楽しそうに聞こえます。

(like / fun / sounds).

❺ 読む📖 次の電話での会話文を読んで，あとの問いに答えなさい。　27点

Aya :　Hello, Shota. ①<u>What are you doing?</u>

Shota :　Hello, Aya. I'm playing video games now. What's (　②　)?

Aya :　③(about / I'm / tomorrow / thinking). Are you free tomorrow?

Shota :　Tomorrow? Yes, I'm free.

Aya :　Why don't we go to the movies?

Shota :　Sounds nice. Sure.

成績評価の観点　知…言語や文化についての知識・技能　表…外国語表現の能力

(1) 下線部①を日本語にしなさい。

(2) （ ② ）に入る最も適切なものを1つ選び，記号を書きなさい。

　　ア on　　イ in　　ウ up

差
がつく(3) 下線部③が「私は明日について考えています。」という意味になるように（　　）内の語を正しく並べかえなさい。　表

(4) 次の文が会話の内容に合っていれば○，合っていなければ×を書きなさい。

　　①ショウタはテレビを見ている。

　　②アヤは映画に行こうと誘っている。

　　③明日2人は映画に行く。

点
UP ❻ 書く✎ 次のようなとき英語で何と言うか，（　　）内の語数で書きなさい。　表　　24点

(1) 相手に今，昼食を作っているのかたずねるとき。（5語）

(2) 相手に「お誕生日おめでとう」というとき。（2語）

(3) お礼を言った相手に「どういたしまして」と言うとき。（2語）

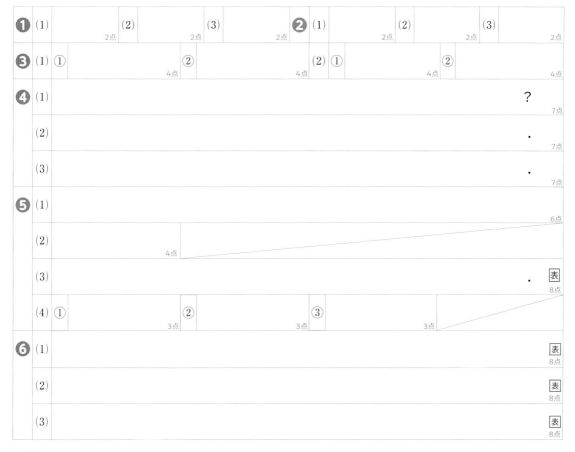

❶	(1)		(2)		(3)		❷	(1)		(2)		(3)	
		2点		2点		2点			2点		2点		2点

❸	(1)	①		②		(2)	①		②	
			4点		4点			4点		4点

❹ (1) 　?　 7点

(2) 　.　 7点

(3) 　.　 7点

❺ (1) 　6点

(2) 4点

(3) 　.　表　8点

❺	(4)	①		②		③	
			3点		3点		3点

❻ (1) 　表　8点

(2) 　表　8点

(3) 　表　8点

▶ 表 の印がない問題は全て 知 の観点です。

Unit 9 Think Globally, Act Locally
(Story 1)

〈新出語・熟語 別冊p.12〉

教科書の重要ポイント	不定詞〈to＋動詞の原形〉の文	教科書 pp.87〜89

She wants to help people in need. 〔彼女は困っている人々を助けたいと思っています。〕

She tries to do her best. 〔彼女は最善を尽くそうとしています。〕

〈to＋動詞の原形〉の不定詞は，「…すること」という意味を表す。

一般動詞の文	不定詞を含む文
Ken wants a computer.	Ken wants to use a computer.
〔ケンはコンピュータがほしいです。〕	〔ケンはコンピュータが使いたいです。〕

want 「…がほしい」

want to ... 「…したい」

〈to＋動詞の原形〉が動詞の目的語になる。これを不定詞の名詞的用法という。

一般動詞の文　Ken wants a computer.
　　　　　　　　　 動詞　　目的語

不定詞を含む文　Ken wants to use a computer.
　　　　　　　　　 動詞　　目的語〈to＋動詞の原形〉「…すること」

want to ...は「…したい」，want to beは「…になりたい」という意味を表す。

want to の文　I want to see Miki. 〔私はミキに会いたいです。〕
　　　　　　　　want to ... 「…したい」

want to beの文　I want to be a singer. 〔私は歌手になりたいです。〕
　　　　　　　　want to be ... 「…になりたい」

Words & Phrases 次の日本語は英語に，英語は日本語にしなさい。

☐(1) cousin （　　　　　　　　）　　☐(5) 働く　＿＿＿＿＿＿＿＿＿

☐(2) as （　　　　　　　　）　　☐(6) 国　＿＿＿＿＿＿＿＿＿

☐(3) hospital （　　　　　　　　）　　☐(7) 難しい　＿＿＿＿＿＿＿＿＿

☐(4) act （　　　　　　　　）　　☐(8) 病気の　＿＿＿＿＿＿＿＿＿

1 日本語に合うように，（ ）内から適切なものを選び，記号を〇で囲みなさい。

テストによく出る!

名詞的用法の不定詞
〈to＋動詞の原形〉で「…すること」という意味を表す。
Ken wants <u>to play</u> baseball.
→動詞 wants の目的語になるので名詞のはたらき。

☐(1) 私はバスケットボールがしたいです。

　　I want (ア play　イ to play) basketball.

☐(2) タケシは教師になりたいです。

　　Takeshi wants （ ア to be　イ be ） a teacher.

☐(3) マイクは京都に行きたいです。

　　Mike （ ア wants　イ wants to ） go to Kyoto.

☐(4) 私は買い物に行きたいです。

　　I want （ ア to　イ to go) shopping.

2 絵を見て例にならい，「…は～がしたいです」という文を完成させなさい。

例	(1)	(2)
play baseball	eat sushi	read a book

例 **Ken wants to play baseball.**

☐(1) Jane ＿＿＿＿＿＿＿ to eat sushi.

☐(2) Aki ＿＿＿＿＿＿＿ ＿＿＿＿＿＿＿ read a book.

3 日本語に合うように，（ ）内の語句を並べかえなさい。

☐(1) ユウタはサッカー選手になりたいです。

　　(soccer player / wants / be / Yuta / a / to).

　　＿＿＿＿＿＿＿＿＿＿＿＿＿＿＿＿＿＿＿＿ .

注目!

「…になりたい」
(1)「…になる」はbe動詞を使って表す。 be動詞の原形はbe。

☐(2) 私は神戸に行きたいです。

　　(go to / want / Kobe / I / to).

　　＿＿＿＿＿＿＿＿＿＿＿＿＿＿＿＿＿＿＿＿ .

☐(3) ユイはその英語の本を読もうとします。

　　(to / Yui / the English book / tries / read).

　　＿＿＿＿＿＿＿＿＿＿＿＿＿＿＿＿＿＿＿＿ .

Unit 9

Unit 9 Think Globally, Act Locally
(Story 2)

| 教科書の重要ポイント | 〈what [where]＋do you want to ...〉の文 | 教科書 pp.90〜91 |

What do you want to do? 〔あなたは何をしたいですか。〕
— I want to try some ethnic food. 〔私はエスニック料理を食べてみたいです。〕

「あなたは何を…したいですか」とたずねるときは，〈What do you want to ＋動詞の原形...?〉で表す。

What do you want to do?
　　　　　　　　　　したい

I want to try some ethnic food.
食べたい

whatやwhereを文の最初に置き，そのあとは一般動詞のときと同じ〈do [does]＋主語＋ want to ＋動詞の原形？〉の形になる。

「あなたはどこで[へ]…したいですか」とたずねるときは，疑問詞whereを使って〈Where do you want to ＋動詞の原形...?〉で表す。

Where do you want to go?　〔あなたはどこへ行きたいですか。〕
　　　　　　　　　　行きたい

I want to go to Australia.　〔私はオーストラリアに行きたいです。〕

▼否定の文の作り方は，一般動詞の場合と同じように〈don't [doesn't] want to ...〉など，動詞の前にdon't [doesn't] を置く。

\ナルホド!/

▼〈want [try, need]＋to＋動詞の原形〉

　　want to ... (動詞の原形)　　…したい
　　try to ... (動詞の原形)　　…しようと試みる
　　need to ... (動詞の原形)　　…する必要がある
これらのかたまりは1つの動詞としてとらえ，覚えておこう。

\ナルホド!/

| Words & Phrases | 次の日本語は英語に，英語は日本語にしなさい。 |

☐(1) main　（　　　　　　　　　）　　☐(4) 列，並び　＿＿＿＿＿＿＿＿

☐(2) later　（　　　　　　　　　）　　☐(5) (…を)理解する　＿＿＿＿＿＿＿＿

☐(3) late　（　　　　　　　　　）　　☐(6) 食べ物　＿＿＿＿＿＿＿＿

1 日本語に合うように，（　）内から適切なものを選び，記号を〇で囲みなさい。

☐(1) あなたは何を食べたいですか。

（ ア Where　イ What ）do you want to eat?

☐(2) ショウタは何を飲みたいですか。

What does Shota (ア wants to　イ want to) drink?

☐(3) あなたたちはどこへ行きたいですか。

（ ア Where　イ What ）do you want to go?

☐(4) 私は学校に遅れたくありません。

I don't (ア want　イ want to) be late for school.

☐(5) あなたは何を食べているのですか。

What (ア do　イ are) you eating?

2 絵を見て例にならい，「…はどこへ行きたいですか」とたずねる文を完成させなさい。

注目!

whereも文頭に置く。whereに続けて，〈do[does] ＋主語＋want to ＋動詞の原形?〉の形をとる。

例 **Where do you want to go?**

☐(1) ＿＿＿＿＿＿＿＿ does Peter want to go?

☐(2) ＿＿＿＿＿＿＿＿ ＿＿＿＿＿＿＿＿ they want to go?

3 日本語に合うように，（　）内の語を並べかえなさい。

☐(1) 私たちは毎日，8時に学校に着きます。

(at / school / get / we / to / eight) every day.

＿＿＿＿＿＿＿＿＿＿＿＿＿＿＿＿＿＿＿＿ every day.

☐(2) たくさんの生徒が1列に並んで待っています。

(are / many / in / students / line / waiting).

＿＿＿＿＿＿＿＿＿＿＿＿＿＿＿＿＿＿＿＿.

☐(3) サトシは何をしたいのですか。

(want / Satoshi / to / what / do / does)?

＿＿＿＿＿＿＿＿＿＿＿＿＿＿＿＿＿＿＿＿?

Unit 9

Unit 9 Think Globally, Act Locally
(Story 3)

教科書の重要ポイント	〈look＋形容詞〉の文	教科書 pp.92〜93

The children look happy. 〔子どもたちは幸せそうに見えます。〕

〈look＋形容詞〉で「…に見える」という意味を表す。

lookのあとに形容詞を続ける。

be動詞の文	The children are happy. 〔子どもたちは幸せです。〕

　　　　　　　　　　be動詞　形容詞

〈look＋形容詞〉の文	The children look happy. →動詞のあとに「主語について説明する語」がくる

　　　　　　　　　　動詞　形容詞

〈look＋形容詞〉の文では，主語＝形容詞の関係になる。

　The children look happy.

　　主語　　　　　　形容詞

ナルホド!

Words & Phrases　次の日本語は英語に，英語は日本語にしなさい。

□(1) child 　（　　　　　　　　　　　）　　□(6) (…を)建てる ＿＿＿＿＿＿＿＿＿

□(2) village （　　　　　　　　　　　）　　□(7) 金，通貨 ＿＿＿＿＿＿＿＿＿

□(3) volunteer （　　　　　　　　　　　）　　□(8) 水 ＿＿＿＿＿＿＿＿＿

□(4) clean （　　　　　　　　　　　）　　□(9) 悲しい ＿＿＿＿＿＿＿＿＿

□(5) collect （　　　　　　　　　　　）　　□(10) 井戸 ＿＿＿＿＿＿＿＿＿

---

1 日本語に合うように，（　）内から適切なものを選び，記号を〇で囲みなさい。

□(1) あなたはうれしそうに見えます。

　　You（ ア see　イ look ）happy.

□(2) そのリンゴはとてもおいしそうに見えます。

　　The apple（ ア look　イ looks ）delicious.

□(3) その本はとてもおもしろいです。

　　The book（ ア is　イ looks ）very interesting.

□(4) 彼は毎日長い時間歩きます。

He walks (ア for　イ on) a long time every day.

□(5) この写真の子どもたちを見なさい。

Look (ア at　イ in) the children in this picture.

2 絵を見て例にならい，「…は〜に見えます」という文を
完成させなさい。

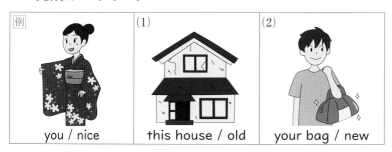

例　**You look nice.**

□(1) This house ＿＿＿＿＿＿ old.

□(2) Your bag ＿＿＿＿＿ ＿＿＿＿＿.

3 日本語に合うように，（　）内の語句を並べかえなさい。

□(1) この本は簡単そうです。

(easy / book / looks / this).

＿＿＿＿＿＿＿＿＿＿＿＿＿＿＿＿ .

□(2) ケンとリョウは空腹そうに見えます。

(Ryo / hungry/ and / look / Ken).

＿＿＿＿＿＿＿＿＿＿＿＿＿＿＿＿ .

□(3) 北海道はとても寒そうです。

(cold / it / very / looks) in Hokkaido.

＿＿＿＿＿＿＿＿＿＿＿＿ in Hokkaido.

□(4) そのイヌはのどがかわいているように見えます。

(looks / the / thirsty / dog).

＿＿＿＿＿＿＿＿＿＿＿＿＿＿＿＿ .

□(5) その質問は難しそうです。

(question / difficult / the / looks).

＿＿＿＿＿＿＿＿＿＿＿＿＿＿＿＿ .

⚠ミスに注意

主語が三人称単数で現在の文の場合，動詞の形に気をつけよう！

Unit 9

教科書の
重要ポイント　**道のたずね方・指示のしかた**　教科書p.94

①知らない人に道をたずねるときの最初のことば。

　　Excuse me. 〔すみません。〕

②行きたいところを言うとき。

　　I'm looking for Nakano Station. 〔中野駅をさがしています。〕

　　Where is[Where's] Nakano Station? 〔中野駅はどこですか。〕

　　How can I get to Nakano Station? 〔どうすれば中野駅に行けますか。〕

　　Please tell me the way to Nakano Station. 〔中野駅への行き方を教えてください。〕

③指示をするときは，動詞ではじめる。

　　Go down this street. 〔この通りをまっすぐ行ってください。〕

　　Turn left[right] at the second traffic light.

　　〔2つ目の信号を左[右]に曲がってください。〕

④もう一度言ってほしいとき。

　　Pardon me? 〔もう一度おっしゃってください。〕

　　Excuse me? 〔すみません。〕

　　＊この２つの表現は，いずれも上り調子で言う。

⑤少し考えるとき。

　　Let's see. 〔ええと。〕

⑥道を教えてもらったお礼とそれに対することば。

　　Thank you. 〔ありがとう。〕

　　— You're welcome. 〔どういたしまして。〕

道順をたずねたり，教えたりする表現について，次の英語が
表す意味を下の　　　　内から選び，記号を書きなさい。

☐(1) Go down this street and turn left. （　　）

☐(2) It's by the post office. （　　）

☐(3) I'm looking for a library. （　　）

☐(4) Excuse me, but where's a bookstore? （　　）

ア　図書館をさがしています。
イ　それは郵便局のそばにあります。
ウ　この通りをまっすぐ行って，左へ曲がってください。
エ　すみませんが，本屋はどこにあるでしょうか。

ぴたトレ
1
要点チェック

Stage Activity 2

時間 **15**分

解答 p.23

〈新出語・熟語 別冊p.13〉

教科書の
重要ポイント **好きな人についてたずねたり，説明したりする。** 教科書pp.96～97

好きな人やあこがれの人の特徴やよさを伝えて会話を楽しもう。

▼自分の好きな人について，紹介する文章の構成を考える。

①名前・出身地など

This is Nanako. 〔こちらはナナコさんです。〕

His name is Shinji. 〔彼の名前はシンジです。〕

He is from Shizuoka. 〔彼は静岡出身です。〕

②何をしている人か(芸能人・スポーツ選手・医者など職業)

He is a musician. 〔彼は音楽家です。〕

She is a doctor. 〔彼女は医者です。〕

He is a soccer player. 〔彼はサッカー選手です。〕

③その人を好きな理由（特徴やよさ）

He is very famous. 〔彼はとても有名です。〕

He is a great tennis player. 〔彼はすばらしいテニス選手です。〕

He helps people in need. 〔彼は困っている人々を助けます。〕

He always cheer me up. 〔彼はいつも私を元気づけてくれます。〕

④自分の気持ち・感想など

I like him [her] very much. 〔私は彼[彼女]が大好きです。〕

I want to see him in the stadium. 〔私は彼をスタジアムで見たいです。〕

▼聞き手になったときの答え方・あいづちのうち方

あいづち　　Really? 〔本当に？〕　　I see. 〔なるほど。〕

すぐに答えられないとき　　Well... 〔そうですね...〕　　Let me see. 〔ええっと。〕

聞き返すとき　　Excuse me?　　Pardon? 〔もう一度言ってください。〕

感想を言う　　I like him, too. 〔私も彼が好きです。〕　　I want to see him.

〔彼に会いたいです。〕　　That's nice. 〔すてきですね。〕

ナルホド!

Words & Phrases 次の日本語は英語に，英語は日本語にしなさい。

☐(1) voice （　　　　　　　　　）　　☐(4) 歌　＿＿＿＿＿＿＿＿＿＿

☐(2) musician （　　　　　　　　　）　　☐(5) (…を)推測する　＿＿＿＿＿＿＿＿＿＿

☐(3) hero （　　　　　　　　　）　　☐(6) 歌詞　＿＿＿＿＿＿＿＿＿＿

Unit 9 ～ Stage Activity 2

① ( )に入る最も適切なものを1つ選び，記号を〇で囲みなさい。

☐(1) Takeshi wants ( ) pictures.

　　ア take　　イ takes　　ウ to take　　エ to taking

☐(2) Those books ( ) very difficult.

　　ア looks　　イ look　　ウ sounds　　エ sound

☐(3) Yuki likes ( ) this book.

　　ア read　　イ reads　　ウ to read　　エ to reading

> wantやtryのあとに不定詞(to+動詞の原形)を置くと「…すること」「…であること」を意味するよ。

② 日本語に合うように，＿＿に入る適切な語を書きなさい。

☐(1) あなたは何を食べたいですか。

　　＿＿＿＿＿＿＿ do you want ＿＿＿＿＿＿＿ eat?

☐(2) その部屋はとても暑そうに見えます。

　　It ＿＿＿＿＿＿＿ very ＿＿＿＿＿＿＿ in the room.

☐(3) メグはどこへ行きたいのですか。

　　＿＿＿＿＿＿＿ does Meg ＿＿＿＿＿＿＿ to go?

③ 日本語に合うように，（ ）内の語を並べかえなさい。

☐(1) ユリは何をしたいのですか。

　　(does / to / want / Yuri / do / what)?

　　＿＿＿＿＿＿＿＿＿＿＿＿＿＿＿＿＿＿＿＿＿＿＿＿？

☐(2) 私の祖父は毎日長い時間歩きます。

　　(for / my / walks / time / a / grandfather / long) every day.

　　＿＿＿＿＿＿＿＿＿＿＿＿＿＿＿＿＿＿＿＿＿ every day.

☐(3) ジュンとミカはわくわくしているように見えます。

　　(and / look / Mika / excited / Jun).

　　＿＿＿＿＿＿＿＿＿＿＿＿＿＿＿＿＿＿＿＿＿．

④ 書く✐ 次の日本語を英語にしなさい。

☐(1) あなたはどこへ行きたいですか。

　　＿＿＿＿＿＿＿＿＿＿＿＿＿＿＿＿＿＿＿＿＿＿＿＿

☐(2) ユウトのかばんは新しそうに見えます。

　　＿＿＿＿＿＿＿＿＿＿＿＿＿＿＿＿＿＿＿＿＿＿＿＿

ヒント　① (2)主語は複数形。　(3) like to …の形。　② (3)「どこへ…」はWhere …?を使う。
　　　　③ (1)「何を…」の疑問文はwhatを文頭に置く。　④ (2)主語は三人称単数。

●〈to＋動詞の原形〉の表現が使いこなせるかどうかが問われるでしょう。
⇒よく使われる不定詞の表現は，連語としてまとめて覚えておくようにしましょう。
●〈look＋形容詞〉「…のように見える」の表現が使いこなせるかが問われるでしょう。
⇒lookのあとに形容詞が続く文の形と意味を確認しておきましょう。

5 読む📖 次の会話文を読んで，あとの問いに答えなさい。

Meg: ①(the / listen to / want / presentation / to / I) on the main stage.
Kaito: Me, too, but can we go there ②(あとで)?
Meg: Why? What do you want to do now?
Kaito: I want to try some ethnic food over there.

□(1) 下線部①が「私はプレゼンテーションを聞きたいです。」という意味になるように(　　)内の語句を正しく並べかえなさい。

_____

□(2) 下線部②の(　　)内の日本語を1語の英語で表しなさい。

_____

□(3) メグがWhy?とたずねているのに対し，海斗は何をしたいのですか。その理由を表す文を完成させなさい。

Kaito _____ over there.

6 話す🗣 次の会話文を読んで，あとの問いに答えなさい。解答の答え合わせのあと，発音アプリの指示に従って，問題文と解答を声に出して読みなさい。 📱アプリ

Ken: I want to go to the museum. Can we go together, Tom?
Tom: Sorry, I can't. I need to stay at home.
Ken: Why? What do you need to do?
Tom: I need to practice the piano. I have a contest next Sunday.
Ken: I see. Good luck.
Tom: Thank you. I try to do my best.

(注)stay とどまる，いる　　at home 家に[で]　　contest コンテスト，コンクール

□(1) Can Tom go to the museum with Ken?
　　— _____

□(2) What does Tom need to do?
　　— _____

Unit 9 ～ Stage Activity 2

時間 30分　／100点　合格 70点　解答 p.23

教科書 pp.87 ～ 97

❶ 下線部の発音が同じものには○を，そうでないものには×を，解答欄に書きなさい。 6点

(1) m<u>ai</u>n　　　　　　　(2) l<u>i</u>ne　　　　　　　(3) m<u>o</u>ney

l<u>a</u>te　　　　　　　　 v<u>i</u>llage　　　　　　　 c<u>ou</u>sin

❷ 最も強く発音する部分の記号を解答欄に書きなさい。 6点

(1) eth - nic　　　　　(2) vol - un - teer　　　　(3) un - der - stand

　ア　イ　　　　　　　ア　イ　ウ　　　　　　　ア　イ　　ウ

❸ ＿＿＿に入る適切な語を1つ選び，それぞれの会話文を完成させなさい。 18点

(1) **A :** ＿①＿ do you want to drink?

　 B : I want to ＿②＿ tea.

　 ① ア Where　イ What　ウ How　　② ア drink　イ write　ウ look

(2) **A :** What does Meg ＿①＿ to do?

　 B : She tries to speak Japanese well.

　 ① ア try　イ tries　ウ trying

❹ 日本語に合うように，（　）内の語を並べかえなさい。 21点

よく出る (1) ユイは母親を手伝いたいと思っています。

　　(to / mother / Yui / help / her / wants).

(2) トムは最善を尽くそうとしています。

　　(to / his / Tom / best / tries / do).

(3) 祖母はとても幸せそうに見えます。

　　(very / my / happy / looks / grandmother).

❺ 読む 次の会話文を読んで，あとの問いに答えなさい。 25点

Sam: ①<u>What do you want to be, Saya?</u>

Saya: I want to be an English teacher. I like to read English books. I also like to talk (　②　) foreign people. What do you want to be, Sam?

Sam: I want to be a doctor. ③(to / children / want / I / sick / help).

Saya: That's wonderful. We need to study very hard.

成績評価の観点　知…言語や文化についての知識・技能　表…外国語表現の能力

(1) 下線部①を日本語にしなさい。

(2)（ ② ）に入る最も適切なものを1つ選び，記号を書きなさい。

　　ア after　　イ under　　ウ with

差がつく (3) 下線部③が「私は病気の子供たちを助けたいと思っています。」という意味になるように

　　（　　）内の語を正しく並べかえなさい。 表

(4) 会話の内容について，次の問いに英語で答えなさい。

　　①Does Saya like to read English books?

　　②What does Sam want to be?

点UP ❻ 書く✏ 次のようなとき英語で何と言うか，（　）内の語数で書きなさい。 表　24点

(1) 相手のくつが新しそうに見えるとき。（4語）

(2) 相手にどこへ行きたいかたずねるとき。（6語）

(3) 通りすがりの人に図書館を探しているとたずねるとき。（5語）

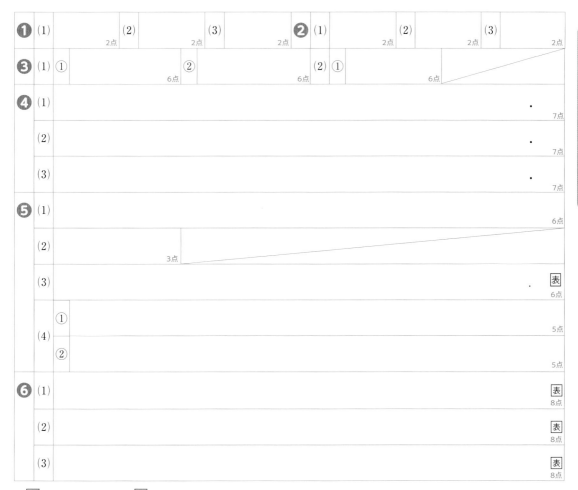

▶ 表 の印がない問題は全て 知 の観点です。

教科書の重要ポイント　**現在進行形と〈to＋動詞の原形〉の文**　教科書 pp.98〜99

I'm planning a summer trip to Japan. 〔私は日本への夏の旅行を計画しています。〕

〈be動詞＋動詞のing形〉で進行形を表し，「…しています」という意味になる。

今…していますという現在進行形の文は，〈主語＋am[are, is]＋動詞のing形 ....〉で表す。

現在形の文　I plan a summer trip to Japan every year.

〔私は毎年日本への夏の旅行を計画します。〕

現在進行形の文　I'm planning a summer trip to Japan.

be動詞　動詞のing形　planはnを重ねてingをつける

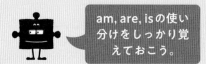

am, are, isの使い分けをしっかり覚えておこう。

＼ナルホド!／

I want to climb Mt. Fuji, too. 〔私も富士山にのぼりたいです。〕

want to ...で「…したいです」という意味を，need to ...で「…する必要があります」という意味を表す。

〈to＋動詞の原形〉の不定詞は，「…すること」という意味を表す。

I want to climb Mt. Fuji, too. （ほしい＋のぼること → のぼりたい）

I need to take short breaks. （必要である＋短い休憩をとること → 短い休憩が必要だ）

I like to play tennis. （好きだ＋テニスをすること → テニスをすることが好きだ）

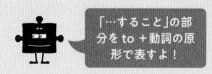

「…すること」の部分を to＋動詞の原形で表すよ！

＼ナルホド!／

Words & Phrases　次の日本語は英語に，英語は日本語にしなさい。

□(1) trip （　　　　　　　）

□(2) bus （　　　　　　　）

□(3) hut （　　　　　　　）

□(4) sunrise （　　　　　　　）

□(5) …にのぼる ＿＿＿＿＿＿＿＿＿＿

□(6) …を計画する ＿＿＿＿＿＿＿＿＿＿

□(7) 滞在する ＿＿＿＿＿＿＿＿＿＿

□(8) 興味を持っている ＿＿＿＿＿＿＿＿＿＿

1 日本語に合うように，（　）内から適切なものを選び，記号を○で囲みなさい。

☐(1) サムはサッカーの試合を見ています。

Sam is (ア watches イ watching) a soccer game.

☐(2) 私はオーストラリアへの旅行を計画しています。

I'm (ア plan イ planning) a trip to Australia.

☐(3) あなたはどちらの登山道を取りたいですか。

Which trail do you (ア want to イ want) take?

☐(4) 私はそこへバスで行きたいです。

I want to go there (ア by イ with) bus.

2 次の文を（　）内の指示に従って書きかえなさい。

☐(1) We can meet in the library. （疑問文に）

_____

☐(2) Ben watches a baseball game. （現在進行形に）

_____

☐(3) What do you read? （現在進行形に）

_____

☐(4) We can see the sunrise there. （否定文に）

_____

3 日本語に合うように，（　）内の語句を並べかえなさい。

☐(1) 私たちは北海道への旅行を計画しています。

(trip / we're / Hokkaido / planning / to / a).

_____ .

☐(2) ここに私の市の地図があります。

(map / city / of / here / my / is / the).

_____ .

☐(3) 私は紅茶が飲みたいです。

(to / want / some tea / I / drink).

_____ .

☐(4) 彼らは博物館へ徒歩で行きました。

(to / foot / they / the museum / on / went).

_____ .

⚠ミスに注意

planは最後の子音字（n）を重ねる。

115

ぴたトレ 1

要点チェック

Let's Read 1
Let's Climb Mt. Fuji ②

時間 **15**分

解答 p.24

〈新出語・熟語 別冊p.13〉

教科書の重要ポイント 「…できる」の文／「…(の状態)になる」の文 　教科書 pp.98〜99

We can take breaks. 〔私たちは休憩をとることができます。〕

canは「…できる」の意味を表す。

| canのない文 | We take breaks. 〔私たちは休憩をとります。〕 |

| canの文 | We can take breaks. 〔私たちは休憩をとることができます。〕 |
canのあとは動詞の原形

否定文は動詞の前にcan'tまたはcannotを置くんだったね！

\ナルホド!/

I get tired easily. 〔私はすぐに疲れます。〕

〈get＋形容詞〉は「〜(の状態)になる」という状態や状況の変化を表す。

| be動詞＋形容詞の文 | I'm tired. 〔私は疲れています。〕 |
「疲れている」という現在の状態

| get＋形容詞の文 | I get tired easily. 〔私はすぐに疲れます。〕 |
「疲れる」状態になる

get＋形容詞の表現

get happy 〔うれしくなる〕　　get sad 〔悲しくなる〕

get hungry 〔おなかがすく〕　　get better 〔(気分・天候などが)よくなる〕

\ナルホド!/

Words & Phrases 次の日本語は英語に，英語は日本語にしなさい。

□(1) crowd （　　　　　　　）

□(2) probably （　　　　　　　）

□(3) anyway （　　　　　　　）

□(4) break （　　　　　　　）

□(5) short （　　　　　　　）

□(6) 情報　＿＿＿＿＿＿＿＿＿＿

□(7) 簡単に　＿＿＿＿＿＿＿＿＿

□(8) …を選ぶ　＿＿＿＿＿＿＿＿

□(9) 疲れた　＿＿＿＿＿＿＿＿＿

□(10) 訪問　＿＿＿＿＿＿＿＿＿＿

1 日本語に合うように，（　）内から適切なものを選び，記号を〇で囲みなさい。

テストによく出る！

「…をありがとう」の文

Thank you for …

Thanks for …

forのあとは名詞や動詞のing形がくる。

☐(1) バースデーカードをありがとう。

Thanks（ ア to　イ for ）the birthday card.

☐(2) あのバスはこみ合っているように見えます。

The bus（ ア look　イ looks ）crowded.

☐(3) 私はわくわくしています。

I（ ア am　イ get ）excited.

☐(4) あなたはすぐに疲れますね。

You（ ア are　イ get ）tired easily.

2 日本語に合うように，＿＿＿に入る適切な語を書きなさい。

☐(1) 私は夏休みを楽しみにしています。

I'm ＿＿＿＿＿＿＿ forward to summer vacation.

☐(2) 私たちはその小屋で休憩することができます。

We can take a ＿＿＿＿＿＿＿ in the hut.

☐(3) 私たちはAの登山道を選びます。

We ＿＿＿＿＿＿＿ the Trail A.

☐(4) 私はおなかが空いてきました。

I am ＿＿＿＿＿＿＿ hungry.

3 日本語に合うように，（　）内の語句を並べかえなさい。

注目！

probablyの位置

(3) 副詞のprobablyは一般動詞の前，be動詞のあとに置く。

☐(1) サムは納豆を食べることができません。

(eat / Sam / natto / can't).

＿＿＿＿＿＿＿＿＿＿＿＿＿＿＿＿＿．

☐(2) 情報をありがとう。

(for / information / thanks / the).

＿＿＿＿＿＿＿＿＿＿＿＿＿＿＿＿＿．

☐(3) それはきっととてもおもしろいです。

(very / it's / interesting / probably).

＿＿＿＿＿＿＿＿＿＿＿＿＿＿＿＿＿．

☐(4) 私たちは人ごみの中を歩きたくありません。

(want / we / to / crowds / walk / in / don't).

＿＿＿＿＿＿＿＿＿＿＿＿＿＿＿＿＿．

Let's Read 1

❶ ( )に入る最も適切なものを1つ選び，記号を○で囲みなさい。

☐(1) Takeshi wants ( ) pictures.

　　ア take　　イ takes　　ウ to take　　エ to taking

☐(2) Here ( ) the details of our field trip.

　　ア do　　イ did　　ウ is　　エ are

☐(3) We go there ( ) foot.

　　ア to　　イ on　　ウ for　　エ at

> can(…できる)や現在進行形の使い方をもう一度確認しておこう。

❷ 日本語に合うように，＿＿に入る適切な語を書きなさい。

☐(1) 私たちは図書館で会うことができますか。

　　＿＿＿＿＿＿＿＿ we meet in the library?

☐(2) あのね，私はニュージーランドへの旅行を計画しているところだよ。

　　＿＿＿＿＿＿＿＿ what! I'm planning a trip to New Zealand.

☐(3) 私たちは徒歩でのぼります。

　　We go ＿＿＿＿＿＿＿＿ on foot.

❸ 日本語に合うように，( )内の語句を並べかえなさい。

☐(1) あなたはどのホテルに泊まりたいですか。

　　(hotel / want / which / do / stay / you / to)?

　　＿＿＿＿＿＿＿＿＿＿＿＿＿＿＿＿＿＿＿＿＿＿ ?

☐(2) 私は日の出が見たいです。

　　(want / the / I / sunrise / see / to).

　　＿＿＿＿＿＿＿＿＿＿＿＿＿＿＿＿＿＿＿＿＿ .

☐(3) 私は人ごみの中を歩きました。

　　(walked / crowds / I / in).

　　＿＿＿＿＿＿＿＿＿＿＿＿＿＿＿＿＿＿＿＿＿ .

❹ 書く✍ 次の日本語を英語にしなさい。

☐(1) 私は京都への旅行を計画しています。

　　＿＿＿＿＿＿＿＿＿＿＿＿＿＿＿＿＿＿＿＿＿＿＿＿＿

☐(2) 短い休憩をとりましょう。

　　＿＿＿＿＿＿＿＿＿＿＿＿＿＿＿＿＿＿＿＿＿＿＿＿＿

ヒント　❶(2)the detailsと複数形であることに注意。
　　　　❹(1)「…への旅行」はa trip to …。　(2)「休憩をとる」はtake a break。

118

5 読む 次の英文を読んで，あとの問いに答えなさい。

Hi, Bob. Yes, ①(too / want / to / I / Mt. Fuji/ climb / ,). (②) the details of the four trails on Mt. Fuji. Climbers usually go to the fifth stations ③(ア by イ in) bus, then go up ④(ア for イ on) foot. Which trail do you want to take?

□(1) 下線部①が「私も富士山にのぼりたいです。」という意味になるように，（　　）内の語句や符号を並べかえなさい。

_____ .

□(2) 「ここに…があります」という意味になるように（ ② ）に入る適切な語を次の中から選び記号に○をつけなさい。

ア Here is　　イ Here are　　ウ This is

□(3) 下線部③と④の(　)内から適切なものを選び，記号で答えなさい。

③　(　　　　　　)

④　(　　　　　　)

□(4) 次の問いに英語で答えなさい。

Do climbers usually go to the fifth stations by bus?

_____

6 読む 次の英文を読んで，あとの問いに答えなさい。

Hi, I'm Jane. I'm planning a trip to Kyoto with my family. I want to see many famous shrines and temples. I also want to stay in a nice Japanese-style hotel. Can we have traditional Japanese food? I'm looking forward to it!

(注) Japanese-style 和風の　traditional 伝統的な

□(1) What is Jane planning?

—_____

□(2) What hotel does she want to stay?

—_____

Let's Read 1

Unit 10 Winter Vacation
(Story 1)

時間 **15分**

解答 p.26

〈新出語・熟語 別冊p.13〉

教科書の重要ポイント | **過去を表す文①** | 教科書 pp.101〜103

I visited the museum last Sunday. 〔私はこの前の日曜日に博物館を訪れました。〕

visitedのような, 動詞に(e)dがついた形は過去のことを表す。

| 現在の文 |
I visit the museum.
〔私は博物館を訪れます。〕

| 過去の文 |
I visited the museum last Sunday.
〔私はこの前の日曜日に博物館を訪れました。〕

| 日常的にすることを表す |

| 過去にしたことを表す |

動詞を過去形にする。

| 現在の文 |　I visit the museum.

| 過去の文 |　I visited the museum last Sunday.
　　　　　　　　過去形

\ナルホド!/

過去形は動詞に(e)dをつけて作る。

▼edのつけ方は以下の3種類

・そのままedをつける。 例 play→played, want→wanted

・eで終わる語はdだけつける。 例 use→used, like→liked

・yをiにかえてからedをつける。 例 study→studied, try→tried

\ナルホド!/

Words & Phrases 　次の日本語は英語に, 英語は日本語にしなさい。

□(1) vacation (　　　　　　　　　)

□(2) theater (　　　　　　　　　)

□(3) actor (　　　　　　　　　)

□(4) last (　　　　　　　　　)

□(5) thing (　　　　　　　　　)

□(6) (芝居などの)役 ＿＿＿＿＿＿＿＿＿

□(7) ミュージカル ＿＿＿＿＿＿＿＿＿

□(8) 旅行する ＿＿＿＿＿＿＿＿＿

□(9) 演技, 演奏 ＿＿＿＿＿＿＿＿＿

□(10) いっぱいの ＿＿＿＿＿＿＿＿＿

1 日本語に合うように，（　）内から適切なものを選び，記号を○で囲みなさい。

テストによく出る!

主語と過去形
動詞の過去形は，主語が何であっても形は変わらない。

☐(1) 私は昨日テレビでアニメを見ました。

I（ ア watch　イ watched ）anime on TV yesterday.

☐(2) 私たちは毎日公園を歩きます。

We（ ア walk　イ walked ）in the park every day.

☐(3) ジェーンは夕食後に数学を勉強しました。

Jane（ ア studies　イ studied ）math after dinner.

☐(4) ユカリはコンサートで，すばらしい音楽を聞きました。

Yukari（ ア listens　イ listened ）to wonderful music at the concert.

2 絵を見て例にならい，「…は昨日，〜をしました」という文を完成させなさい。

⚠ミスに注意

時を表す語句は，原則として文末に置く!
例 I cooked dinner yesterday.

例	(1)	(2)
climb the mountain	cook curry	enjoy music

例 **Hiroshi climbed the mountain yesterday.**

☐(1) I ＿＿＿＿＿＿＿＿ curry yesterday.

☐(2) We ＿＿＿＿＿＿＿＿ ＿＿＿＿＿＿＿＿ yesterday.

3 日本語に合うように，（　）内の語句を並べかえなさい。

注目!

過去を表す語句
yesterday（昨日），
last …（前の…）など
過去を表す語句が文中にあれば，動詞は過去形にする。

☐(1) 私は昨日，シンといっしょに神社を訪れました。

(a shrine / Shin / visited / yesterday / I / with).

＿＿＿＿＿＿＿＿＿＿＿＿＿＿＿＿＿＿＿＿＿ .

☐(2) 私はこの前の日曜日，父を手伝いました。

(helped / last / my / Sunday / I / father).

＿＿＿＿＿＿＿＿＿＿＿＿＿＿＿＿＿＿＿＿＿ .

☐(3) 私は昨日，アイといっしょに英語を勉強しました。

(Ai / English / yesterday / studied / with / I).

＿＿＿＿＿＿＿＿＿＿＿＿＿＿＿＿＿＿＿＿＿ .

Unit 10

Unit 10 Winter Vacation
(Story 2)

教科書の重要ポイント	過去を表す文②	教科書 pp.104〜105

I saw fireworks that night. 〔私はその夜花火を見ました。〕

sawはseeの過去形で,「見た」という意味を表す。

現在の文

I see fireworks every summer.

〔私は毎年夏に花火を見ます。〕

過去の文

I saw fireworks that night.

〔私はその夜花火を見ました。〕

日常的にすることを表す

過去にしたことを表す

seeなどの動詞は,不規則に変化して過去形になる。

現在の文

I see fireworks every summer.

↓ (e)dをつけるのではなく,形が変わる

過去の文

I saw fireworks that night.

過去形

「(e)dをつける」という一定
のルールにしたがわないで
不規則に変化する動詞は,
出てくるたびに覚えよう!

▼一定のルールに従わないで不規則な変化をする動詞がある。

ナルホド!

例 see→saw, come→came, eat→ate

Words & Phrases 次の日本語は英語に,英語は日本語にしなさい。

☐(1) night　(　　　　　　　　)　　☐(6) (時)を過ごす ＿＿＿＿＿＿＿＿

☐(2) tower　(　　　　　　　　)　　☐(7) それぞれの ＿＿＿＿＿＿＿＿

☐(3) subway　(　　　　　　　　)　　☐(8) sayの過去形 ＿＿＿＿＿＿＿＿

☐(4) feel　(　　　　　　　　)　　☐(9) takeの過去形 ＿＿＿＿＿＿＿＿

☐(5) stand　(　　　　　　　　)　　☐(10) comeの過去形 ＿＿＿＿＿＿＿＿

1 日本語に合うように，（ ）内から適切なものを選び，記号を〇で囲みなさい。

テストによく出る！
過去形
動詞の過去形には(e)d
をつけるものと，不規則
に変化するものがある。

☐(1) 私は今夜カレーライスを食べました。

I (ア eat イ ate) curry and rice this evening.

☐(2) 私の妹は昨夜9時に寝ました。

My sister (ア goes イ went) to bed at nine last night.

☐(3) サリーは毎日バスで学校へ行きます。

Sally (ア goes イ went) to school by bus every day.

☐(4) 私たちの先生は「熱心に練習しよう」と言いました。

Our teacher (ア says イ said), "Let's practice hard."

2 絵を見て例にならい，「…は昨日，〜しました」という文を完成させなさい。

例 play tennis
(1) come to school
(2) take many pictures

例 **We played tennis yesterday.**

☐(1) I ＿＿＿＿＿＿ to school very early yesterday.

☐(2) I ＿＿＿＿＿＿ many pictures last Saturday.

3 日本語に合うように，（ ）内の語を並べかえなさい。

☐(1) マキは昨日，横浜へ行きました。

(went / yesterday / Yokohama / Maki / to).

＿＿＿＿＿＿＿＿＿＿＿＿＿＿＿＿＿＿.

☐(2) サムは友達と楽しく過ごしました。

(time / a / Sam / good / had) with his friends.

＿＿＿＿＿＿＿＿＿＿＿＿ with his friends.

☐(3) 彼は今朝とても熱心にサッカーを練習しました。

(very / hard / he / practiced / soccer) this morning.

＿＿＿＿＿＿＿＿＿＿＿＿ this morning.

☐(4) キムは昨日，とてもおいしいそばを食べました。

(ate / Kim / soba / delicious / yesterday).

＿＿＿＿＿＿＿＿＿＿＿＿＿＿＿＿.

⚠ミスに注意

日本語の語順と英語の
語順は異なるので注意
する。
・「今朝早く」はearly
this morning
・「熱心に練習する」は
practice hard

Unit 10

123

ぴたトレ
1
要点チェック

Unit 10 Winter Vacation
(Story 3)

時間 **15分**

解答 p.26

〈新出語・熟語 別冊p.13〉

| 教科書の重要ポイント | 過去のことをたずねる文 | 教科書 pp.106〜107 |

Did you get up early yesterday? 〔あなたは昨日早く起きましたか。〕

— Yes, I did. [No, I did not.] 〔はい, 起きました。[いいえ, 起きませんでした。]〕

〈Did＋主語＋動詞 ...?〉は「…しましたか」と, 過去のことをたずねる文。
〈主語＋did not＋動詞 ....〉は「…しませんでした」と過去のことを否定する文。

疑問文は, 主語の前にdidを置く。否定文は動詞の前にdid notを置く。疑問文も否定文も,
動詞はもとの形になる。

▼過去の疑問文では, 主語が何であってもdidを主語の前に置く。

現在の疑問文

Do you get up early every day?

→ 過去の疑問文

Did you get up early yesterday?
　　主語 もとの形の動詞

Does he get up early every day?

→ Did he get up early yesterday?
　　主語 sのつかないもとの形の動詞

▼過去の否定文では, 主語が何であっても動詞の前にdid notを置く。

現在の否定文

I do not get up early every day.

→ 過去の否定文

I did not get up early yesterday.
　　主語　　　　もとの形の動詞

He does not get up early every day.

→ He did not get up early yesterday.
　　主語　　　　sのつかないもとの形の動詞

答えの文は, Yes, I did. または No, I did not.を使う。
Did you get up early yesterday?　— Yes, I did. [No, I did not.]
Did he get up early yesterday?　— Yes, he did. [No, he did not.]

Words & Phrases 次の日本語は英語に, 英語は日本語にしなさい。

□(1) early　(　　　　　　　　)

□(2) special　(　　　　　　　　)

□(3) traditional(　　　　　　　　)

□(4) getの過去形 ＿＿＿＿＿＿＿＿

□(5) makeの過去形 ＿＿＿＿＿＿＿＿

□(6) 親 ＿＿＿＿＿＿＿＿

1 日本語に合うように，（　）内から適切なものを選び，記号を〇で囲みなさい。

テストによく出る!

現在・過去の疑問文
主語や，「いつのことを質問するのか」によってdo，does，didを使い分ける必要がある。
現在のこと
主語がI, you, 複数
→doを使う
主語が三人称単数
→doesを使う
過去のこと
didを使う

(1) あなたはこの本を読みましたか。

（ ア Do　イ Did) you read this book?

(2) 彼らはそこですてきな時を過ごしましたか。

（ ア Did　イ Do) they have a wonderful time there?

(3) あなたはこの冬何をしましたか。

What（ ア do　イ did) you do this winter?

(4) ケンタはどこへ行きましたか。

Where（ ア does　イ did) Kenta go?

2 絵を見て例にならい，「…しましたか」の文とその答えの文を完成させなさい。

例	(1)	(2)
enjoy the class	travel	practice tennis

注目!

短縮形
did not はdidn'tと短縮することができる。
did not→didn't

例 **Did you enjoy the class? —Yes, I did.**

(1) ＿＿＿＿＿＿ you travel? —No, I didn't.

(2) ＿＿＿＿＿ Keiko ＿＿＿＿＿ tennis? —Yes, she did.

3 日本語に合うように，（　）内の語句を並べかえなさい。

(1) 私は私のアメリカでの生活を楽しみました。

(in America / life / I / my / enjoyed).

＿＿＿＿＿＿＿＿＿＿＿＿＿＿＿＿＿＿＿ .

⚠ミスに注意

「AについてのB」は英語の語順では，B about A となる。

(2) あなたはオーストラリアについてのその本を読みましたか。

(about / the book / did / Australia / read / you)?

＿＿＿＿＿＿＿＿＿＿＿＿＿＿＿＿＿＿＿ ?

(3) 私は昨日，ピアノの練習をしませんでした。

(the piano / didn't / I / yesterday / practice).

＿＿＿＿＿＿＿＿＿＿＿＿＿＿＿＿＿＿＿ .

Unit 10

教科書の重要ポイント	旅先からの絵はがきの書き方	教科書p.108

①日付をはがきの右上に書く。

    March 22 〔3月22日〕   May 5 〔5月5日〕   September 10 〔9月10日〕

②はじめのあいさつを書く。

    Dear Ai,   Dear Mr. Sasaki,

③「自分のいる場所」や「したこと」，「今の状況」などを書く。

    動詞の現在形と過去形を適切に使い分けること。

> 月の名前や地名は大文字ではじめよう！

    ▼「今いる場所」を書くとき→現在形

    I am in New York now. 〔私は今ニューヨークにいます。〕

        inを忘れないこと ×I am New York.

    ▼「行ったところ」を書くとき→過去形

    I visited Tokyo Tower today. 〔私は今日東京タワーを訪れました。〕

    ▼「自分のいる場所の感想」を書くとき→現在形

    This city is wonderful. 〔この市はすばらしいです。〕

    I like restaurants in this country. 〔私はこの国のレストランが好きです。〕

④終わりのあいさつを書く。

    Your friend, 〔あなたの友人〕   Best wishes, 〔ご多幸を祈ります〕

⑤署名をする。

ナルホド！

---

1 日本語に合うように， ＿＿＿に適切な語を書き，はがきでよく使われる表現を完成させなさい。

☐(1) 6月25日 ＿＿＿＿＿＿＿＿＿＿ 25

☐(2) 親愛なるクミへ ＿＿＿＿＿＿＿＿＿＿ Kumi,

☐(3) 私は今，京都にいます。

  I am ＿＿＿＿＿＿＿＿ ＿＿＿＿＿＿＿＿ now.

☐(4) 私は神社に行きました。

  I ＿＿＿＿＿＿＿＿ to a ＿＿＿＿＿＿＿＿.

☐(5) あなたの友人(終わりのあいさつ)

  ＿＿＿＿＿＿＿＿ ＿＿＿＿＿＿＿＿,

2 日本語に合うように，（ ）内から適切なものを選び，記号を○で囲みなさい。

テストによく出る！

this ... が表す時

this morning /this afternoon / this evening などは「過去のこと」「これからのこと」の両方を表すので，前後関係でどちらかを判断する。

□(1) 私は今，朝日市にいます。

　　I'm （ ア in Asahi City　イ Asahi City ） now.

□(2) 昨日私はここで有名な公園を訪れました。

　　I（ ア am visiting　イ visited ）a famous park here.

□(3) 今，雨が降っています。

　　It is （ ア raining　イ rains ） now.

□(4) 私たちは，ここですばらしい時を過ごしました。

　　We （ ア have　イ had ）a wonderful time here.

3 ＿＿＿に適切な語を＿＿＿内から選び，友人のサチにおくる絵はがきの文を完成させなさい。

注目！

be動詞の意味

be動詞は，〈A＋be動詞＋B〉の形で使い，A＝Bであることを表す。

I am Rika. なら，I＝Rika つまり「私＝リカ」ということを表す。

　　　　　　　　　　　　　□(1) ＿＿＿＿＿＿＿＿ 5

□(2) ＿＿＿＿＿＿＿＿ Sachi,

　　I'm in Ise with my parents. It's famous for an old shrine. It's eight in the evening now.

　　We □(3)＿＿＿＿＿＿＿ here last night.

　　We □(4)＿＿＿＿＿＿＿ a nice dinner in the restaurant of this hotel.

　　We □(5) ＿＿＿＿＿＿＿ up at seven this morning. We □(6) ＿＿＿＿＿＿＿ a beautiful park this afternoon and a famous Japanese restaurant this evening.

　　I'm really enjoying.

　　　　　　　　　　　□(7)＿＿＿＿＿＿＿ friend,

　　　　　　　　　　　　　　　　Jane

Sunday	April	got	visited
came	had	dear	your

4 日本語に合うように，（ ）内の語句を並べかえなさい。

⚠ ミスに注意

天候や所要時間などを言うとき，主語には it を使う。

□(1) あなたの市では，今は寒いですか。

　　(is / city / cold / it / your / in) now?

　　＿＿＿＿＿＿＿＿＿＿＿＿＿＿＿＿＿＿ now?

□(2) 私は両親と飛行機でここに来ました。

　　(by / with / I / here / my parents / came) plane.

　　＿＿＿＿＿＿＿＿＿＿＿＿＿＿＿＿＿＿ plane.

Let's Write 2

❶ ( ) に入る最も適切なものを1つ選び，記号を〇で囲みなさい。

□(1) I ( ) to school early this morning.

　ア comes　　イ am coming　　ウ are coming　　エ came

□(2) I ( ) the museum this year.

　ア didn't　　イ did　　ウ didn't visit　　エ not visit

□(3) Taro was ( ) yesterday.

　ア in here　　イ in Kobe　　ウ Kobe　　エ not Kobe

疑問文や否定文では動詞はもとの形（原形）になることに注意しよう。

❷ ( ) 内の指示に従って，英文を書きなさい。

□(1) I ate sushi yesterday. （否定文に）

_____

□(2) Ryo had a wonderful time in London. （疑問文に）

_____

□(3) Yuko enjoys my class. （過去の疑問文に）

_____

❸ 日本語に合うように，( ) 内の語を並べかえなさい。

□(1) 彼らは多くのおもしろいものをその市で見ました。

(many / they / interesting / saw / things) in the city.

_____ in the city.

□(2) ユウトは昨日，部屋をそうじしましたか。

(Yuto / yesterday / room / did / his / clean)?

_____ ?

□(3) あなたは，どうやってこの学校に着いたのですか。

(to / How / you / get / did) this school?

_____ this school?

❹ 書く✎ 次の日本語を英語にしなさい。

□(1) あなたは昨夜何をしましたか。

_____

□(2) ユミとアイはこの冬を楽しみました。

_____

ヒント　❶ (1)comeは不規則に変化する。　　(3)「…に」にあたる語が必要。
　　　　❸ (2)三人称単数だが疑問文なので、動詞は原形にする。

128

5 🔊読む 次の会話文を読んで，あとの問いに答えなさい。

Asami: ①(you / on / did / New Year's Day / what / do)?

Meg: I ②(get) up early and went to a shrine with my family.

Asami: That's nice. ③Did you eat any traditional New Year's food?

Meg: Yes, we did. We ate *osechi*.

Asami: Did you and your parents make it?

Meg: No, we didn't. Kaito's mother made some and brought it to us.

(1) 下線部①が「あなたはお正月に何をしましたか。」という意味になるように（　）内の語句を正しく並べかえなさい。

_____?

(2) 下線部②の（　）内の語を適切な形にしなさい。

_____

(3) 下線部③を日本語に訳しなさい。

（　　　　　　　　　　　　　　　　　　　　　　　　　　　　　）

6 🔊話す Emily（エミリー）が金沢でしたことについてSora（ソラ）に話しています。次の会話文を読んで，あとの問いに答えなさい。解答の答え合わせのあと，発音アプリの指示に従って，問題文と解答を声に出して読みなさい。 📱アプリ

Sora: Did you visit the 21st Century Museum?

Emily: No, we didn't. We didn't have much time. But we enjoyed shopping at Kanazawa Station. It's a beautiful station.

Sora: I want to go to Kanazawa.

(注)21st Century Museum 21世紀美術館

(1) Did Emily visit the 21st Century Museum?

— _____

(2) Where is the 21st Century Museum?

— _____

(3) Did Emily have much time?

— _____

ヒント **5** (1)on New Year's Dayは文末に置く。　(2)getは不規則動詞。

ぴたトレ
3
確認テスト

Unit 10 ～
Let's Write 2

時間
30分 ／100点
合格
70点
解答
p.27

教科書 pp.101 ～ 108

❶ 下線部の発音が同じものには○を，そうでないものには×を，解答欄に書きなさい。 6点

(1) p<u>a</u>rt
m<u>a</u>de

(2) g<u>o</u>t
n<u>o</u>thing

(3) t<u>oo</u>k
f<u>u</u>ll

❷ 最も強く発音する部分の記号を解答欄に書きなさい。 6点

(1) per – form – ance
　ア　　イ　　　ウ

(2) par – ent
　ア　　イ

(3) va – ca – tion
　ア　　イ　　ウ

❸ ＿＿＿に入る適切な語を1つ選び，それぞれの会話文を完成させなさい。 16点

(1) **A :** ＿＿①＿＿ you travel this summer?

B : Yes, I ＿②＿.

① ア Are　　イ Does　　ウ Did　　② ア am　　イ does　　ウ did

(2) **A :** Did Ken ＿①＿ soccer yesterday?

B : No, he ＿②＿.

① ア play　　イ plays　　ウ played　　② ア does　　イ did　　ウ didn't

❹ 日本語に合うように，（ ）内の語を並べかえなさい。 24点

よく出る (1) アイとリョウはお正月にその寺を訪れました。

(temple / Ryo / visited / and / the / Ai) on New Year's Day.

(2) あなたは昨夜その本を読みましたか。

(book / last / did / the / night / you / read)?

(3) あなたは冬休みの間何をしましたか。

(during / did / what / vacation / you / do /winter)?

❺ 読む 次の会話文を読んで，あとの問いに答えなさい。 24点

Aya : ①I spent my summer vacation with my family in Okinawa.

Shota : That's good. How many days did you stay there?

Aya : ②(stayed / for / there / days / we / ten).

Shota : Did you swim in the sea?

Aya : Yes, I did. But my mother didn't swim. We also ③(eat) Okinawa food
and visited famous shrines. We had a wonderful time there.

成績評価の観点　知…言語や文化についての知識・技能　表…外国語表現の能力

(1) 下線部①を日本語にしなさい。

(2) 下線部②が「私たちはそこに10日間滞在しました。」という意味になるように（　　）内の語を正しく並べかえて，全文を書きなさい。表

(3) 下線部③の語を適切な形にしなさい。

(4) 会話文の内容に合わないものを1つ選び，記号を書きなさい。

　　ア　アヤは家族と沖縄へ行った。

　　イ　アヤは海で泳がなかった。

　　ウ　有名な神社を訪れた。

点UP ❻ 書く✐ 次のようなとき英語で何と言うか，（　　）内の語数で書きなさい。表　　24点

(1) タカシが毎日何を練習しているのかを，別の友人にたずねるとき。(6語)

(2) 相手に，先週末野球の練習をしたかをたずねるとき。(6語)

(3) オーストラリアを旅行した友人に，旅行先で食べたものをたずねるとき。(6語)

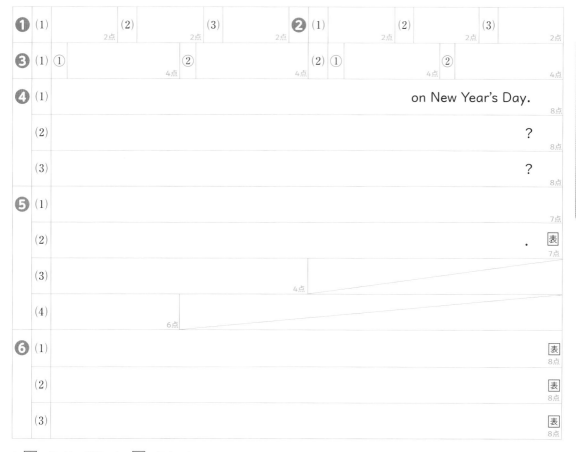

▶ 表 の印がない問題は全て 知 の観点です。

Unit 11 This Year's Memories
(Story 1)

| 教科書の重要ポイント | be動詞の過去形 | 教科書 pp.109〜111 |

Were you a starter in the last game? 〔あなたは前回の試合で先発メンバーでしたか。〕

— Yes, I was. [No, I was not.] 〔はい，そうでした。[いいえ，そうではありませんでした。]〕

was や were を使った文は，「…でした，…にいました」という過去の状態を表す。

| 現在の文 | 過去の文 |

Are you a starter in this game?

〔あなたはこの試合で先発メンバーですか。〕

Were you a starter in the last game?

〔あなたは前回の試合で先発メンバーでしたか。〕

現在の状態を表す　　　過去の状態を表す

be動詞を過去形にする。am, is → was, are → were。

現在の文　You are a starter in this game.

be動詞を過去形に

過去の文　You were a starter in the last game.

be動詞を主語の前に

疑問文　Were you a starter in the last game?

—Yes, I was. / No, I was not.

否定文　You were not a starter in the last game.

be動詞のあとにnotを置く

be動詞は主語に合わせて使い分けよう！

be動詞の過去形は，主語が I や三人称単数なら was，you や複数なら were を使う。 ナルホド！

| Words & Phrases | 次の日本語は英語に，英語は日本語にしなさい。 |

☐(1) memory （　　　　　　　）　　☐(5) 半分　＿＿＿＿＿＿＿＿

☐(2) event （　　　　　　　）　　☐(6) 負ける　＿＿＿＿＿＿＿＿

☐(3) contest （　　　　　　　）　　☐(7) 練習　＿＿＿＿＿＿＿＿

☐(4) against （　　　　　　　）　　☐(8) areの過去形　＿＿＿＿＿＿＿＿

1 日本語に合うように，（　）内から適切なものを選び，記号を○で囲みなさい。

■(1) ケンは昨日，大阪にいました。

(1) ケンは昨日，大阪にいました。

　　Ken（ ア is　イ was　ウ were ）in Osaka yesterday.

(2) あなたは昨夜，空腹でしたか。

　　（ ア Are　イ Was　ウ Were ）you hungry last night?

(3) 昨日は寒かったですか。

　　（ ア Was　イ Were ）it cold yesterday?

(4) あれらの本はとても難しかったです。

　　Those books（ ア are　イ were ）very difficult.

テストによく出る!

主語に合うbe動詞

どの主語にどのbe動詞が使われるのかを覚えておこう。

主語	be動詞
I	
she, he, itなど単数	was
you	
we, they など複数	were

2 絵を見て例にならい，「…は昨年～でした」という文を完成させなさい。

例	(1)	(2)
Jane / a soccer fan	we / tennis players	he / a teacher

例 **Jane was a soccer fan last year.**

(1) We ＿＿＿＿＿＿＿ tennis players last year.

(2) ＿＿＿＿＿＿＿ ＿＿＿＿＿＿＿ a teacher last year.

注目!

過去を表す語句

文中に次のような語があるときは，過去形の動詞を使う。

yesterday（昨日）

then（そのとき）

last …（この前の…）

… ago（…前）

3 日本語に合うように，（　）内の語を並べかえなさい。

(1) 私は先週京都にいました。

　　(last / in / week / I / was / Kyoto).

　　＿＿＿＿＿＿＿＿＿＿＿＿＿＿＿＿＿＿＿＿ .

(2) 昨日はとても暑かったです。

　　(hot / yesterday / was / it / very).

　　＿＿＿＿＿＿＿＿＿＿＿＿＿＿＿＿＿＿＿＿ .

(3) ジュンは昨夜家にいませんでした。

　　(at / last / Jun / home / night / wasn't).

　　＿＿＿＿＿＿＿＿＿＿＿＿＿＿＿＿＿＿＿＿ .

注目!

短縮形

was not → wasn't

were not → weren't

のように短縮できる。

Unit 11

Unit 11 This Year's Memories
(Story 2)

教科書の重要ポイント　**There is [are] ....の文/疑問文・否定文**　教科書 pp.112〜113

Is there a campground near the lake? 〔湖の近くにキャンプ場がありますか。〕

— Yes, there is. [No, there is not.] 〔はい, あります。「いいえ, ありません。]〕

There are outdoor kitchens, too. 〔屋外調理場もあります。〕

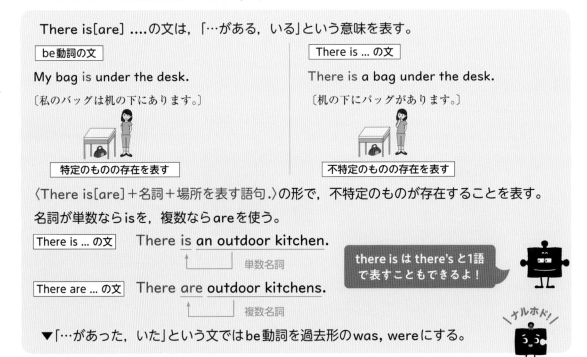

There is[are] ....の文は,「…がある, いる」という意味を表す。

be動詞の文

My bag is under the desk.

〔私のバッグは机の下にあります。〕

特定のものの存在を表す

There is ... の文

There is a bag under the desk.

〔机の下にバッグがあります。〕

不特定のものの存在を表す

〈There is[are]＋名詞＋場所を表す語句.〉の形で, 不特定のものが存在することを表す。
名詞が単数ならisを, 複数ならareを使う。

There is ... の文　There is **an outdoor kitchen.**
　　　　　　　　　　　　　単数名詞

There are ... の文　There are **outdoor kitchens.**
　　　　　　　　　　　　　複数名詞

there is は there's と1語で表すこともできるよ！

▼「…があった, いた」という文ではbe動詞を過去形のwas, wereにする。

There is[are] ....の疑問文は〈Is[Are] there＋名詞〜?〉の形。答えるときもthereとbe動詞を使う。否定文は〈There is[are] not＋名詞〜.〉の形。

There is ... の文　There is a campground near the lake. 〔湖の近くにキャンプ場があります。〕

　　　　　　　　be動詞をthereの前に

疑問文　　Is there a campground near the lake?

　　　　　— Yes, there is. / No, there is not.

否定文　　There is not a campground near the lake. 〔湖の近くにキャンプ場はありません。〕

　　　　　　　　be動詞のあとにnotを置く

短縮形のisn'tやaren'tが使われることも多いよ！

▼be動詞は, 名詞の数と, 時に合わせて使い分ける。

1 日本語に合うように，（　）内から適切なものを選び，記号を〇で囲みなさい。

注目!

There is[are] ....の文
isとareは，...にくる名詞の数によって使い分ける。
単数名詞 → is
複数名詞 → are

☐(1) 昨日，図書館にはたくさんの子供たちがいました。

There （ ア are　イ was　ウ were ） many children in the library yesterday.

☐(2) 5年前，公園には大きな木がありました。

There （ ア is　イ was　ウ were ） a big tree in the park five years ago.

☐(3) あなたの市には病院がありますか。

（ ア Is　イ Are　ウ Was ） there a hospital in your city?

2 絵を見て例にならい，「この市には〜がありますか」とたずねる文を完成させなさい。

テストによく出る!

be動詞の使い分け
Is[Are] there ...?の形の疑問文でも，...にくる名詞の数によってisとareを使い分ける。また，過去の文のときには，wasかwere を使う。

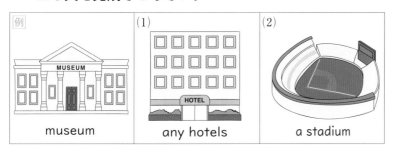

例	(1)	(2)
museum	any hotels	a stadium

例 **Is there a museum in this city?**

☐(1) _____ _____ any hotels in this city?

☐(2) _____ _____ a _____ in this city?

3 日本語に合うように，（　）内の語を並べかえなさい。

⚠ミスに注意

過去に不特定のものが存在したことは
There was[were] ...で表す。wasとwereは，...にくる名詞の数によって使い分ける。
単数名詞 → was
複数名詞 → were

☐(1) あなたの家の近くに公園がありますか。

(a / there / near / park / is / house / your)?

_____?

☐(2) 机の上に数枚の写真があります。

(are / the / some / there / pictures / desk / on).

_____.

☐(3) ベッドの下にラケットが1本ありました。

(there / racket / bed / under / was / the / a).

_____.

☐(4) このあたりに博物館はありますか。

(around / a / there / is / here / museum)?

_____?

Unit 11

Unit 11 This Year's Memories
(Story 3)

教科書の重要ポイント	過去進行形	教科書 pp.114 ~ 115

I was playing soccer then. 〔私はそのときサッカーをしていました。〕

〈was[were] ＋ ...ing〉は過去進行形といい,「…していました」という過去のあるときに進行していた動作を表す。

現在進行形の文
I am playing soccer now.
〔私は今サッカーをしています。〕

現在進行している動作を表す

過去進行形の文
I was playing soccer then.
〔私はそのときサッカーをしていました。〕

過去のあるときに進行していた動作を表す

過去進行形は,〈be動詞の過去形＋...ing(動詞のing形)〉で表す。

現在進行形の文　I am playing soccer now.

be動詞を過去形に

過去進行形の文　I was playing soccer then.

was+動詞のing形

▼疑問文は,主語の前にwas[were]を置く。否定文は,was[were]のあとにnotを置く。

疑問文　Were you playing soccer then?　〔あなたはその時サッカーをしていましたか。〕

be動詞を主語の前に

否定文　I was not playing soccer then.　〔私はその時サッカーをしていませんでした。〕

be動詞のあとにnotを置く

ナルホド!

Words & Phrases	次の日本語は英語に,英語は日本語にしなさい。

☐(1) heart （　　　　　　　）

☐(2) soccer （　　　　　　　）

☐(3) these （　　　　　　　）

☐(4) fast （　　　　　　　）

☐(5) …を楽しむ ＿＿＿＿＿＿＿

☐(6) アルバム ＿＿＿＿＿＿＿

☐(7) 戻って,返して ＿＿＿＿＿＿＿

☐(8) 写真 ＿＿＿＿＿＿＿

1 日本語に合うように，（ ）内から適切なものを選び，記号を〇で囲みなさい。

テストによく出る!

過去進行形の文
〈was[were] + ...ing〉
が基本。wasとwere
は主語に合わせて使い
分けよう。
I・三人称単数 → was
you・複数 → were

☐(1) 私は昨日，音楽を聞いていました。

I（ ア was イ were ウ am ）listening to music yesterday.

☐(2) その女の子たちは今朝，歌っていました。

The girls（ ア are イ was ウ were ）singing this morning.

☐(3) ケンはそのとき野球をしていました。

Ken was（ ア play イ plays ウ playing ）baseball then.

☐(4) ユキと私は昨夜，話していました。

Yuki and I were（ ア talk イ talking ウ talked ）last night.

注目!

疑問詞ではじまる疑問文
疑問詞のあとは進行形
の疑問文の語順。
Where was he playing
soccer?
〔彼はどこでサッカーをし
ていましたか。〕

2 絵を見て例にならい，「…はそのとき～していました」という文を完成させなさい。

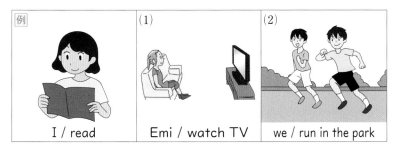

例	(1)	(2)
I / read	Emi / watch TV	we / run in the park

例 **I was reading a book then.**

☐(1) Emi ＿＿＿＿＿＿＿＿ watching TV then.

☐(2) We ＿＿＿＿＿＿＿＿ ＿＿＿＿＿＿＿＿ in the park then.

3 日本語に合うように，（ ）内の語を並べかえなさい。

☐(1) 私はそのとき泳いでいませんでした。

(wasn't / then / I / swimming).

＿＿＿＿＿＿＿＿＿＿＿＿＿＿＿＿＿＿＿＿＿.

☐(2) あなたの妹は3時にピアノをひいていましたか。

(your / the / sister / piano / was / playing) at three?

＿＿＿＿＿＿＿＿＿＿＿＿＿＿＿＿ at three?

☐(3) あなたは昨日，何をしていましたか。

(doing / were / yesterday / what / you)?

＿＿＿＿＿＿＿＿＿＿＿＿＿＿＿＿＿＿ ?

⚠️ミスに注意

ingのつけ方を間違え
ないように!

語尾	つけ方
ふつう	ing
e	eをとっ て ing use → using
短母音+ 子音字	最後の 字を重 ねて ing get → getting

Unit 11

ぴたトレ
1
要点チェック

Let's Talk 4

時間 **15分**

解答 p.29

〈新出語・熟語 別冊p.14〉

教科書の重要ポイント　**レストランで注文する**　教科書p.116

What would you like? 〔何になさいますか。〕

— I'd like a steak. 〔ステーキをお願いします。〕

Would you like some dessert? 〔デザートはいかがですか。〕

— Yes, please. [No, thank you.] 〔はい，お願いします。〔いいえ，結構です。〕〕

①I'd like ...は「…をください。」「…をお願いします。」というときの表現。

②Would you like ...?は「…はいかがですか」と相手にものをすすめるときの表現。

相手にものをすすめる文 　Would you like <u>some coffee</u>? 〔コーヒーはいかがですか。〕
　　　　　　　　　　　　　　└── 相手にすすめたいもの

すすめに応じるとき 　Yes, please. 〔はい，お願いします。〕

すすめを断るとき 　No, thank you. 〔いいえ，結構です。〕

答え方もセットで覚えておこう！

③食事のときに使う表現には次のようなものがある。

・料理についてたずねたり，自分の希望を言うとき。

　What do you recommend? 〔おすすめは何ですか。〕

　Can I have some more rice? 〔ごはんのおかわりをもらえますか。〕

　I can't eat cheese. 〔チーズは食べられません。〕

　I'd like some water. 〔水をください。〕

・料理の感想を述べる

　It looks delicious. 〔おいしそうです。〕

　It smells good. 〔いいにおいです。〕

\ナルホド!/

Words & Phrases 次の日本語は英語に，英語は日本語にしなさい。

☐(1) steak （　　　　　　　　）

☐(2) server （　　　　　　　　）

☐(3) bread （　　　　　　　　）

☐(4) …を飲む ＿＿＿＿＿＿＿＿

☐(5) サラダ ＿＿＿＿＿＿＿＿

☐(6) トウモロコシ ＿＿＿＿＿＿＿＿

1 日本語に合うように，（　）内から適切なものを選び，記号を〇で囲みなさい。

☐(1) ジュースをいただけますか。

（ ア Can I　イ Can you) have some juice?

☐(2) 飲み物はいかがですか。

（ ア What　イ Would) you like something to drink?

☐(3) いいにおいです。

It (ア smells　イ looks) good.

☐(4) 紅茶をください。

（ ア I'd　イ I'm) like some tea.

2 絵を見て例にならい，「…はいかがですか」という質問とその答えを完成させなさい。

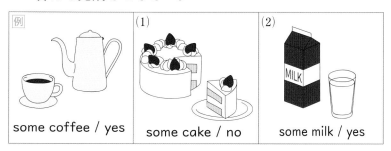

例	(1)	(2)
some coffee / yes	some cake / no	some milk / yes

例 **Would you like some coffee?　—Yes, please.**

☐(1) ＿＿＿＿＿＿ ＿＿＿＿＿＿ ＿＿＿＿＿＿ some cake?

—No, ＿＿＿＿＿＿ ＿＿＿＿＿＿.

☐(2) ＿＿＿＿＿＿ ＿＿＿＿＿＿ ＿＿＿＿＿＿ some milk?

—Yes, ＿＿＿＿＿＿.

3 日本語に合うように，（　）内の語を並べかえなさい。

☐(1) デザートはいかがですか。

(some / would / dessert / like / you)?

＿＿＿＿＿＿＿＿＿＿＿＿＿＿＿＿＿＿＿？

☐(2) トーストと紅茶をください。

(like / and / tea / I'd / toast).

＿＿＿＿＿＿＿＿＿＿＿＿＿＿＿＿＿＿＿.

☐(3) とてもおいしかったです。

(was / it / delicious).

＿＿＿＿＿＿＿＿＿＿＿＿＿＿＿＿＿＿＿.

Grammar for Communication 7

教科書の重要ポイント	動詞の過去形と過去進行形	教科書 pp.118〜119

【一般動詞の過去形】　①一般動詞の過去形は，「以前にあったこと・したこと」を表す。

　　Sakura visited me yesterday.　〔サクラは昨日，私を訪ねてきました。〕

②過去形には，もとの形にedをつけて作るものと，語の形を変えるものがある。

　　I play soccer every Sunday.　〔私は毎週日曜日にサッカーをします。〕

　　　　└─ edをつけて過去形にする

　　I played soccer last Sunday.　〔私はこの前の日曜日にサッカーをしました。〕

　　Ms. Kotani has two dogs now.　〔小谷さんは今，犬を2匹飼っています。〕

　　　　　　　└─ 語の形を変えて過去形にする

　　Ms. Kotani had two dogs last year.　〔小谷さんは昨年，犬を2匹飼っていました。〕

③過去の否定文は，動詞の前にdid not[didn't]を入れる。

　　Kim did not[didn't] take a bus.　〔キムはバスに乗りませんでした。〕

④過去の疑問文は，主語の前にdidを置く。

　　Did you go to the library?　〔あなたは図書館へ行きましたか。〕

　　— Yes, I did.　〔はい，行きました。〕

　　— No, I did not[didn't].　〔いいえ，行きませんでした。〕

ナルホド!

【be動詞の過去形】　be動詞の過去形は，am, is → was, are → wereで表す。

| 肯定文 | It was cold yesterday.　〔昨日は寒かったです。〕 |

| 否定文 | It was not cold yesterday.　〔昨日は寒くありませんでした。〕 |

　　　　　　└─ be動詞のあとに置く

| 疑問文 | Was it cold yesterday?　〔昨日は寒かったですか。〕 |

　　　　└─ 主語の前に出す

| 答え方 | — Yes, it was. [No, it was not.]　〔はい，寒かったです。[いいえ，寒くありませんでした。]〕 |

【過去進行形】　「…していました」という過去進行形は，〈was[were]＋…ing〉の形で表す。

| 肯定文 | We were playing soccer then.　〔私たちはそのときサッカーをしていました。〕 |

| 否定文 | We were not playing soccer then.　〔私たちはそのときサッカーをしていませんでした。〕 |

　　　　　　　└─ be動詞のあとにnotを置く

| 疑問文 | Were you playing soccer then?　〔あなたたちはそのときサッカーをしていましたか。〕 |

　　　　└─ 主語の前に出す

| 答え方 | — Yes, we were. [No, we were not.] |

　　〔はい，していました。[いいえ，していませんでした。]〕

ナルホド!

ぴたトレ
1
要点チェック

Stage Activity 3

時 間
15分

解答
p.30

〈新出語・熟語 別冊p.14〉

教科書の
重要ポイント
思い出の行事を発表する

教科書 pp.120〜121

①中学校での思い出に残る行事を表す表現には，次のようなものが考えられる。

have a sports day 〔運動会をする〕

visit a museum 〔美術館を訪れる〕

enjoy a summer vacation 〔夏休みを楽しむ〕

②思い出なので過去形を使う。

We had a sports day in June. 〔私たちは6月に運動会がありました。〕

We visited a museun in May and in November.

〔私たちは5月と11月に美術館を訪れました。〕

I enjoyed the summer vacation in Tohoku. 〔私は東北で夏休みを楽しみました。〕

We had a new student in our class in May.

〔5月に，私たちのクラスに新しい生徒が入ってきました。〕

Words & Phrases 次の日本語は英語に，英語は日本語にしなさい。

☐(1) runner （　　　　　　） ☐(4) …の後ろに ＿＿＿＿＿＿＿＿

☐(2) chorus （　　　　　　） ☐(5) runの過去形 ＿＿＿＿＿＿＿＿

☐(3) relay （　　　　　　） ☐(6) winの過去形 ＿＿＿＿＿＿＿＿

日本語に合うように，（　）内の語句を並べかえなさい。

☐(1) 私たちは運動会をとても楽しみました。

(our / enjoyed / sports / we / day) very much.

＿＿＿＿＿＿＿＿＿＿＿＿＿＿＿＿＿＿ very much.

☐(2) 私の好きな行事は合唱コンクールでした。

(event / favorite / our / my / was / chorus contest).

＿＿＿＿＿＿＿＿＿＿＿＿＿＿＿＿＿＿.

☐(3) 私たちはリレーでを1位をとりました。

(in / place / we / the relay / first / won).

＿＿＿＿＿＿＿＿＿＿＿＿＿＿＿＿＿＿.

Unit 11 ～ Stage Activity 3

❶ (　　)に入る最も適切なものを1つ選び，記号を〇で囲みなさい。

☐(1) Mike and I (　　) running in the gym yesterday morning.

　ア am　　イ are　　ウ was　　エ were

☐(2) My brother wasn't (　　) a soccer game on TV.

　ア watch　　イ watches　　ウ watching　　エ watched

☐(3) There (　　) a big park in this city.

　ア is　　イ are　　ウ were　　エ did

> 過去進行形は〈was [were]+...ing〉で表すよ。

❷ 日本語に合うように，＿＿に入る適切な語を書きなさい。

☐(1) 昨日は晴れでした。

　＿＿＿＿＿＿ ＿＿＿＿＿＿ sunny yesterday.

☐(2) ミキはそのとき本を読んでいませんでした。

　Miki ＿＿＿＿＿＿ ＿＿＿＿＿＿ a book then.

☐(3) 駅の近くに病院はありますか。

　＿＿＿＿＿＿ ＿＿＿＿＿＿ a hospital near the station?

❸ 日本語に合うように，（　　）内の語を並べかえなさい。

☐(1) 彼らは放課後どこにいましたか。

　(after / they / where / school / were)?

　＿＿＿＿＿＿＿＿＿＿＿＿＿＿＿＿＿＿＿＿＿＿＿＿＿＿＿＿＿？

☐(2) タケシはそのときテニスをしていましたか。

　(tennis / playing / Takeshi / then / was)?

　＿＿＿＿＿＿＿＿＿＿＿＿＿＿＿＿＿＿＿＿＿＿＿＿＿＿＿＿＿？

☐(3) 私の家の近くに本屋があります。

　(my / near / is / there / house / bookstore / a).

　＿＿＿＿＿＿＿＿＿＿＿＿＿＿＿＿＿＿＿＿＿＿＿＿＿＿＿＿＿．

❹ 書く✍ 次の日本語を英語にしなさい。

☐(1) 私の両親は先週，大阪にいました。

　＿＿＿＿＿＿＿＿＿＿＿＿＿＿＿＿＿＿＿＿＿＿＿＿＿＿＿＿＿

☐(2) 私はそのとき自分のノートをさがしているところでした。

　＿＿＿＿＿＿＿＿＿＿＿＿＿＿＿＿＿＿＿＿＿＿＿＿＿＿＿＿＿

ヒント　❶(3)a big parkと単数形であることに注意。
　　　❸(1)「どこに…」のwhereを文頭にもってくる。　❹(2)「…しているところでした」は過去進行形で表す。

5 読む 次の会話文を読んで，あとの問いに答えなさい。

Meg: Hey, Kaito. I didn't see you during lunch break. ①(doing / you / were / what)?

Kaito: I ②(am) playing soccer outside. Were you looking for me?

Meg: Yes, I wanted to show this to you. ③I made a photo album for this year.

Kaito: Wow. These pictures bring back a lot of memories.

☐(1) 下線部①の(　　)内の語を正しく並べかえなさい。

_____?

☐(2) 下線部②の(　　)内の語を適切な形にしなさい。　_____

☐(3) 下線部③を日本語に訳しなさい。

(　　　　　　　　　　　　　　　　　　　　　　　　　　　　　)

☐(4) 次の問いに対する答えとして最も適切なものを1つ選び，記号で答えなさい。

What did Meg want to show to Kaito?

ア　Meg wanted to show a photo album.

イ　Meg wanted to show a soccer game.

ウ　Meg wanted to show her lunch.　　　　　　　　　　　　(　　　　)

6 話す 次の英文を読んで，あとの問いに答えなさい。解答の答え合わせのあと，発音アプリの指示に従って，問題文と解答を声に出して読みなさい。アプリ

A thirsty crow found a pitcher. He found water inside it. He was very happy.

But he could not drink the water. His beak did not reach it. The pitcher had very little water.

"I can't drink this, but I'm very thirsty."

(注)crow カラス　　found find「見つける」の過去形　　pitcher 水差し　　inside …の中に

could can の過去形　　beak くちばし　　reach …に届く　　little ほとんどない

☐(1) Who found a pitcher?

—_____

☐(2) What did the crow find?

—_____

☐(3) Where is very little water?

—_____

ヒント　④(2)過去進行形の文。be動詞を過去形にする。

ぴたトレ
3
確認テスト

Unit 11 ～
Stage Activity 3

時間 30分 ／100点　合格 70点　解答 p.31

教科書 pp.109 ～ 121

❶ 下線部の発音が同じものには〇を，そうでないものには×を，解答欄に書きなさい。　6点

(1) album
back

(2) kitchen
pick

(3) another
lose

❷ 最も強く発音する部分の記号を解答欄に書きなさい。　6点

(1) mem – o – ry
　ア　イ　ウ

(2) an – oth – er
　ア　　イ　　ウ

(3) e – vent
　ア　　イ

❸ ____に入る適切な語を1つ選び，それぞれの会話文を完成させなさい。　16点

(1) **A :** ___①___ Akira and Yuto in Tokyo last Sunday?

　　B : Yes, they ___②___.

　① ア Was　イ Are　ウ Were　　② ア are　イ were　ウ was

(2) **A :** ___①___ there a supermarket near your house?

　　B : No, there ___②___.

　① ア Is　イ Are　ウ Do　　② ア isn't　イ aren't　ウ don't

❹ 日本語に合うように，（ ）内の語を並べかえなさい。　21点

よく出る (1) ショウタはそのとき音楽を聞いていました。

　　(music / was / to / listening / Shota / then).

(2) 昨日の午後あなたは何をしていましたか。

　　(doing / afternoon / were / yesterday / you / what)?

(3) 部屋の中には何人かの女の子たちがいますか。

　　(there / girls / room / in / are / any / the)?

❺ 読む📖 次の会話文を読んで，あとの問いに答えなさい。　27点

Saya: ①(were / yesterday /at /you / 11 a.m. / where)?

Sam: I was in the gym. I was practicing basketball.

Saya: I was looking for you. I want to show these pictures (　②　) you.

Sam: Oh, these are pictures of our last basketball game.

Saya: That's right.

Sam: We won the game. ③We were so happy after the game.

成績評価の観点　知…言語や文化についての知識・技能　表…外国語表現の能力

(1) 下線部①が「あなたは昨日の午前11時にどこにいましたか。」という意味になるように
（　　）内の語句を正しく並べかえなさい。　表

(2) （　②　）に入る最も適切なものを1つ選び，記号を書きなさい。
ア for　　イ to　　ウ with

(3) 下線部③を日本語にしなさい。

(4) 会話の内容について，次の問いに英語で答えなさい。
What was Sam doing at 11 a.m. yesterday?

⑥ 書く 次のようなとき英語で何と言うか，（　）内の語数で，指示があるものは指示にしたがって書きなさい。表
24点

(1) 昨日，自分が博物館へ行ったことを相手に伝えるとき。（6語）

(2) 駅の近くに本屋があるかたずねるとき。（a bookstoreを使って　7語）

(3) 相手が今朝していたことをたずねるとき。（6語）

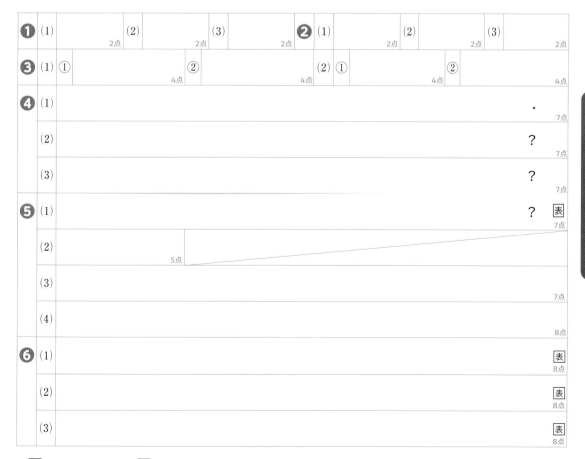

▶ 表 の印がない問題は全て 知 の観点です。

ぴたトレ

1

要点チェック

Let's Read 2 City Lights ①

時間 **15分**

解答 p.32

〈新出語・熟語 別冊p.15〉

教科書の重要ポイント 　過去形と過去進行形の文　教科書 pp.124〜126

She was selling flowers for her family.

〔彼女は家族のために花を売っていました。〕

過去形にはedをつけるものと形が変わるものがある。

ed をつける動詞

walk　→　walked

drop　→　dropped　　（短母音＋子音字なので最後のpを重ねる）

形が変わる動詞

is　　→　was

have　→　had

think　→　thought

▼原形と過去形が同じ形の動詞もある。

put　→　put

set　→　set

過去進行形は〈be動詞の過去形＋...ing（動詞のing形）〉で表す。

現在進行形の文　She is selling flowers for her family.

be動詞を過去形に

過去進行形の文　She was selling flowers for her family

be動詞の過去形＋動詞のing形

Words & Phrases 　次の日本語は英語に，英語は日本語にしなさい。

☐(1) away　（　　　　　　　　　）

☐(2) blind　（　　　　　　　　　）

☐(3) suddenly（　　　　　　　　）

☐(4) flower　（　　　　　　　　）

☐(5) dollar　（　　　　　　　　）

☐(6) lonely　（　　　　　　　　）

☐(7) 貧しい　＿＿＿＿＿＿＿＿

☐(8) …を売る　＿＿＿＿＿＿＿

☐(9) …を落とす　＿＿＿＿＿＿

☐(10) 裕福な　＿＿＿＿＿＿＿＿

☐(11) thinkの過去形　＿＿＿＿＿

☐(12) meetの過去形　＿＿＿＿＿

1 日本語に合うように，（　）内から適切なものを選び，記号を〇で囲みなさい。

☐(1) ユミはそのときピアノをひいていました。

Yumi was（ ア plays　イ playing ）the piano then.

☐(2) 私は昨日，博物館へ行きました。

I（ ア went　イ was going ）to the museum yesterday.

☐(3) 男の子たちはこの前の日曜日，野球をしていました。

The boys（ ア was　イ were ）playing baseball last Sunday.

☐(4) その男性は裕福そうに見えます。

The man（ ア looks　イ looking ）rich.

2 日本語に合うように，＿＿＿に入る適切な語を書きなさい。

☐(1) ある日，私は病院でケンジに会いました。

＿＿＿＿＿＿＿ ＿＿＿＿＿＿＿, I saw Kenji in the hospital.

☐(2) サキは一言も言わずに立ち去りました。

Saki did not say a ＿＿＿＿＿＿＿ and walked away.

☐(3) その犬は池の周りを走っていました。

The dog was running ＿＿＿＿＿＿＿ the pond.

☐(4) 私はえんぴつを拾い上げました。

I ＿＿＿＿＿＿＿ up the pencil.

3 日本語に合うように，（　）内の語や符号を並べかえなさい。

☐(1) ジュンは昨日何をしていましたか。

(doing / was / Jun / yesterday / what)?

＿＿＿＿＿＿＿＿＿＿＿＿＿＿＿＿＿＿＿＿＿？

☐(2) そのネコは突然走り去りました。

(the / suddenly / ran / cat / away / ,).

＿＿＿＿＿＿＿＿＿＿＿＿＿＿＿＿＿＿＿＿＿.

☐(3) 私たちはその試合に勝つことができました。

(win / the / could / game / we).

＿＿＿＿＿＿＿＿＿＿＿＿＿＿＿＿＿＿＿＿＿.

☐(4) 私はその夜，友達と話していました。

(with / was / friend / I / talking / my) that night.

＿＿＿＿＿＿＿＿＿＿＿＿＿＿＿＿＿＿ that night.

⚠️ミスに注意

進行形にはbe動詞が必要。

Let's Read 2 City Lights ②

教科書の 重要ポイント	〈give＋A（もの）＋to＋B（人）〉の文	教科書 pp.124〜126

The man gave one thousand dollars to Charlie.

〔その男はチャーリーに1000ドルあげました。〕

〈give＋A（もの）＋to＋B（人）〉で「A（もの）をB（人）に与える」という意味を表す。

The man <u>gave</u> one thousand dollars to Charlie.　→「人」の前にtoが必要
　　　　　　　　　　もの　　　　　　　　　to＋人

この形をとる語は，ほかにもshow, teachなどがある。

I want to <u>show</u> this album to you.　〔私はこのアルバムをあなたに見せたいです。〕
　　　　　　このアルバムを　あなたに

He <u>teaches</u> math to us.　〔彼は私たちに数学を教えます。〕
　　　　　　数学を　私たちに

> 「人 に」は〈to＋人〉で表すよ。

ナルホド!

Words & Phrases 次の日本語は英語に，英語は日本語にしなさい。

□(1) anything （　　　　　　　　）

□(2) thousand （　　　　　　　　）

□(3) important （　　　　　　　　）

□(4) give （　　　　　　　　）

□(5) forgetful （　　　　　　　　）

□(6) remember （　　　　　　　　）

□(7) …とたずねる ＿＿＿＿＿＿＿＿

□(8) …を通り過ぎる ＿＿＿＿＿＿＿＿

□(9) …なしに ＿＿＿＿＿＿＿＿

□(10) putの過去形 ＿＿＿＿＿＿＿＿

□(11) becomeの過去形 ＿＿＿＿＿＿＿＿

□(12) tellの過去形 ＿＿＿＿＿＿＿＿

1 日本語に合うように，（　）内から適切なものを選び，記号を○で囲みなさい。

☐(1) リョウは部屋から出て行きました。

Ryo got （ ア out of　イ out for ） the room.

☐(2) 母は私にいくらかのお金をくれました。

My mother gave some money （ ア for　イ to ） me.

☐(3) 私は通りでサクラを見ました。

I saw Sakura （ ア at　イ on ） the street.

☐(4) 兄は私に英語を教えてくれます。

My brother teaches English （ ア to　イ with ） me.

2 日本語に合うように，＿＿＿に入る適切な語を書きなさい。

☐(1) カズのおかげで私たちは試合に勝つことができました。

＿＿＿＿＿＿＿＿ to Kazu, we could win the game.

☐(2) 私はそのかばんを机の上に置きました。

I ＿＿＿＿＿＿＿＿ the bag on the desk.

☐(3) 私はサムに本屋で初めて会いました。

I ＿＿＿＿＿＿＿＿ met Sam at a bookstore.

☐(4) この本は彼にとってとても大切なものになりました。

This book became very ＿＿＿＿＿＿＿＿ to him.

3 日本語に合うように，（　）内の語句や符号を並べかえなさい。

☐(1) クミはすばらしいテニス選手になりました。

(great / became / a / Kumi / tennis player).

＿＿＿＿＿＿＿＿＿＿＿＿＿＿＿＿＿＿＿＿.

☐(2) 私はそのイヌにミルクをあげました。

(some / the dog / gave / to / I / milk).

＿＿＿＿＿＿＿＿＿＿＿＿＿＿＿＿＿＿＿＿.

☐(3) ショウタは何も言わずにその部屋を出ていきました。

Shota (the room / out of / words / without / any / got).

Shota ＿＿＿＿＿＿＿＿＿＿＿＿＿＿＿＿＿＿.

☐(4) 彼女はほほえんで「ありがとう」と言いました。

(and / smiled / she / said / "Thank you." /,)

＿＿＿＿＿＿＿＿＿＿＿＿＿＿＿＿＿＿＿＿

> **テストによく出る!**
>
> 〈give＋A＋to＋B〉の形
> (2)Aの部分に「もの」にあたる語を，Bの部分に「…に」にあたる語を入れる。

❶ 下線部の発音が同じものには〇を，そうでないものには×を，（ ）に書きなさい。

- □(1) g<u>a</u>ve
  p<u>a</u>ss （ ）
- □(2) sm<u>i</u>le
  bl<u>i</u>nd （ ）
- □(3) l<u>o</u>nely
  t<u>o</u>ld （ ）

❷ 最も強く発音する部分の記号に〇をつけなさい。

- □(1) re - mem - ber
  ア　イ　ウ
- □(2) im - por - tant
  ア　イ　ウ
- □(3) with - out
  ア　イ

❸ （ ）に入る最も適切なものを1つ選び，記号を〇で囲みなさい。

- □(1) I was ( ) on the street then.
  ア walk　イ walked　ウ walking　エ to walk
- □(2) Your bag ( ) very nice.
  ア looks　イ sees　ウ watches　エ meets
- □(3) My brother ( ) some books to me.
  ア give　イ to give　ウ giving　エ gave
- □(4) Sam got ( ) of the room.
  ア in　イ out　ウ on　エ to

> 「A（もの）をB（人）に与える」〈give＋A（もの）＋to＋B（人）〉の形をもう一度確認しておこう。

❹ 日本語に合うように，＿＿に入る適切な語を書きなさい。

- □(1) ある日，大きな犬が公園を走っていました。
  ＿＿＿＿＿＿＿ ＿＿＿＿＿＿＿, a big dog was running in the park.
- □(2) ミカのおかげで，私たちはカレーを作ることができました。
  ＿＿＿＿＿＿＿ to Mika, we could make curry.
- □(3) 「あなたは昨日図書館へ行きましたか。」とリョウはたずねました。
  Ryo ＿＿＿＿＿＿＿, "Did you go to the library?"
- □(4) 彼女にとってその犬はとても大切なものになりました。
  The dog ＿＿＿＿＿＿＿ very important to her.
- □(5) ケンは何も言いませんでした。
  Ken did not say ＿＿＿＿＿＿＿.

ヒント ❸(1)過去進行形の文。　(2)「…のように見える」。　(4)「…から出る」。
❹(4)「…になる」becomeは不規則動詞。　(5)not … anythingの形。

150

⑤ 日本語に合うように，（ ）内の語句や符号を並べかえなさい。

☐(1) ジェーンは通りで花を売っていました。

(selling / on / Jane / flowers / the street / was).

_____.

☐(2) 私はおばあさんの手に触れました。

(my / hands / touched / grandmother's / I).

_____.

☐(3) ブラウンさんはそのホテルから出て行きました。

(got / Mr. / of / hotel / out / the / Brown).

_____.

☐(4) ユミは何も言いませんでした。

(didn't / anything / Yumi / say).

_____.

☐(5) ある日リョウは裕福な男性に会いました。

(met / one / a rich / day / Ryo / man / ,).

_____.

☐(6) ユウトのおかげで，私たちは試合に勝つことができました。

(Yuto / win / to / could / thanks / we / ,) the game.

_____ the game.

☐(7) 私はアヤに新しい帽子をあげました。

(new / to / gave / a / Aya / I / hat).

_____.

⑥ 書く✎ 次の日本語を英語にしなさい。

☐(1) 彼女は家族のために昼食を作っていました。

_____

☐(2) 私はケンにすてきなかばんをあげました。

_____

☐(3) 彼は一言も言いませんでした。

_____

☐(4) 私は彼の顔を知りませんでした。

_____

☐(5) 私はミカにそのコンサートで初めて会いました。

_____

ヒント ⑤(1)過去進行形の文。 (6)「…のおかげで」は thanks to ...。
⑥(1)「家族のために」は for one's family。

Let's Read 2

151

7 読む 次の英文を読んで，あとの問いに答えなさい。

Several months later, Charlie got (①) of jail. He saw the girl on the street again. She was still selling flowers, but now she could see (②) to Charlie. He tried to pass the girl without any words. She did not know his face, but he looked very poor and tired. ③So (a flower / him / gave / and / she / some money / to). She touched his hand and remembered. ④"Was it you?" she asked. Charlie smiled and nodded.

Charles Chaplin City Lights より

□(1) (①)，(②)に入る適切な語を，次の日本語を参考にして書きなさい。

① …から出て _____   ② …のおかげで _____

□(2) 下線部③の(　)内の語を正しく並べかえなさい。

So _____ .

□(3) 下線部④を少女はなぜ言ったのでしょうか。次から1つ選び、記号を○で囲みなさい。

ア チャーリーの顔がわかったから。

イ チャーリーの手に触れて彼のことを思い出したから。

ウ チャーリーが少女にほほ笑んだから。

8 読む 次のアヤの日記の英文を読んで、あとの問いに答えなさい。

Sunday, May 5

I got up at seven. In the morning, I studied English in the library. After lunch, Miki ①(come) to my house. ②I was watching TV then. We ③(go) to the park together and played tennis there. It ④(is) fun. I listened to music before dinner. I read a book in my room at night.

□(1) 下線部①③④の(　)内の語を適切な形にしなさい。

①_____   ③_____   ④_____

□(2) 下線部②を日本語にしなさい。

(   )

□(3) 次の文が本文の内容に合っていれば○を，合っていなければ×を書きなさい。

ア Aya was in the library in the morning on May 5.   (   )

イ Aya listened to music with Miki in the afternoon on May 5.   (   )

ウ Aya studied English in her room at night on May 5.   (   )

ヒント **7** (2)〈give A to B〉「B（人）にA（もの）を与える」の文。
       8 (1)いずれも過去の動作や状態について述べている。

\\ 定期テスト //

テスト前に役立つ!

予想問題

テスト前に解いて、わからない問題やまちがえた問題は、もう一度確認しておこう!

チェック!

- テスト本番を意識し、時間を計って解きましょう。
- 取り組んだあとは、必ず答え合わせを行い、まちがえたところを復習しましょう。
- 観点別評価を活用して、自分の苦手なところを確認しましょう。

リスニングテスト

▶ pp.164 ～ 173
全 10 回

アプリを使って、リスニング問題を解きましょう。

英作文にチャレンジ!

▶ pp.174 ～ 176

英作文問題に挑戦してみましょう。

英作文ができたらパーフェクトだね!

Unit 0 ~ Unit 1

時間 30分 ／100点　合格 70点　解答 p.34

❶ 読む📖 次の会話文を読んで，質問に答えなさい。　29点

> *Anne:* Hello, Kenta. I'm Anne Green. Nice to (　①　) you.
>
> *Kenta:* Hello, Anne. I'm Saito Kenta. Nice to meet you too. ②Call me Ken. Are you from America*?
>
> *Anne:* Yes, I am.
>
> *Kenta:* Do you like baseball*?
>
> *Anne:* Yes, I do. I'm a baseball fan. But I don't play ③it. I play basketball.
>
> *Kenta:* Oh, I play basketball, too. Can you play it well?
>
> *Anne:* Yes, I can.
>
> *Kenta:* Good! Let's* play basketball together.
>
> 注) America　アメリカ（合衆国）／baseball　野球／let's …しよう

(1) (　①　)に入る「会う」という意味の語を書きなさい。

(2) 下線部②を訳しなさい。

(3) 下線部③のitは何を指しますか。日本語で答えなさい。

よく出る (4) 会話の内容について，次の中から正しいものを２つ選びなさい。

　　ア　アンはアメリカ出身ではない。　　　　イ　アンは野球が好きだ。

　　ウ　ケンタはバスケットボールをしない。　　エ　アンはバスケットボールがじょうずだ。

❷ 日本語に合うように，＿＿に入る適切な語を書きなさい。　30点

(1) 私はトム・ブラウンです。

　　I ＿＿＿＿＿ Tom Brown.

(2) 私はオムレツが好きです。

　　I ＿＿＿＿＿ omelet.

(3) あなたはオーストラリア出身ですか。

　　＿＿＿＿＿ you from Australia?

(4) はい，そうです。　（(3)の答え）

　　Yes, I ＿＿＿＿＿.

(5) 私はピアノをひくことができません。

　　I ＿＿＿＿＿ play the piano.

(6) あなたはじょうずに泳ぐことができますか。

　　＿＿＿＿＿ you swim well?

❸ 次の語句を並べ替えて，文を完成させなさい。　　25点

(1) 私をユミと呼んでください。

(me / Yumi / call).

(2) あなたはバスケットボールをしますか。

(play / you / do / basketball)?

(3) 私はテニスをすることができます。

(tennis / I / play / can).

(4) あなたはギターをひくことができますか。

(the / can / guitar / you / play)?

(5) 私は毎日，日本語を勉強します。

(every / Japanese / study / day / I).

❹ 書く✎ 次のようなとき英語で何と言うか，（　）内の語数で書きなさい。表　16点

(1) 相手にシドニー(Sydney)出身かどうかをたずねるとき。(4語)

(2) 相手にピアノがひけるかどうかをたずねるとき。(5語)

▶ 表 の印がない問題は全て 知 の観点です。

Unit 2 ~ Grammar for Communication 3

時間 30分 ／100点　合格 70点　解答 p.35

---

① 読む 次の会話文を読んで，質問に答えなさい。　36点

> *Keita:* I play soccer. I'm on the soccer team. What sport do you play?
>
> *Sam:* I play soccer, too. But I (①) play basketball. I usually play it with my friends.
>
> *Keita:* ②Where do you practice soccer?
>
> *Sam:* I practice it at school ground* (③) Wendesday and Saturday.
>
> *Keita:* Good. Let's play together* someday*.
>
> *Sam:* Good idea!*
>
> *Keita:* I have a game on October 10 at Aoyama Stadium*.
>
> *Sam:* Where is Aoyama Stadium?
>
> *Keita:* It's near Midori Station. I want to be a good player. So I practice hard every day.
>
> *Sam:* Good luck!
>
> 注) school ground　校庭／together　いっしょに／someday　いつか／Good idea!　いい考えですね。／ stadium　スタジアム，競技場

(1) (①)に入る「…も」という意味の語を書きなさい。

(2) 下線部②の英語を日本語にしなさい。

(3) (③)にあてはまる最も適切な1語を，次のア～ウの中から1つ選び，その記号を書きなさい。

　ア for　　イ in　　ウ on

(4) 会話の内容について次の問いに英語で答えなさい。

　1. ケイタはいつ試合がありますか。

　2. 青山スタジアムはどこにありますか。

---

② 日本語に合うように，＿＿に入る適切な語を書きなさい。　24点

(1) あれはレストランですか。

　＿＿＿＿ ＿＿＿＿ a restaurant?

(2) オーストラリアは今何時ですか。

　＿＿＿＿ ＿＿＿＿ is it in Australia now?

(3) あなたはネコを何匹飼っていますか。

　＿＿＿＿ many ＿＿＿＿ do you have?

(4) 私は英語の教師になりたいです。

　I ＿＿＿＿ to ＿＿＿＿ an English teacher.

成績評価の観点　知…言語や文化についての知識・技能　表…外国語表現の能力

③ 次の語句を並べ替えて，文を完成させなさい。 24点

(1) ここで走ってはいけません。

(here / run / don't / .)

(2) あなたはどこでテニスをしますか。

(play / you / where / tennis / do)?

(3) あなたは卵が何個必要ですか。

(you / eggs / how / need / do / many)?

(4) あなたはどのように学校へ来ますか。

(do / school / how / to / come / you)?

④ 書く✎ 次のようなとき英語で何と言うか，（　）内の語数で書きなさい。 表 16点

(1) 相手に何時に起きるかたずねるとき。（6語）

(2) 相手にどんなスポーツが好きかたずねるとき。（5語）

❶	(1)			
				6点
	(2)			8点
	(3)			
				6点
	(4)	1.		8点
		2.		8点
❷	(1)	6点	(2)	6点
	(3)	6点	(4)	6点
❸	(1)			6点
	(2)			6点
	(3)			6点
	(4)			6点
❹	(1)			表 8点
	(2)			表 8点

▶ 表 の印がない問題は全て 知 の観点です。

❶ 　 /36点　 ❷ 　 /24点　 ❸ 　 /24点　 ❹ 　 /16点

定期テスト予想問題

Unit 2 〜 Grammar forCommunication 3　教科書19〜45ページ

157

❶ 読む ユカが友達のケンに，姉の写真を見せながら話しています。次の会話文を読んで，質問に答えなさい。　　　　　38点

Yuka: This is my sister Naomi.

Ken: Oh, ①(she / where / live / does / ?)

Yuka: She lives in Australia.

Ken: Does she study English?

Yuka: Yes. She goes to language school in Sydney.　She studies with Asian and European* students.

Ken: That's good.　How does she spend her weekends?　Does she go to the beach?

Yuka: Yes.　She is very good at swimming.　She sometimes enjoys scuba diving, too.　I went to Australia last summer.　②I enjoyed swimming and ate lots of delicious food.

Ken: Great!

Yuka: I also went to the zoo with my sister.　We ③(see) koalas* and kangaroos*. We had a great time.　My sister really enjoys her life in Australia.

Ken: I want to go to Australia, too!

注) European　ヨーロッパの／ koala　コアラ／kangaroo　カンガルー

---

(1) 下線部①の（　）内の語を並べ替えなさい。

(2) 下線部②の英語を日本語にしなさい。

(3) 下線部③の（　）内の語を適切な形にしなさい。

よく出る (4) 会話の内容を読んで，次の質問に英語で答えなさい。

　　　1. What does Naomi study in Australia?

　　　2. When does Naomi go to the beach ?

❷ 日本語を参考にして，（　）内の語を適切な形にしなさい。　　　　　18点

(1) 私は走ることが得意です。

　　I'm good at (run).

(2) 私は昨日川でつりを楽しみました。

　　I (enjoy) fishing in the river yesterday.

(3) 私の姉はロンドンで英語を勉強しています。

　　My sister (study) English in London.

❸ 次の語句を並べ替えて，文を完成させなさい。 28点

(1) ユキはピアノを練習しません。

(the piano / doesn't / Yuki / practice).

(2) あなたの本はベッドの下にあります。

(is / book / the bed / your / under).

(3) 私はバスケットボールをすることが好きです。

(playing / I / basketball / like).

(4) 私は海で泳ぐことを楽しみました。

(sea / I / the / swimming / in / enjoyed).

❹ 書く✎ 次のようなとき英語で何と言うか，（　）内の語数で書きなさい。 表 16点

(1) サッカーをすることが得意ではないというとき。（6語）

(2) 相手のお兄さんはテニスをするかたずねるとき。（5語）

❶	(1)		8点
	(2)		8点
	(3)	6点	8点
	(4)	1.	8点
		2.	8点
❷	(1)	6点	(2) 6点
	(3)	6点	
❸	(1)		7点
	(2)		7点
	(3)		7点
	(4)		7点
❹	(1)		表 8点
	(2)		表 8点

▶ 表 の印がない問題は全て 知 の観点です。

Unit 7 ~ Let's Talk 3

❶ 読む📖 **次の会話文を読んで，質問に答えなさい。** 36点

Sam: ①It's very ( ) over there. ②(watching / the / what / people / are)?

Maki: They're watching a marathon* runners. We have City Marathon today.

Sam: Oh, I want to see them. Let's go.

―2人は沿道に立ってマラソンを見ます。―

Sam: Look! They are running so fast. How wonderful!

Maki: That runner is very famous. Do you know him?

Sam: Yes, of course! I like him. I'm so excited. People look so happy.

Maki: ③Are you taking pictures, Sam?

Sam: No, I'm not. I'm taking a video.

Maki: Great! I want to see it later.

Sam: Sure.

注) marathon　マラソン

---

(1) 下線部①が「とても混雑しています」という意味になるように，( )に入る適切な語を書きなさい。

(2) 下線部②の( )内の語を正しく並べかえなさい。

(3) 下線部③を日本語にしなさい。

よく出る (4) 会話の内容を読んで，次の質問に英語で答えなさい。

　　1. Does Sam like the famous runner?

　　2. Which is Sam taking, pictures, or a video?

❷ **日本語に合うように，＿＿に入る適切な語を書きなさい。** 30点

(1) あなたは何になりたいですか。―私は医者になりたいです。

　　＿＿＿＿ do you want to ＿＿＿＿?　― I want to ＿＿＿＿ a doctor.

(2) あちらは山田先生です。あなたは彼女を知っていますか。

　　That is Ms. Yamada. Do you know ＿＿＿＿

(3) この道に沿って行きなさい。2つめの信号を右に曲がりなさい。

　　＿＿＿＿ along this street.　― ＿＿＿＿ ＿＿＿＿ at the second traffic light.

(4) あなたはピザとスパゲティのどちらが好きですか。―私はピザが好きです。

　　＿＿＿＿ do you like, pizza ＿＿＿＿ spaghetti?　― I like pizza.

(5) これはだれの本ですか。―それはリカのものです。

　　＿＿＿＿ book is this?　― It's ＿＿＿＿.

　成績評価の観点　知…言語や文化についての知識・技能　表…外国語表現の能力

❸ それぞれのAとBの会話が自然なものになるように，（　）に適切なものを下の
ア～オから選び，記号を書きなさい。　　　　　　　　　　　　　　　　18点

(1) A:　(　　)

　　B:　I like dogs.

(2) A:　Whose umbrella is this?

　　B:　(　　)

(3) A:　Are you watching TV?

　　B:　(　　)

　　　　ア　It's mine.　　　　　　イ　I am studying English.

　　　　ウ　Which do you like, dogs or cats?

　　　　エ　No, I'm not.　　　　　オ　I went to the museum.

❹ 書く✎ 次のようなとき英語で何と言うか，（　）内の語数で書きなさい。表　16点

(1) 相手に「あなたのコンサートを楽しみにしています」と言うとき。（6語）

(2) お礼を言った相手に「どういたしまして」と言うとき。（2語）

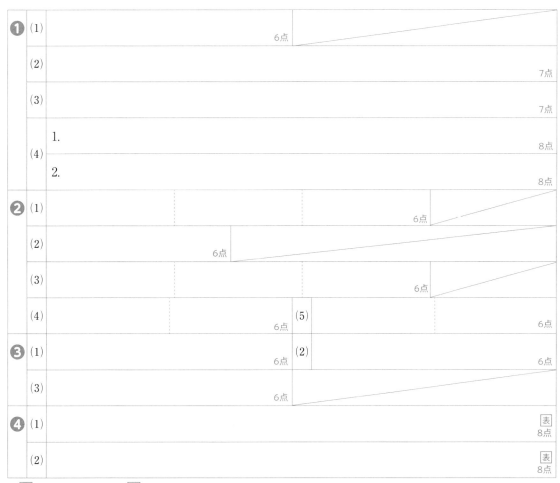

▶ 表 の印がない問題は全て 知 の観点です。

定期テスト
予想問題

5

Stage Activity 2 ～
Let's Read 2

時間
30分
/100点

合格
70点

解答
p.38

① 読む ユリが家族で旅行へ行ったときのことを話しています。次の英文を読んで，質問に答えなさい。

36点

I traveled to Hokkaido with my family last month. ①(five / we / for / there / stayed / days). My grandparents live in Sapporo. On the first day, we went to Sapporo and saw my grandparents. ②They (   ) so happy. The next day, we went to Snow Festival*. There were many big ice sculptures*. We enjoyed watching those beautiful sculptures. There was a skating rink*, too. My sister and I wanted to skate. But we didn't have enough time.

In the evening we had dinner at a restaurant. We ③(eat) fresh* fish and crabs*. It was delicious.

We really had a good time in Hokkaido. I want to visit there again in summer.

注) Snow Festival 雪まつり／sculpture 彫刻／skating rink スケート場／enough 十分な／fresh 新鮮な／crab カニ

(1) 下線部①の( )内の語を正しく並べかえなさい。

(2) 下線部②が「彼らはとてもうれしそうに見えました。」という意味になるように(   )に入る適切な語を書きなさい。

(3) 下線部③の( )内の語を適切な形に変えなさい。

(4) 会話の内容を読んで，次の質問に英語で答えなさい。

1. Where do Yuri's grandparents live?

2. Did Yuri and her sister skate?

3. What season does Yuri want to go to Hokkaido next time?

② 日本語に合うように， ___ に入る適切な語を書きなさい。

30点

(1) 駅の近くに公園はありますか。―はい，あります。

_____ _____ a park near the station? — Yes, _____ is.

(2) あなたは昨夜何をしていたのですか。―私は本を読んでいました。

What _____ you _____ last night? — I _____ _____ a book.

(3) あなたは昨夜音楽を聞きましたか。―いいえ，聞きませんでした。

_____ you _____ to music last night? — No, I _____.

(4) ショウタは私にたくさんの花をくれました。

Shota _____ lots of flowers _____ me.

(5) あなたは先週京都にいましたか。

_____ you in Kyoto last week? — No, I _____.

❸ それぞれのAとBの会話が自然なものになるように，（　）に適切なものを下の
ア〜オから選び，記号を書きなさい。　18点

(1) A: （　　）

B: Yes, I did. I visited her yesterday.

(2) A: Was it sunny yesterday?

B: （　　）

(3) A: （　　）

B: Yes, there is.

　　　　　ア　Yes, it does.　　　　イ　Is there a cat under the desk?

　　　　　ウ　No, it wasn't.　　　　エ　I was watching TV then.

　　　　　オ　Did you visit your grandmother?

❹ 書く✎ あなたの昨日の出来事を英語で2文書きなさい。 表　16点

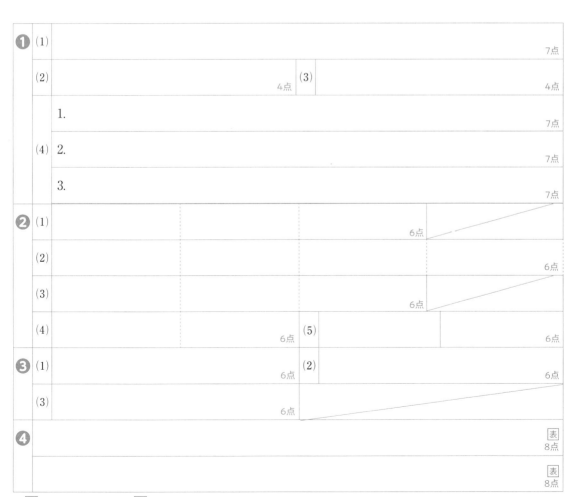

❶	(1)				7点
	(2)		4点	(3)	4点
	(4)	1.			7点
		2.			7点
		3.			7点
❷	(1)			6点	
	(2)				6点
	(3)			6点	
	(4)		6点	(5)	6点
❸	(1)		6点	(2)	6点
	(3)		6点		
❹					表 8点
					表 8点

▶ 表 の印がない問題は全て 知 の観点です。

❶　　　/36点　　❷　　　/30点　　❸　　　/18点　　❹　　　/16点

❶ これから3つの対話文を読みます。それぞれの内容が絵に合っていれば〇を,
合っていなければ×を書きなさい。英文は2回読まれます。

(4点×3) ポケ ❶
リス♪

(1) 　　(2) 　　(3)

(1)		(2)		(3)	

❷ これからマイのスピーチと,その内容についての2つの質問文を放送します。
質問の答えとして最も適切なものをア〜エの中から1つずつ選び,記号で答え
なさい。英文は2回読まれます。

(4点×2) ポケ ❷
リス♪

(1) ア She is a student.
　　イ She is not a student.
　　ウ Yes, she is.
　　エ No, she is not.

(2) ア It is apple pie.
　　イ It is cooking.
　　ウ It is English.
　　エ It is Osaka.

(1)		(2)	

❶ これから4つの英文を読みます。それぞれの内容に合う絵を1つずつ選び，記号で答えなさい。英文は2回読まれます。

（2点×4）ポケリス♪ ❸

(1)		(2)		(3)		(4)	

❷ これから3つの対話文を読みます。それぞれの内容が絵に合っていれば○を，合っていなければ×を書きなさい。英文は2回読まれます。

（4点×3）ポケリス♪ ❹

(1)

(2)

(3)

(1)		(2)		(3)	

／20点

解答
p.41

❶ これから３つの対話文を読みます。それぞれの内容に合う絵を１つずつ選び，記号で答えなさい。英文は２回読まれます。

(4点×3)

ポケ
リス♪ ❺

(1)

(2)

(3)

(1)		(2)		(3)	

❷ これから２つの対話文を読みます。それぞれの内容に合うものをア〜エの中から１つずつ選び，記号で答えなさい。英文は２回読まれます。

(4点×2)

ポケ
リス♪ ❻

(1) ア　マイクは歩いて学校に行きます。

　　イ　マイクはバスで学校に行きます。

　　ウ　エミはたいてい歩いて学校に行きます。

　　エ　エミはときどき自転車で学校に行きます。

(2) ア　ケイトには姉妹がいません。

　　イ　ケイトには姉妹が１人います。

　　ウ　リョウには姉妹が１人，兄弟が１人います。

　　エ　リョウには姉妹が２人います。

(1)		(2)	

❶ これから３つの対話文を読みます。それぞれの内容が絵に合っていれば○を，合っていなければ×を書きなさい。英文は２回読まれます。　(4点×3)　ポケリス♪ ❼

(1)

Hello.
こんにちは。

(2)

Kevin
Tom

(3)

月曜日
Ms. Suzuki

(1)		(2)		(3)	

❷ これから放送するジョンと博物館員の対話文を聞いて，その内容に合うものをア～カの中から２つ選び，記号で答えなさい。英文は２回読まれます。

　ア John can take pictures in the museum.　(4点×2)　ポケリス♪ ❽
　イ John can take his bag with him.
　ウ John can take his dog with him.
　エ John can eat in the museum.
　オ John can drink in the museum.
　カ John can enjoy pictures in the museum before five o'clock.

／20点　解答 p.42

❶ これから3つの対話文を読みます。それぞれの内容に合う絵を1つずつ選び, 記号で答えなさい。英文は2回読まれます。

(4点×3)　ポケ リス♪ ⑨

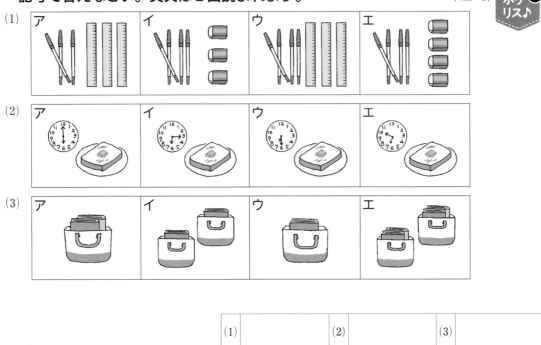

(1)		(2)		(3)	

❷ これからタカシのスピーチと, その内容についての2つの質問文を放送します。質問の答えとして最も適切なものをア〜エの中から1つずつ選び, 記号で答えなさい。英文は2回読まれます。

(4点×2)　ポケ リス♪ ⑩

(1) ア He practices the guitar.

　イ He practices tennis.

　ウ He practices soccer.

　エ He practices basketball.

(2) ア She is from Nagano.

　イ She is a junior high school student.

　ウ She is seventeen years old.

　エ She is Takashi's sister.

(1)		(2)	

❶ これから３つの対話文を読みます。それぞれの内容に合う絵を１つずつ選び, 記号で答えなさい。英文は２回読まれます。 （4点×3）　ポケリス♪⓫

(1)　ア 6月 **13** 土曜日　　イ 6月 **30** 火曜日　　ウ 7月 **13** 月曜日　　エ 7月 **30** 木曜日

(2)

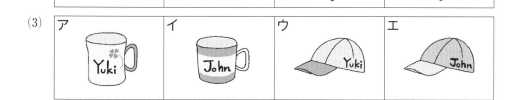

(3)

(1)		(2)		(3)	

❷ これから２つの対話文を読みます。それぞれの最後にくる文として最も適切なものをア～エの中から１つずつ選び, 記号で答えなさい。英文は２回読まれます。 （4点×2）　ポケリス♪⓬

(1)　ア At school.
　　イ After school.
　　ウ With my friends.
　　エ By bus.

(2)　ア Every year.
　　イ Forty years old.
　　ウ In August.
　　エ In Australia.

(1)		(2)	

① これから4つの英文を読みます。それぞれの内容に合う人物を絵のア〜キの中から1人ずつ選び，記号で答えなさい。英文は2回読まれます。 (3点×4) ポケリス♪ **13**

(1)		(2)		(3)		(4)	

② これから放送するベッキーとシンジの電話での対話文を聞いて，その内容に合わないものをア〜カの中から2つ選び，記号で答えなさい。英文は2回読まれます。 (4点×2) ポケリス♪ **14**

ア Becky is talking with Shinji.

イ Shinji is eating breakfast with his sister.

ウ Becky is studying Japanese.

エ Shinji is reading some kanji for Becky.

オ Shinji can help Becky after breakfast.

カ Becky can visit Shinji's house at ten o'clock.

／20点

解答
p.44

❶ これから3つの対話文を読みます。それぞれの内容に合う絵を1つずつ選び，記号で答えなさい。英文は2回読まれます。

（4点×3）

ポケ
リス♪ ⓯

(1)

(2)
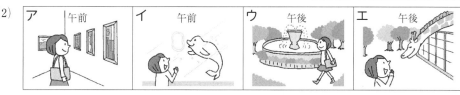

(3)

(1)		(2)		(3)	

❷ これからリカのスピーチと，その内容についての2つの質問文を放送します。質問の答えとして最も適切なものをア～エの中から1つずつ選び，記号で答えなさい。英文は2回読まれます。

（4点×2）

ポケ
リス♪ ⓰

(1) ア She liked London very much.

イ During her summer vacation.

ウ Yes, she did.

エ No, she didn't.

(2) ア She played soccer with people in London.

イ She visited some museums.

ウ She watched some movies.

エ She had nice food at her friend's house.

(1)		(2)	

解答
p.44

／ 20点

❶ これから３つの英文を読みます。それぞれの内容に合う絵を１つずつ選び，記号で答えなさい。英文は２回読まれます。

(4点×3) ポケリス♪ ⓱

(1)

(2)

(3)

(1)		(2)		(3)	

❷ これからトムとユミの対話文と，その内容について２つの質問文を放送します。質問の答えとして最も適切なものをア～エの中から１つずつ選び，記号で答えなさい。英文は２回読まれます。

(4点×2) ポケリス♪ ⓲

(1) ア Tom.
　　イ Yumi's friends.
　　ウ Yumi's math teacher.
　　エ Tom's teammate.

(2) ア He was at the music shop.
　　イ He was in the park.
　　ウ He was in the library.
　　エ He was at home.

(1)		(2)	

❶ これから次の表について4つの質問文を読みます。質問の答えとして最も適切なものをア〜エの中から1つずつ選び，記号で答えなさい。英文は2回読まれます。

(3点×4)　ポケリス♪ ⑲

名前	Mary	John	Ken	Becky
出身国	オーストラリア	アメリカ	日本	カナダ
クラブ活動	テニス部	サッカー部	野球部	美術部
練習日	火・金	水・木	毎日	月
演奏する楽器	ピアノ	ピアノ，ギター	なし	ギター

(1) ア Australia.　　　　　　イ America.
　　ウ Japan.　　　　　　　エ Canada.
(2) ア Mary.　　　　　　　イ John.
　　ウ Ken.　　　　　　　　エ Becky.
(3) ア On Tuesdays and Fridays.　イ On Wednesdays and Thursdays.
　　ウ Every day.　　　　　　エ On Mondays.
(4) ア One.　　　　　　　　イ Two.
　　ウ Three.　　　　　　　エ Four.

(1)		(2)		(3)		(4)	

❷ これからマイクのスピーチと，その内容についての2つの質問文を放送します。質問の答えとして最も適切なものをア〜エの中から1つずつ選び，記号で答えなさい。英文は2回読まれます。

(4点×2)　ポケリス♪ ⑳

(1) ア For Kumi.　　　　　　イ Two months ago.
　　ウ Last Saturday.　　　エ At Kumi's house.
(2) ア She plays basketball with Mike.　イ She speaks English.
　　ウ She has a party for Mike.　　エ She helps Mike.

(1)		(2)	

❶ 次の2つの絵は，ユカが買い物に行ったときのできごとを表したものです。(1)〜(3)の条件に当てはまるセリフを英文で書きなさい。

(1)	
(2)	
(3)	

❷ あなたは英語の授業で父親の紹介をすることになりました。次のメモを参考にして英文の原稿を完成させなさい。

名前：明(Akira)
数学の教師をしている。
歌がじょうずだ。
速く走ることができる。
映画が好きだ。
ときどきいっしょに映画を見に行く。

❸ あなたは日本語を読むことができない外国人の友達と写真展を訪れました。次の日本語で書かれた注意事項を友達に説明する英文を4つ書きなさい。

星野太郎写真展　Hoshino Taro Photo Exhibition

注意事項

写真撮影は可能です。
飲食禁止
写真にさわらないでください。
大声で話さないでください。

(1)	
(2)	You can't
(3)	You
(4)	Please

❹ 次の絵を説明する文を3つ書きなさい。

(1)	
(2)	
(3)	

⑤ 次のグラフは，タカシがクラスの生徒全員にスマートフォンを持っているかをたずねる調査をした結果をまとめたものです。ここから読み取れることを 3 つの英文にまとめなさい。ただし，数字も英語のつづりで書くこと。

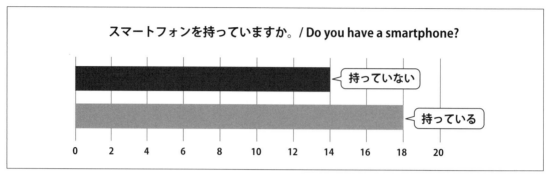

1人の生徒は携帯電話 (mobile phone) を持っていると回答

⑥ 次の質問文に対する応答文を，5 つの英文にまとめなさい。行った場所やしたことついて書き，最後に感想を書きなさい。ただし，5 文のうち 1 つは be 動詞の過去形を使った文にしなさい。

What did you do during summer vacation?

教科書ぴったりトレーニング
〈東京書籍版・ニューホライズン1年〉
この解答集は取り外してお使いください。

Unit 0

p.7 ぴたトレ1

1 (1)イ　(2)ア　(3)ウ

2 (1)ウ　(2)エ　(3)ア　(4)カ　(5)オ　(6)イ

解き方 1 (1)「はじめまして。」初対面で言うあいさつ。
(2)「私はカレーライスが好きです。」
(3)「私は音楽部に入りたいです。」
2 教室でよく使われる英語。(1)「すわりなさい。」　(2)「手を上げなさい。」　(3)「立ちなさい。」　(4)「『消しゴム』は英語でどのように言いますか。」
(5)「教科書の5ページを開きなさい。」
(6)「失礼ですが。」

pp.8〜9 ぴたトレ1

1 (1) D , E , G , J , M , Q , R , U , Y
(2) b , e , g , k , m , p , r , s , y , z

2 (1) apple　(2) cat　(3) fish
(4) cap　(5) umbrella　(6) zoo

3 (1) Suzuki Takashi
(2) Okajima Yui
(3) Honda Kaito
(4) 例 Ito Ken

解き方 1 2 アルファベットや単語を正確に書く。
3 姓と名前は大文字ではじめる。姓と名前がくっつかないよう注意する。

pp.10〜11 ぴたトレ2

1 (1)オ　(2)エ　(3)キ　(4)ア　(5)カ　(6)イ

2 (1)カ　(2)ア　(3)ウ　(4)エ　(5)オ

3 (1)ウ　(2)イ　(3)オ　(4)エ

4 (1) Sato Kumi
(2) Yamada Sho

5 例 cake

6 例 soccer

7 例 tennis

解き方 1 英語で数字を答える。12はtwelve。20はtwenty。
2 英語で曜日を答える。(3)の水曜日は［ウェンズデイ］，(4)の木曜日は［サーズデイ］と読む。（※カタカナ表記は便宜上，英語発音に近いものを示しています。）
3 英語で月を答える。(2)の3月はMarch。(3)の5月はMay。
4 姓と名前は大文字ではじめる。姓と名前がくっつかないよう注意する。
5 単語を正確に書く。〈I like＋好きなものの名前.〉で表す。
6 〈I can play＋スポーツの名前.〉で表す。
7 〈I want to join the＋部活の名前＋team［文化部はclub］.〉で表す。

Unit 1

p.12 ぴたトレ1

Words & Phrases

(1)新しい　(2)友達
(3) from　(4) often

1 (1) I am Rikako.
(2) I like tempura.

解き方 1 英文の書き方のルールに従って文を書く。文は大文字ではじめ，文の終わりには必ずピリオド(.)を書く。単語間のスペースにも注意する。

ぴたトレ1

Words & Phrases

(1)サッカー　(2)見る　(3)野球

(4) just　(5) fan　(6) so

pp.14〜15　**ぴたトレ1**

Words & Phrases

(1)しかし　(2)泳ぐ

(3) there　(4) every

1　(1)ア　(2)ア　(3)イ

2　(1) can　(2) can cook

3　(1) I can swim (fast.)

　(2) Can you play (the guitar?)

　(3) Mika cannot play the piano (well.)

解き方

1　(1)「…できます」は〈can＋動詞〉で表す。
(2)「…できますか」という疑問文は，Can …?
(3)「…できない」は〈cannot[can't]＋動詞〉
で表す。

2　(1)「ハルキは英語をじょうずに話すことができます。」　(2)「ジェーンはじょうずにカレーを作ることができます。」

3　(2)「…できますか」という疑問文は，Can …?
で始める。　(3)「…できません」は〈cannot＋
動詞〉で表す。

pp.16〜17　**ぴたトレ2**

1　(1)ア　(2)イ　(3)ア

2　(1) I'm　(2) like　(3) not from

　(4) Do , play

3　(1) I'm not from Okinawa.

　(2) Do you play baseball?
　Yes, I do.

　(3) He can run fast.

4　(1) do　(2) Me, too(.)

　(3)ア play　イ there

5　(1) No, I'm not.

　(2) Yes, I can.

解き方

1　(1)「私はユキコです。」　(2)「私をユキと呼んでください。」（私を）…と呼んでください」は〈Call　me＋呼び名.〉。　(3)「ショウタはサッカーをじょうずにすることができますか。」

2　(1)「私は…です」はI'm[I am] ….で表す。解答欄が1つなので短縮形のI'mが入る。
(2)「…が好きです」は〈I like ….〉で表す。
(3)「…ではありません」は否定文で，notをamのあとに置く。　(4)「あなたは…しますか」は〈Do you ＋動詞 …?〉の形。

3　(1)「…ではありません」はbe動詞のあとにnotを置いて表す。「…出身」はfrom …。
(2)「あなたは…しますか」は〈Do you ＋動詞…?〉の形。答えるときもdoを使って，Yes, I do.となる。(3)主語がheに変わってもcanは同じ形。

4　(1)〈Do you ＋動詞 …?〉でたずねられたら，答えもdoを使ってYes, I do. / No, I do not. などと答える。　(3)「バドミントンをする」はplay badminton。

5　(1)「あなたはオーストラリア出身ですか，トム。」2行目，「いいえ。私はアメリカ出身です。」と答えている。
(2)「あなたは野球をすることができますか，トム。」4行目，「私はじょうずに野球をすることができます。」と答えている。

全訳

サキ：あなたはオーストラリア出身ですか。

トム：いいえ，ちがいます。私はアメリカ出身です。

サキ：まあ，あなたは野球ファンですか。

トム：はい，そうです。私はじょうずに野球をすることができます。

サキ：私も野球が好きです。

pp.18〜19　**ぴたトレ3**

1　(1)×　(2)○　(3)×

2　(1)ア　(2)イ　(3)ア

3　(1) from　(2) like　(3) don't

　(4) cannot[can't]

4　(1) Do　(2) Can

5　(1)あなたは静岡出身ですか。

　(2) (So,) are you a soccer fan(?)

　(3) too　(4)ア

⑥ (1) I'm twelve.

(2) Just a little.

(3) Do you like English?

解き方

① (1)aの部分の発音はfan[æ]/call[ɔː]

(2)oの部分の発音はno[ou]/so[ou]

(3)iの部分の発音はfine[ai]/little[i]

② (1)第一音節を強く読む。 (2)第二音節を強く読む。 (3)第一音節を強く読む。

③ (1)「私は〜出身です」は〈I'm[I am] from＋出身地.〉で表す。 (2)「わたしは…が好きです」は〈I like＋好きなもの.〉で表す。 (3)〈Do you ＋動詞 ...?〉に対して，答えがNoのときは，No, I don't[do not].と答える。 (4)「…できません」は〈cannot[can't] ＋動詞〉で表す。

④ (1)「あなたはバスケットボールをしますか。」「はい，します。」 (2)「あなたはじょうずに泳ぐことができますか。」「いいえ，できません。」

⑤ (1)Are you from ...?は「あなたは…出身ですか」の意味。 (2)「あなたはサッカーファンですか。」という文にする。 (3)「…も」を表すときはtooを使う。 (4)ア ショウタは静岡出身。 イ ショウタはサッカーファンで，野球も好き。 ウ 5行目，「私はサッカーも野球もすることができます。」と言っている。

全訳

ジム：あなたは静岡出身ですか。

ショウタ：はい，そうです。

ジム：それでは，あなたはサッカーファンですか。

ショウタ：ええ，そうです。でもぼくは野球も好きです。

ジム：いいですね。ぼくはサッカーと野球をすることができます。

⑥ (1)「12歳」はtwelve。 (2)「ほんの」はjust。「少し (a little)」の前に入れる。 (3)「あなたは英語が好きですか。」とたずねる疑問文を作る。

英作文の採点ポイント
□単語のつづりが正しい。（2点）
□（ ）内の語数で書けている。（3点）
□語順が正しい。（3点）

Unit 2 ~ Grammar for communication 1

p.20 ぴたトレ**1**

Words & Phrases

(1)市場 (2)人気のある

(3) class (4) crowded

p.21 ぴたトレ**1**

Words & Phrases

(1)シンボル，記号 (2)町

(3) picnic (4) area

pp.22~23 ぴたトレ**1**

Words & Phrases

(1)ヨーグルト (2)歩く (3)数学

(4) sound (5) also (6) come

1 (1)イ (2)ア (3)ア

2 (1) What，study

study math

(2) What，want

want，cat

3 (1) What do you have (for lunch?)

(2) (I) usually have yogurt(.)

解き方

1 (1)「あなたは何を…しますか」の疑問文はWhat do you ...? (2)「どのようにして…しますか」は〈How＋一般動詞の疑問文の形〉。 (3)「自転車で」はby bike。

2 「あなたは何を…しますか」はWhat do you ...?で表す。

3 (1)「あなたは…に何を食べますか」とたずねるときは，What do you have for ...? で表す。 (2)usually (たいてい)などの頻度を表す語はふつう，一般動詞の前に置く。

pp.24~25 ぴたトレ**1**

Words & Phrases

(1)かばん，バッグ，ふくろ (2)イヌ

(3) cute (4) cat

1 (1)ア (2)イ (3)ア

2 (1) Do you，I don't

(2) Do，study，I do

3 (1) Are you from (Okayama?)

(2) I am a rugby fan(.)

1 (1)「私は…です」はI am ....で表す。
(2)「あなたは…です」はYou are ....で表す。
(3)「あなたは…します」は〈You ＋動詞 ....〉で表す。

2 「あなたは…しますか」は〈Do you ＋動詞 ...?〉の形。答え方は，Yes, I do. / No, I don't[do not]. (1)「あなたは毎日テニスをしますか。」「いいえ，しません。」 (2)「あなたは毎日英語を勉強しますか。」「はい，します。」

3 (1)「あなたは…出身ですか」はAre you from ...?で表す。 (2)「ラグビーファン」はa rugby fan。

---

pp.26〜27 ぴたトレ2

1 (1)イ (2)イ (3)ウ

2 (1) What (2) Who (3) How

(4) How

3 (1) What is this?

(2) Is this your hat?
Yes, it is.

(3) How do you come to school?

4 (1) What

(2) How about you(?)

(3)エ (4)イ

5 (1) No, she can't[cannot].

(2) Yes, I can./No, I can't[cannot].

1 (1)「こちらは斉藤先生です。」 (2)「あれは何ですか。」「それは天ぷら屋です。」 (3)「あちらは林先生です。」「彼女は私たちの先生です。」Ms.は女性なのでsheで受ける。

2 (1)「何」what。 (2)「だれ」who。 (3)(4)「どのように，どう」how。

3 (1)「それは私たちの町の地図です。」→「これは何ですか。」という文を作る。
(2)疑問文にするには，isを文頭に出す。
(3)「私は自転車で学校に来ます。」→「あなた

はどのようにして学校に来ますか。」という文を作る。

4 (1)「あなたは…に何を食べますか」とたずねる文。What do you have for ...? で表す。
(2)How about you?は相手に意見を求めるときの表現。 (3)「…もまた」はalsoで表し，一般動詞の前に置く。 (4)ア 2行目，クック先生はトースト，フルーツ，ヨーグルトを食べる。 イ 3行目「ご飯とみそ汁を食べます」と言ったあと，「卵とソーセージも食べます」と言っている。

5 (1)3行目，アオイは「私はギターをひけません」と言っている。
(2)「あなたは音楽を演奏することができますか。」自分自身ができるときはYes, I can. できないときはNo, I can't[cannot]と答える。

全訳
アオイ：まあ，あなたはギターを持っているのね。あなたはそれをひくことができますか。
エミリー：ええ，できます。あなたはどうですか，アオイ。
アオイ：私はギターをひくことができません。でも私はサックスを吹くことができます。
エミリー：すばらしいですね。いっしょに音楽を演奏しましょう。

---

pp.28〜29 ぴたトレ3

1 (1)○ (2)○ (3)×

2 (1)ア (2)ア (3)ア

3 (1) it (2) Who (3) What

4 (1) What (2) How

5 (1) How

(2)イ

(3) I walk to school(.)

(4)○

6 (1) Good morning.

(2) She's our English teacher.

(3) Is that a restaurant?

① (1)ouの部分の発音はaround[au]/sound[au]
(2)iの部分の発音はlive[i]/picnic[i]
(3)aの部分の発音はalso[ɔ:]/market[ɑ:]

② (1)第一音節を強く読む。 (2)第一音節を強く
読む。 (3)第一音節を強く読む。

③ (1)Is that ...?に対して、「はい」と答えると
きは，Yes, it is. と it を使う。 (2)「…はだ
れですか」は〈Who + be動詞 + 主語?〉で表
す。 (3)「あなたは何を…しますか」はWhat
do you ...?

④ (1)「これは何ですか。」「それは帽子です。」何
かわからないものを指して，「…は何です
か」とたずねる表現は，What is[What's]
...? (2)「あなたはどのようにして学校に行
きますか。」「自転車で行きます。」「どのよ
うにして…しますか」は〈How + 一般動詞の
疑問文の形〉。

⑤ (1)「どのように，どう」はhowで表す。
(2)「…(交通手段)で」はby (3)「歩いて…に
行く」はwalk to ...。 (4)(3)で並びかえた文
より，答えは○となる。

全訳

アヤ：おはよう，サトシ。
サトシ：やあ，アヤ。おはよう。
アヤ：あなたはどのように学校に来ますか。
サトシ：ぼくは自転車で学校に来ます。
アヤ：まあ，私は歩いて学校に来ます。

⑥ (1)英語のあいさつ。あいさつは時間帯に
よって使い分ける。 (2)女性の先生なので主
語にはsheを使う。 (3)遠くのものについて
たずねるので，Is that ...?の形にする。

英作文の採点ポイント
□単語のつづりが正しい。（2点）
□（ ）内の語数で書けている。（3点）
□語順が正しい。（3点）

Unit 3 ~ Grammar for communication 2

p.30　　　　　　　　ぴたトレ1

Words & Phrases

(1)…の前に (2)次の，今度の (3)…の近くに
(4)concert (5)fifth (6)hall

p.31　　　　　　　　ぴたトレ1

Words & Phrases

(1)わくわくした (2)歌手

---

(3) today (4) win

① (1)イ (2)イ

② (1) (I) want to be (a singer.)
(2) I want to play tennis(.)

① (1)「…したい」はI want to ...で表す。
(2)toのあとは動詞のもとの形(原形)がくる。

② (1)「私は…になりたい」はI want to be ....で
表す。
(2)「私は…したい」はI want to ....で表す。

pp.32～33　　　　　　　ぴたトレ1

Words & Phrases

(1)びん，ボトル (2)タオル，手拭い
(3)コーチ (4)女性 (5)くつ
(6) they (7) have (8) week
(9) man (10) those

① (1)ア (2)イ (3)イ

② (1) How many
(2) How，umbrellas

③ (1) How many pens (do you have?)
(2) How many apples do you (want?)
(3) How many notebooks do you have(?)

① (1)How many ...は「いくつの…」
(2)「2匹」と複数形なのでcatsを選ぶ。
(3)off ＝「休んで」

② 数をたずねる表現は〈How many＋名詞の複
数形〉ではじめる。複数形は，(1)book
→books，(2)umbrella→umbrellasとなる。

③ 「あなたは…をいくつ持っていますか」とた
ずねるときは，〈How many ＋名詞の複数
形＋ do you have?〉で表す。

pp.34～35　　　　　　　ぴたトレ1

Words & Phrases

(1)ヒツジ (2)牛乳 (3)ジャム
(4) cup (5) tooth (6) eat

① (1)イ (2)ア (3)ア

② (1) one (2) ten eggs

③ (1) Who is that woman(?)

(2) I have three towels(.)

(3) Do you have two pencils(?)

解き方

① (1)two(2個の)のあとは名詞の複数形がくる。(2)one(1つの)のあとは名詞の単数形。(3)waterのように数えられない名詞はa glass of …(1杯の…)のように表す。

② (1)「私はラケットを1本持っています。」one(1つの)のあとは名詞の単数形(racket)がくる。(2)「私は卵を10個持っています。」「10個」なのでeggsと複数形になる。

③ (1)「…はだれですか」は〈Who + be動詞 + 主語?〉で表す。(3)持っているかどうかをたずねているのでDo you …?の形。

pp.36~37 ぴたトレ2

① (1)ウ (2)ア (3)ア

② (1) When (2) Where

(3) caps (4) Where

③ (1) How many cats do you have?

(2) When do you practice tennis?

(3) I want to be a singer.

(4) I want to watch TV every day.

④ (1)あなた(たち)はどこで練習しますか。

(2) When is the next concert(?)

(3)③イ ④ウ (4)ア

⑤ (1) I see a cow. / I see a penguin.

(2) Yes, I do. / No, I don't.

解き方

① (1)「すし屋はどこにありますか。」「それは駅の近くにあります。」場所を答えているので，疑問詞whereを選ぶ。(2)「あなたがたはいつサッカーを練習しますか。」「私たちは土曜日にサッカーを練習します。」「土曜日に」と答えているので，疑問詞whenを選ぶ。(3)「私はテレビを見たいです。」「…したい」はI want to …で表す。

② (1)「あなたはいつ…をしますか」はwhenで始めて，あとにdo you …の疑問文の語順を続ける。(2)「あなたはどこで…しますか」はWhere do you …? で表す。(3)「あなたは…をいくつ持っていますか」とたずねるときは，〈How many +名詞の複数形+ do you have?〉で表す。(4)「…はどこにありますか」はWhere is …? で表す。

③ (1)three catsの部分をたずねるので，「あなたは何匹ネコを飼っていますか。」という文にする。(2)on Fridayの部分をたずねるので，「あなたはいつテニスを練習しますか。」という文にする。(3)「…になりたい」はI want to be …で表す。beはamのもとの形(原形)。(4)「…したい」はI want to …で表す。toのあとは動詞のもとの形(原形)がくる。

④ (1)Where do you …?は「あなたはどこで…しますか」。(2)疑問詞Whenで始める。(3)③「…に」と日時を表すときはon。④「…に，…で」と場所を表すときはat。(4)ア 2行目，「コンサートの前は体育館で練習します」と言っている。イ 4行目，コンサートはJuly 5(7月5日)。

⑤ (1)1行目に「奇妙なペンギンの絵」2~3行目に「上下逆にみるとウシが見える」と言っている。(2)Yes, I do. / No, I don't.であなた自身の答えを書く。

全訳

エミリー：これは奇妙なペンギンの絵ですね。

ソラ：私は絵の中に2匹の動物が見えます。上下逆にして絵を見てください。

エミリー：まあ，今ウシが見えます。あなたは2人の人の顔も見えますか。

ソラ：いいえ，見えません。

pp.38~39 ぴたトレ3

① (1)○ (2)○ (3)×

② (1)イ (2)イ (3)イ

③ (1) Where (2) want

(3) How

④ (1) be (2) When

⑤ (1)イ

(2) How many rackets do you have(?)

(3) rackets

(4)ア○ イ× ウ○

⑥ (1)Where is your school?

(2)How many books do you have?

(3)I want to be a math teacher.

解き方

① (1)aの部分の発音はband[æ]/practice[æ]
(2)iの部分の発音はwin[i]/fifth[i]
(3)oの部分の発音はshoe[u:]/concert[ɑ]

② (1)第二音節を強く読む。 (2)第二音節を強く読む。 (3)第二音節を強く読む。

③ (1)「…はどこですか」は〈Where + be動詞 + 主語?〉で表す。 (2)「…したい」はI want to …で表す。 (3)「あなたは…をいくつ持っていますか」とたずねるときは、〈How many + 名詞の複数形 + do you have?〉で表す。

④ (1)「私はサッカー選手になりたいです。あなたはどうですか。」「私は英語の教師になりたいです。」toのあとはbe動詞のもとの形（原形）がくる。 (2)「あなたはいつギターを練習しますか。」「私は日曜日にギターを練習します。」「いつ」= when。

⑤ (1)2行目,「私たちは水曜日と土曜日に練習します。」と曜日を答えているので,「いつ」whenが入る。 (2)「いくつ」と数をたずねるので,〈How many + 名詞の複数形〉を文の始めに置く。 (3)複数形のracketsにする。 (4)ア 2行目,「私たちは水曜日と土曜日に練習します。」と言っている。 イ 4行目, マユはラケットを<u>3本</u>持っている。 ウ 6行目, It's on May 6.「5月6日です。」と言っている。

全訳

ジム：あなたがたはいつテニスを練習しますか。

マユ：私たちは水曜日と土曜日に練習します。

ジム：あなたはラケットを何本持っていますか。

マユ：私は3本持っています。

ジム：次の試合はいつですか。

マユ：5月6日です。

⑥ (1)「…はどこですか」は〈Where + be動詞 + 主語?〉。「相手の学校」→「あなたの学校」と考えて, your schoolとする。 (2)「何冊」と数をたずねるときは「How many + 名詞の複数形」で始める。 (3)「…になりたい」はwant to beで表す。「数学の教師」はa math teacher。

英作文の採点ポイント
□単語のつづりが正しい。（2点） □（ ）内の語数で書けている。（3点） □whereやhow manyを使った正しい語順の疑問文となっている。（3点）

Unit 4 ~ Grammar for communication 3

p.40 ぴたトレ**1**

1 (1)イ (2)オ (3)ウ (4)エ (5)ア

解き方

1 「…しなさい」と相手に指示・依頼・命令をするときは, 動詞で文を始め, 主語のyouを表さない。「…しないで, …してはいけません」と言うときは動詞の前にDon't を置く。

p.41 ぴたトレ**1**

Words & Phrases

(1)午前 (2)正午

(3)o'clock (4)after

1 (1)What time (do you get up?)

(2)(It's) four o'clock (in Osaka now.)

解き方

1 (1)「何時に…しますか」はWhat time do you …?で表す。
(2)時刻を表すときの主語はit。「（ちょうど）…時」というときは… o'clockで表す。

pp.42~43 ぴたトレ**1**

Words & Phrases

(1)国の, 国家の (2)教科 (3)鳥 (4)動物

(5)フットボール, サッカー

(6)round (7)right (8)like

(9)mean (10)sport

1 (1)イ (2)ア (3)イ

2 (1)What , study

(2)What animal

3 (1)What sport do you play(?)

(2)What time do you go to school(?)

(3)What color do you like(?)

解き方

1 (1)「何の…が好きですか」は〈What + 名詞 + do you like ?〉で表す。

(2)「何時に…しますか」はWhat time do you ...?と表す。

2 「What ＋名詞」を文頭に置き，do you ...と疑問文の形を続ける。(1)「あなたは何の教科を勉強しますか。」 (2)「あなたは何の動物がほしいですか。」

3 (1)(3)「何のスポーツ」はWhat sport,「何色」はWhat colorで表し，あとに一般動詞の疑問形を続ける。 (2)「何時に…しますか」はWhat time do you ...?で表す。

1 (1) what (2) where (3) how
(4) when (5) who (6) how

2 (1)ア (2)イ (3)ア (4)イ

3 (1) What time (2) time, go

4 (1) Where do you live(?)
(2) How do you go to school(?)

解き方

1 yes，no以外の答えを求める疑問文では，疑問詞(what，when，whereなど)が必要。どの疑問詞が何をたずねるのか，本書p44または，教科書pp44〜45を見て復習しておく。

2 (1)「何の教科」はWhat subject で表す。(2)数をたずねるときはHow many ...?で表す。(3)「…はだれですか」は〈Who＋be動詞＋主語?〉で表す。 (4)「どこで」＝where。

3 「何時に…しますか」はWhat time do you ...?で表す。(1)「あなたは何時に起きますか。」 (2)「あなたは何時に寝ますか。」

4 (1)Whereで始めて，一般動詞の疑問文の形を続ける。 (2)「あなたはどのように…しますか」はHow do you ...?で表す。

1 (1)イ (2)ア (3)ウ (4)ウ

2 (1) sport (2) How
(3) time (4) Where

3 (1) What animal do you like?
(2) What time do you usually get up?
(3) Be kind to children.

4 (1) What time is it (in New Zealand?)
(2) noon (3)イ

5 (1) (He goes to) the library.
(2) Go straight on this street. Turn left at the bank. It's on your right.

解き方

1 (1)「静かにしなさい。」quietは形容詞なのでbe動詞が必要。be動詞の命令文はBe .....。(2)「ここで走ってはいけません。」否定の命令文はDon't .....。 (3)「オーストラリアは今何時ですか。」「…は何時ですか」はWhat time is it in ...? と表す。 (4)「あなたは何のフルーツが好きですか。」「何の…が好きですか」は〈What＋名詞＋do you like?〉で表す。

2 (1)「何のスポーツ」＝What sport ...?(2)「…はどうですか」と状態をたずねるときはHow ...?　(3)「何時に…しますか」はWhat time do you ...?で表す。 (4)「…はどこにありますか」はWhere is ...? で表す。

3 (1)「あなたは何の動物が好きですか。」という文にする。 (2)「あなたはふつう何時に起きますか。」という時刻をたずねる文にする。(3)kindは形容詞なのでBeで始める命令文にする。

4 (1)「…は何時ですか」と時刻をたずねるときは，What time is it in ...? で表す。(2)「正午」＝noon。(3)ア a.m.は「午前」。 イ 4行目，デイビッドはニュージーランドでは「モーニングティー」があり，「おなかはすいていません。」と言っている。

5 (1)旅行者は図書館はどこかとたずねている。

全訳

旅行者：図書館はどこですか？
アオイ：ここから近いですよ。この通りをまっすぐ行ってください。公園のところで右に曲がってください。左手側にあります。見逃すことはありません。
旅行者：オーケー。わかりました。ありがとう。
アオイ：どういたしまして。

1 (1)○ (2)○ (3)×

❷ (1)ア (2)ア (3)イ
❸ (1)Don't (2)What
(3)subject
❹ (1)What (2)time
❺ (1)sport
(2)イ
(3)When do you practice basketball(?)
(4)ウ
❻ (1)What time is it in Australia?
(2)What animal(s) do you want?
(3)Come here.

解き方

❶ (1)aの部分の発音はafter[æ]/national[æ]
(2)iの部分の発音はtime[ai]/like[ai]
(3)oの部分の発音はfront[ʌ]/worry[əː]

❷ (1)第一音節を強く読む。 (2)第一音節を強く読む。 (3)第二音節を強く読む。

❸ (1)「…してはいけません」は動詞の前にDon't を置く。 (2)「…は何時ですか」はWhat time is it in …? で表す。
(3)「何の教科が…」はWhat subject …。

❹ (1)「あなたは何のスポーツが好きですか。」「私は野球が好きです。」「何のスポーツ」はWhat sportで表す。 (2)「あなたは何時に朝食を食べますか。」「私は7時に朝食を食べます。」「何時に…しますか」はWhat time do you …?で表す。

❺ (1)リョウがI like basketball.と答えているので、「何のスポーツが好きですか。」という文にする。 (2)「…のチームにいる」はbe on the … team。
(3)「あなたはいつバスケットボールを練習しますか。」という文にする。
(4)ア 2行目、「私はバスケットボールが好きです。」と言っている。 イ 3行目、「私はサッカー部です。」と言っている。 ウ 6行目、「土曜日に練習する」と言っている。

全訳

サム：あなたは何のスポーツが好きですか。
リョウ：ぼくはバスケットボールが好きです。ぼくはバスケットボール部に入っています。

サム：まあ、それはいいですね。ぼくはサッカー部に入っています。あなたたちはいつバスケットボールを練習しますか。
リョウ：ぼくたちはたいてい放課後バスケットボールを練習します。
サム：なるほど。ぼくたちは土曜日にサッカーを練習します。

❻ (1)時刻をたずねる表現はWhat time is it? 場所を表す語句in Australia(オーストラリアでは)を文末に置く。 (2)「What ＋名詞」を文頭に置き、あとに疑問形do you want?を続ける。 (3)「…しなさい」と相手に指示をするので動詞Comeで始める。

英作文の採点ポイント

□単語のつづりが正しい。（2点）
□（ ）内の語数で書けている。（3点）
□(1)What timeを使った、正しい語順の疑問文となっている。 (3)動詞から文をはじめている。
（3点）

Unit 5 ~ Stage Activity 1

pp.50~51   **ぴたトレ1**

Words & Phrases

(1)祭り、催し物 (2)池 (3)ベンチ
(4)舞台、ステージ (5)公園
(6)hair (7)people (8)quiet
(9)tree (10)under

１ (1)イ (2)イ (3)ア (4)イ
２ (1)by (2)in
３ (1)Where is Hiroshi?
(2)He is in the gym(.)
(3)(The girl) in the red yukata is Yui(.)

解き方

１ (1)「…の下の」＝ under (2)「…の中に」＝ in
(4)「…のまわりを」＝ around

２ (1)「私の消しゴムはどこにありますか。」「それは本のそばにあります。」 (2)「私のコンピュータはどこにありますか。」「それはこのかばんの中にあります。」

３ (1)「…はどこにいますか」は〈Where ＋ be動詞 ＋ 主語?〉で表す。

(2) 「…に」は in。
(3) 「赤いゆかたを着た」は in the red yukata。

Words & Phrases

(1) 何か，あるもの　(2) 考え，アイディア
(3) 海　(4) ジュース　(5) いっしょに
(6) need　(7) swimming
(8) noodle　(9) shy　(10) thirsty

1 (1) イ　(2) ア　(3) イ　(4) イ　(5) イ

2 (1) good　(2) good，playing

3 (1) Yuto is good at (skiing.)

(2) I like singing(.)

(3) I like reading books(.)

(4) Mika isn't good at swimming(.)

解き方
1 (1)(3) 「…することが好きだ」は〈like + ing形〉で表す。
(2)(4) 「…が得意です」は〈be good at+ing形〉で表す。
(5) 「…したい」は〈want to +動詞の原形〉で表す。
2 「…が得意です」は〈be good at +ing形〉で表す。(1) 「エリは料理が得意です。」(2) 「ショウタはサッカーをすることが得意です。」
3 (1) 「…が得意です」は〈be good at +ing形〉で表す。
(2)(3) 「…することが好きだ」は〈like + ing形〉で表す。 (4) 「…が得意です」は〈be good at +ing形〉で表す。否定文は is のあとに not を置く。ここでは短縮形 isn't を用いている。

Words & Phrases

(1) キャンディー　(2) 川　(3) 小さい　(4) 花火
(5) すばらしい
(6) yesterday　(7) delicious
(8) big　(9) went　(10) ate

1 (1) イ　(2) ア　(3) イ　(4) イ

2 (1) had　(2) went

3 (1) We enjoyed summer festival(.)

(2) I ate delicious tempura(.)

(3) I went to the library (yesterday.)

(4) We saw lots of animals (in the zoo.)

解き方
1 過去のことについての文なので，動詞は過去形。
2 「…をした」と，過去にしたことを言う場合，動詞の形が変わる。
(1) 「私は昨日，朝食にトーストを食べました。」
(2) 「私は昨日，公園に行きました。」
3 (1) enjoy の過去形は ed をつける。
(2) eat「食べる」の過去形は ate。
(3) go「行く」の過去形は went。
(4) see「見る」の過去形は saw。

Words & Phrases

(1) ポスター　(2) 映画
(3) スタジアム
(4) 有名な　(5) 本
(6) other　(7) age
(8) sometimes　(9) talk　(10) tell

1 (1) ア　(2) イ　(3) ア　(4) ア

2 (1) I'm, subject, like

(2) I'm Sato, baseball, don't, soccer

3 (1) I'm on the rugby team(.)

(2) I am a soccer fan(.)

(3) I often eat fried noodles(.)

解き方
1 (1) 「私は…です」は I am ….で表す。
(3) 「バスケットボール部に入っている」は be on the basketball team。
(4) 「どんな…が好きですか」は What … do you like? で表す。
2 (1) 「私は加藤エリです。」「いちばん好きな科目は音楽です。」「私は数学は好きではありません。」
(2) 「私は佐藤タロウです。」「いちばん好きなスポーツは野球です。」「私はサッカーは好きではありません。」
3 (1) 「ラグビー部に入っている」は be on the rugby team。
(3) often は一般動詞の前に置く。

❶ (1)ア (2)ウ (3)ウ

❷ (1)at, by (2)at playing
(3)enjoyed swimming

❸ (1)My dog is under (the bench.)
(2)I went to a river (with Ken.)
(3)We enjoyed fishing there(.)

❹ (1)I'm [I am] good at swimming.
(2)Let's eat something.

❺ (1)①went ②dancing
(2)それはとてもおいしかったです。
(3)イ

❻ (1)It's a popular food in Singapore.
(2)No, (he) isn't.
(3)Yes, (he) is.

解き方
❶ (1)「私のかばんは机の上にあります。」「…の上に」はon。
(2)「私はギターをひくことが好きです。」「…することが好きだ」はlike ＋ ingで表す。
(3)「私は歌を歌うことが得意ではありません。」atのあとは動詞のing形になる。
❷ (1)「…を見なさい」はlook at …で表す。「…のそばに」はby。 (2)「…が得意です」はbe good at …で表す。 (3)「…することを楽しんだ」はenjoyed+…ingで表す。
❸ (1)「…の下に」はunder。 (2)go の過去形はwent。 (3)「…することを楽しんだ」はenjoyed+…ingで表す。
❹ (1)「…が得意です」はbe good at …で表す。「水泳」はswimming。
(2)「…しましょう」はLet's …。
❺ (1)①Yesterdayと過去を表す語があるので，wentと過去形にする。 ②「…することを楽しみました」enjoyed+…ingにする。
(2)deliciousは「とてもおいしい」の意味。
(3)メグは朝美，ジョシュ，海斗の4人で夏祭りに行ったのでアは間違い。
イ 本文2行目。We enjoyed dancing there.と言っているので○。
ウ 本文2行目，I ate a big candy apple.「大きなリンゴあめを食べました。」と言っているので間違い。
❻ (1)1行目，This is chicken rice.に続いてIt's a popular food in Singapore.とある。
(2)4行目，ソラがI'm not good at cooking.と言っている。

(3)5行目，I'm a good cook.「私はいい料理人です。」と言っているのでチェンは料理が得意。

全訳
チェン：この写真を見て。これはチキンライスです。それはシンガポールで人気の食べ物です。
ソラ：わあ，私はチキンがとても好きです。
チェン：いつか一緒に作りましょう。
ソラ：でも私は料理をすることが得意ではありません。
チェン：心配しないで。私はいい料理人です。

❶ (1)× (2)○ (3)×

❷ (1)ア (2)ア (3)ア

❸ (1)running (2)under (3)enjoyed

❹ (1)I'm not good at (skiing.)
(2)I enjoyed fishing in (the river.)

❺ (1)swimming (2)Let's
(3)I'm not good at swimming(.)
(4)No, he is not.

❻ (1)I often drink tea.
(2)I'm on the soccer team.
(3)It was delicious.

解き方
❶ (1)aの部分の発音はate[ei]/saw[ɔː]
(2)eの部分の発音はfestival[e]/went[e]
(3)oの部分の発音はlot[ɔ]/over[ou]
❷ (1)(2)(3)最初の音節を強く読む。 (1)静かな (2)昨日 (3)祭り
❸ (1)「…することが好きだ」はlike+…ingで表す。
(2)「…の下に」はunder。
(3)「…することを楽しんだ」はenjoyed+…ingで表す。
❹ (1)「…が得意です」はbe good at …で表す。否定文はbe動詞のあとにnotを置く。
(2)「…することを楽しんだ」はenjoyed+…ingで表す。
❺ (1)「…することが好きだ」はlikeのあとは動詞のing形を続ける。 (2)「…しましょう」はLet's。 (3)「…が得意です」はbe good at …で表す。「…ではありません」という否定文はbe動詞のあとにnotを置く。 (4)3行目，サトシがI'm not good at swimming.と言っている。

サトシ：サム，きみは泳ぐのが得意だね。

サム：ありがとう。ぼくは泳ぐことが好きなんだ。さあ，サトシ，泳ぎましょう。

サトシ：いや，ぼくは泳ぐことが得意じゃないんだ。

サム：心配しないで。きみならできるよ。

サトシ：わかった。

⑥ (1)「私はよく紅茶を飲みます。」という文を作る。「よく」はoften。oftenなどの副詞は一般動詞の前，be動詞のあとに置く。

(2)スポーツなどの部活動について「…部に入っている」はbe on the … teamで表す。

(3)Itで始めて，過去形なので「…だった」はwas，「とてもおいしい」はdelicious。

英作文の採点ポイント

□単語のつづりが正しい。（2点）

□（　）内の語数で書けている。（3点）

□(1)副詞oftenを正しい位置に置いている。
(2)〈be動詞＋on〉で所属を表すことができている。(3)過去の文になっている。（3点）

Unit 6 ~ Grammar for communication 4

pp.62～63　　　　　ぴたトレ**1**

Words & Phrases

(1)もぐる　(2)彼の　(3)平日

(4)language　(5)Asian

(6)weekend

1 (1)イ　(2)イ　(3)ア

2 (1)speaks　(2)have

3 (1)My brother lives in Australia(.)

(2)Kana watches TV after dinner(.)

(3)Ryo uses this computer(.)

(4)They practice tennis every day(.)

解き方

1 (1)(2)(3)主語が三人称単数なので，動詞に(e)sがつく。

2 (1)「彼女は英語をじょうずに話します。」主語が三人称単数なので，動詞にsがつく。

(2)「彼女らは2頭の犬を飼っています。」主語がtheyで三人称だが，複数なので，動詞はhave。

3 (1)〈主語＋動詞 …〉の語順にする。my brother（私の兄）が主語，lives（住んでいる）が動詞。

(2)Kanaが主語，watches（見る）が動詞。「夕食のあとで」はafter dinner。

(3)Ryoが主語，uses（使う）が動詞。

(4)主語は「彼ら」で三人称だが複数なので動詞に(e)sをつけない。

pp.64～65　　　　　ぴたトレ**1**

Words & Phrases

(1)ブログ　(2)コメント

(3)地元の　(4)掲示する

(5)camera　(6)spot

(7)waterproof　(8)write

1 (1)イ　(2)イ　(3)ア　(4)ア

2 (1)doesn't　(2)doesn't eat

3 (1)doesn't　(2)doesn't use

4 (1)Maki does not have an umbrella(.)

(2)Koji doesn't want a cat(.)

(3)My brother doesn't drink milk(.)

(4)She doesn't practice the guitar (on weekdays.)

1 (1)(2)(3)三人称単数が主語の否定文には
doesn'tを使う。doesn'tにつづく動詞はも
との形(原形)にする。
(4)三人称だが「アヤとケン」と複数なので,
否定文はdon'tを使う。

2 (1)「ヨウコはテニスをしません。」三人称単数
が主語の否定文。doesn'tが入る。
(2)「ジムは納豆を食べません。」doesn'tに続く
動詞はもとの形にする。

3 (1)三人称単数の否定文。動詞の前に
doesn'tを置く。
(2)三人称単数の否定文。doesn'tのあとは
原形のuseになる。

4 主語が三人称単数のとき,「～は…しません」
という否定文は,〈主語+ does not [doesn't]
＋動詞の原形....〉で表す。

---

(1)問題　(2)ドア
(3)…を手伝う
(4)…を開く,あける
(5)よろしい,わかった
(6)borrow　(7)fan　(8)moment
(9)homework　(10)busy

1 (1)ア　(2)ア　(3)イ　(4)イ

2 (1)Can I　(2)Can, borrow

3 (1)Can you write your name (here?)
(2)Can you help me(?)
(3)I'm sorry, but I can't(.)

解き方

1 (1)(2)「(私は)…してもよいですか」と相手に
許可を求める表現なので, Can I …?となる。
(3)(4)「(あなたは)…してくれますか」と相手
に依頼する表現で, Can you …?となる。

2 (1)「(私は)…してもよいですか」と相手に許可
を求める表現。「テレビを見てもいいですか。」
(2)動詞はもとの形(原形)「この本を借りて
もいいですか。」

3 (1)(2)「…してくれませんか」と相手に依頼す
るときはCan you …?で始める。
(3)「できません」はI can't。

---

(1)質問　(2)家,家庭
(3)酸っぱい
(4)anyone　(5)sweet　(6)dessert

1 (1)イ　(2)イ　(3)ア　(4)イ

2 (1)Does, live　(2)Do, play

3 (1)Does Sachi have three computers(?)
(2)Does Shota have any brothers(?)
(3)Does Mike go to the city on weekend(?)
(4)No, he doesn't(.)

解き方

1 (1)主語が三人称単数の疑問文。動詞はもと
の形。
(2)cityも三人称単数なので,疑問文は
Doesで始める。
(3)主語は二人称なのでDo you …?となる。
(4)主語が三人称単数の疑問文。動詞はもと
の形。

2 (1)主語は三人称で単数なので疑問文には
doesを使う。「ケンタは公園の近くに住んで
いますか。」
(2)主語は三人称だが複数なので,疑問文は
Doで始める。「彼らは野球をしますか。」

3 (1)(2)(3)主語が三人称単数の疑問文。動詞は
もとの形になる。
(4)Does …?に対する答え。doesのあと
にnotを置く。ここは短縮形のdoesn'tを
使っている。

---

1 (1)イ　(2)イ
(3)ア　(4)イ

2 (1)doesn't
(2)doesn't play

3 (1)My sister teaches music(.)
(2)Yuto doesn't eat apples (every day.)
(3)Does Ryo live in Canada(?)
(4)Mika and Mayu don't read comic
books(.)

解き方

1 (1)三人称単数の文。動詞にsをつける。
(2)三人称単数の否定文。
(3)(4)三人称単数の疑問文はDoes …?で始
める。

2 (1)三人称単数の否定文。「エマはブログを書
きません。」
(2)「サトルは週末はサッカーをしません。」

(1)主語は「私の姉」で三人称単数。動詞teachにはesがつく。

(2)三人称単数の否定文。動詞の前にdoesn'tを置く。

(3)三人称単数の疑問文。Doesで始める。

(4)主語は三人称だが、「Mika and Mayu」で複数なので、否定文はdon'tを使う。

pp.72〜73　ぴたトレ2

1 (1)ア　(2)イ　(3)ア

2 (1)studies English

(2)doesn't live

(3)Does, speak

3 (1)Does Keiko usually run in the park(?)

(2)My father teaches Japanese in America(.)

(3)Rika doesn't talk about her sister(.)

4 (1)My brother doesn't[does not] play baseball.

(2)Does Maya have three dogs?

5 (1)①years old

(2)②studies　③meets

(3)ア

6 (1)(Because) she can relax in it.

(2)No, it doesn't.

解き方

1 (1)主語がKana and SakiなのでDoを選ぶ。

(2)主語が三人称単数のとき、否定文にはdoesを使う。

(3)Doesで始める文に続く動詞はもとの形にする。

2 (1)主語が三人称単数なので、studyはstudiesとなる。

(2)「住んでいません」と否定文なので、動詞の前にdoesn't[does not]を置く。解答欄の数からここは短縮形doesn'tを使う。

(3)主語が三人称単数のときの疑問文はDoes …?

3 (1)主語が三人称単数のときの疑問文はDoesで始める。usuallyは一般動詞の前に置く。

(2)主語が三人称単数の「私の父」なので、teachにesがつく。

(3)主語が三人称単数の否定文なので、動詞の前にdoesn'tを置く。

4 (1)主語が三人称単数の否定文。doesn'tに続く動詞はもとの形。

(2)主語が三人称単数の疑問文。〈Does＋主語＋動詞(もとの形)…?〉にする。「イヌを3匹」なので、three dogsと複数形になる。

5 (1)①「20歳」は twenty years old。

(2)②③三人称単数。動詞にsをつける。studyはyをiにかえてesをつけるのでstudiesとなる。

(3)本文2〜3行目。He lives in Cebu, the Philippines.

イ　卓也は語学学校で、英語を勉強している。

ウ　卓也は学校で、多くのアジアの学生に会う。

6 (1)「なぜアオイはこたつが好きなのですか。」本文2行目。Because I can relax in it.(なぜなら、私はその中でリラックスできるからです。)とある。答えるときはIをsheにする。

(2)「こたつは多くの電力を使いますか」本文4行目 Also a kotatsu is eco-friendly …and doesn't use a lot of power.「こたつは環境にやさしく…あまり電力を使いません。」とある。

全訳

ベル先生：なぜあなたはこたつが好きなのですか。

　アオイ：私はこたつの中でリラックスできるからです。私はよくこたつの中で寝ます。

ベル先生：まあ、本当。

　アオイ：また、こたつはせまい空間を暖め、あまり電力を使わないので環境にやさしいのです。

ベル先生：それはすばらしいですね。

pp.74〜75　ぴたトレ3

1 (1)×　(2)×　(3)○

2 (1)ア　(2)イ　(3)ア

3 (1)①イ　②ウ　(2)①イ　②ウ

4 (1)She teaches English in Canada(.)

(2)Does Emma have yogurt for breakfast(?)

(3)The volleyball team does not practice on Sunday(.)

5 (1)studies　(2)イ

(3)He goes shopping with his friends (on weekends.)

(4)No, he doesn't[does not].

6 (1)Can I open the window?

(2)They don't drink milk.

(3)This is my brother.

解き方

❶ (1)aの部分の発音はtake[ei]/family[æ]

(2)oの部分の発音はspot[ɑ]/local[ou]

(3)iの部分の発音はlife[ai]/write[ai]

❷ (1)(3)最初の音節を強く読む。(2)2番目の音節を強く読む。 (1)家族 (2)デザート (3)練習する

❸ (1)②「知っている」はknow。「私は知りません。」という否定文を作る。

(2)①「ユウトは金曜日の昼食に何を食べますか。」という文にする。Whatで始めて,あとに疑問文の形が続く。

②主語が三人称単数なので,hasが正解。

❹ (1)主語は「彼女」で三人称単数。「カナダで」はin Canada。

(2)三人称単数の疑問文。Doesで始めて,動詞はもとの形(原形)を続ける。

(3)主語は「そのバレーボールチーム」。三人称単数の否定文なので,動詞の前にdoes notを置く。

❺ (1)主語が三人称単数なので,studiesとする。

(2)「英語で書く」はwrite in English。

(3)go shoppingで「買い物に行く」。三人称単数なのでgoesとなる。「彼の友達と」はwith his friends。

(4)本文3行目,But he does not write it every day.このitはblogのこと。ブログを毎日は書かないので,No, he doesn't.となる。

全訳

マサル:ショウタはロンドンに住んでいますか。

ユカ:はい,そうです。彼はそこで英語を勉強しています。彼は英語でブログを書いています。でもそれを毎日は書きません。

マサル:彼はロンドンでの生活を楽しんでいますか。

ユカ:はい,彼は毎週末友達と買い物へ行きます。

マサル:それはいいですね。

6 (1)「…してもいいですか」と許可を求める表現はCan I …?で表す。「窓を開ける」はopen the window。

(2)主語は「彼らは」。三人称だが複数なので,否定文はdon'tを用いる。

(3)「こちらは私の兄です。」という文にする。

英作文の採点ポイント

□単語のつづりが正しい。(2点)

□( )内の語数で書けている。(3点)

□(1)許可を求める表現を使っている。 (2)don'tを使い,動詞がもとの形になっている。 (3)be動詞を使った正しい文になっている。(3点)

Words & Phrases

(1)役に立つ，有用な　(2)彼を[に]

(3)ショー

(4)them　(5)her

(6)perform

1 (1)イ　(2)イ　(3)ア

2 (1)her　(2)them

3 (1)I like her (very much.)

(2)(This is Ken. Do) you know him(?)

(3)(Those are my friends.)Do you know them(?)

(4)(My brother has many books.)I want to read them(.)

解き方

1 (1)動詞のあとは「…を」の形をとる。
(2)「彼を」はhim。
(3)「彼女を」はher。

2 (1)Yuiは女性なのでherで受ける。「こちらはユイです。あなたは彼女を知っていますか。」
(2)動詞のあとには「…を」の形がくる。popular singersは複数なので，「彼らを」はthemで表す。「あちらは人気の歌手です。あなたは彼らを知っていますか。」

3 (2)「こちらは…です」と紹介したあと，「あなたは彼[彼女]を知っていますか。」とたずねるときは，紹介した人物が男性か女性かによってhim, her を使い分ける。
(3)(4)「彼らを」「それらを」はthemで表す。

Words & Phrases

(1)役，役割　(2)手　(3)チョコレート

(4)小道具　(5)クッション　(6)only

(7)different　(8)cake

(9)coffee　(10)which

1 (1)イ　(2)ア　(3)イ　(4)ア　(5)イ

2 (1)Which　(2)Which, like

3 (1)Which do you like(, English or math?)

(2)Which do you want(, this hat or that hat?)

(3)Which does he teach(, music or science?)

(4)Which does Yoko usually play(, tennis or volleyball?)

解き方

1 「あなたは A と B のどちらを…しますか」は，〈Which do you ＋動詞, A or B?〉で表す。
(3)(4)2 つのものを示すときはor でつなぐ。

2 「あなたはAとBのどちらを…しますか」は〈Which do you＋動詞, A or B?〉の形。

3 「あなたはAとBのどちらが…ですか」は〈Which do you＋動詞, A or B?〉で表す。
(3)(4)主語が「彼」「陽子」なので，Whichのあとは三人称単数の疑問文の形を続ける。

Words & Phrases

(1)切符，チケット

(2)まだ，今でも

(3)たぶん，もしかすると

(4)あなたのもの　(5)歴史

(6)careful　(7)wait　(8)mine

(9)whose　(10)minute

1 (1)イ　(2)ア　(3)イ　(4)イ

2 (1)Whose, Kaito's

(2)Whose watch, Yumi's

3 (1)Is this yours(?)

(2)Yes, it's mine(.)

(3)Whose umbrella is this(?)

(4)Whose cap is that(?)

解き方

1 (1)(2)「だれの」はwhose で表す。
(3)「…(名前)のもの」は〈名前＋'s〉で表す。
(4)「あなたのもの」はyours。

2 「これ[あれ]はだれの…ですか」は，〈Whose ＋名詞＋ is this [that?])で表す。「…(名前)のもの」は〈名前＋'s〉で表す。
(1)「あれはだれのネコですか。」「それは海斗のです。」
(2)「これはだれの腕時計ですか。」「それは由美のです。」

3 (1)「～ は…のものですか」はare [is] を主語の前に置く。「あなたのもの」はyours。
(2)「私のもの」はmine。
(3)(4)「これ[あれ]はだれの…ですか」は，〈Whose ＋名詞＋ is this [that]?〉で表す。

Words & Phrases

(1)医者，医師　(2)悪い

(3)熱　(4)鼻　(5)頭痛

(6)wrong　(7)rest　(8)hour

(9) toothache

(10)stomachache

1　(1)イ　(2)イ　(3)イ　(4)ア

2　(1)What's　(2)Go to

3　(1)I often have a fever(.)

　(2)I usually take this medicine(.)

　(3)(Dad,) let's take a rest(.)

解き方　1　(1)「歯が痛い」はhave a toothache。

　(2)主語がKanamiなのでbe動詞はis。

　(3)haveは一般動詞なので，疑問文はDo you …?となる。

　(4)具合が悪そうな人に「どうかしたのですか」というときの決まり文句。

2　(1)具合が悪そうな人にいうときの決まり文句。「どうしたのですか。」「私は頭痛がします。」

　(2)nurse's officeは「保健室」の意味。「私はここが痛いです。」「保健室に行きなさい。」

3　体調をたずねたり，答えたりするときの決まり文句を覚えておく。

　(1)「熱がある」はhave a fever。

　(2)「薬を飲む」はtake medicine。

　(3)「一休みする」はtake a rest。

Words & Phrases

(1)私たちのもの

(2)彼らの　(3)その

(4)theirs　(5)hers　(6)us

1　(1)イ　(2)イ　(3)ア　(4)ア　(5)イ

2　(1)his　(2)theirs

3　(1)We like them(.)

　(2)This dog is our sister's(.)

　(3)(She) plays the piano in her room(.)

解き方　1　(1)あとに名詞があるので，「…の」の形にする。

　(2)あとに名詞があるので，「…の」の形にする。「彼女の」はher。　(3)動詞のあとで「…を」の形をとる。　(4)主語は「彼らは」なのでThey。　(5)「…(名前)のもの」は〈名前＋'s〉で表す。

2　(1)「彼のもの」はhis。「あの帽子は彼のものです。」

　(2)「彼らのもの」はtheirs。「このボールは彼らのものです。」

3　(1)日本語は「彼らが」であるが，動詞のあとの語なので「…を」の形となる。

　(2)「私たちの姉のもの」はour sister's。「…の」と同じ形になる。

　(3)主語が「彼女は」なので，「自分の部屋」は「彼女の部屋」と表す。

1　(1)ウ　(2)ウ　(3)イ

2　(1)want, him

　(2)Which, or

　(3)Whose, that

3　(1)(Do) you know her(?)

　(2)Whose picture is that(?)

　(3)Which do you like, this bag or that bag(?)

4　(1)I love my dog.

　(2)This book is theirs.

5　(1)イ　(2)or

　(3)She usually speaks English

　(4)×

6　(1)No, he doesn't.

　(2)He grows rice.

解き方　1　(1)「この動物は私たちの国から来ました。」あとに名詞があるので，「…の」の形にする。

　(2)「あなたはオレンジジュースと紅茶のどちらがほしいですか。」「あなたはAとBのどちらが… ですか」は〈Which do you＋動詞, A or B?〉の形。

　(3)「この辞書は私の父のものです。」「私の父のもの」は「…(名前)のもの」として〈名前＋'s〉で表す。

2　(1)「…したい」はwant to …で表す。動詞のあとには「…を」の形をとる。

　(2)「あなたはAとBのどちらが… ですか」は〈Which do you＋動詞, A or B?〉で表す。

　(3)「これ[あれ]はだれの…ですか」は，「Whose ＋ 名詞 ＋ is this [that]?」で表す。

③ (1)「こちらは…です」と紹介したあと，「あなたは彼[彼女]を知っていますか。」とたずねるときは，紹介した人物が男性か女性かによってhim, her を使い分ける。「彼女を」はher。
(2)「これ[あれ]はだれの…ですか」は，〈Whose + 名詞 + is this [that]?〉で表す。
(3)「あなたはAとBのどちらが… ですか」は〈Which do you＋動詞, A or B?〉で表す。

④ (1)「私の」はmy。 (2)「彼らのもの」はtheirsで表す。

⑤ (1)「（いっしょに）…しませんか」と誘うときの決まり文句。Why don't we …?で表す。
(2)〈Which do you＋動詞, A or B?〉の文。2つのものを示すときはor でつなぐ。
(3)usuallyはふつう一般動詞の前に置く。
(4)4行目，「彼女はたいてい英語を話しますが，ときどき日本語を話します。」とある。

⑥ (1)3行目，Emilyが「あなたはおじいさんを手伝いますか。」に「いいえ，手伝いません。」と答えている。I don'tをhe doesn'tにかえて答える。
(2)2行目，「彼は米を育てています。」

全訳
エミリー：あなたのおじいさんはほかの果物を育てていますか。
　ソラ：いいえ。彼はほかの果物は育てていません。でも彼は米を育てています。
エミリー：あなたはおじいさんを手伝いますか。
　ソラ：いいえ，手伝いません。しかし，私はいつか彼と一緒にさくらんぼを育てたいと思っています。

pp.88〜89　　　ぴたトレ3

① (1)× (2)○ (3)×
② (1)ア (2)イ (3)ア
③ (1)①イ ②ウ (2)①イ
④ (1)Which do you eat(, hamburger or pizza?) (2)Whose shoes are those(?)
(3)(Ken) plays the guitar in his room(.)
⑤ (1)(Oh,) whose ticket is this(?) (2)ウ
(3)It's mine (4)①× ②× ③○
⑥ (1)I know him. (2)Whose pen is this?
(3)Which do you like, spring or fall [autumn]?

① (1)oの部分の発音はwhose[uː]/show[ou]
(2)iの部分の発音はstill[i]/minute[i] (3)aの部分の発音はmaybe[ei]/careful[εə]
② (1)第一音節を強く読む。
(2)第二音節を強く読む。
(3)第一音節を強く読む。
③ (1)「あれらはだれのペンですか。」「それらは私のです。」「あれらはだれの…ですか」は，〈Whose + 名詞 + are those?〉で表す。
(2)「彼女は日本語とフィリピン語のどちらを話しますか。」「あなたはAとBのどちらを…しますか」は〈Which do you＋動詞, A or B?〉で表す。
④ (1)「あなたはAとBのどちらを…しますか」は〈Which do you＋動詞, A or B?〉で表す。
(2)「あれらはだれの…ですか」は，「Whose + 名詞 + are those?」で表す。
(3)主語が「健」なので，「自分の部屋」は「彼の部屋」と表す。
⑤ (1)「これ[あれ]はだれの…ですか」という文にする。〈Whose + 名詞 + is this [that]?〉で表す。
(2)「あなたのもの」はyours。
(3)「私のもの」はmine。
(4)①本文2行目，ショウタがアヤとリョウにたずねているので×。
②本文3行目，アヤはI have one.「私はチケットを持っています。」と答えているので，×。
③本文6行目，アヤがI'm very excited.と言っているので○。

全訳
　アヤ：20分後に試合が始まるわよ。私は待ちきれないわ。
ショウタ：あれ，これはだれのチケットだろう。
　アヤ：私は持っているわ。リョウ，あなたのチケット？
リョウ：ああ，そうだ。ぼくのだ。ありがとう。
ショウタ：よし，行こう。
　アヤ：見て，スタジアムはとてもこんでいるわ。とてもわくわくしているわ。
⑥ (1)3語なので，「私は彼を知っています。」という文にする。「彼を」はhim。
(2)「これはだれのペンですか。」とたずねる文を作る。〈Whose＋持ち主をたずねたいも

の＋be動詞＋主語?〉の形にする。

(3)「AとBのどちらが…ですか」はWhich …,
A or B? で表す。

□単語のつづりが正しい。（2点）

□（　）内の語数で書けている。（3点）

□(1)「彼を」の形を使えている。　(2)whoseを使っ
た，正しい語順の疑問文となっている。
(3)whichを使った，正しい語順の疑問文となっ
ている。（3点）

Unit 8 ～ Grammar for communication 6

pp.90~91　　　　　　　　ぴたトレ1

Words & Phrases

(1)テレビ　(2)家　(3)店

(4)tomorrow　(5)then　(6)free

1　(1)イ　(2)イ　(3)イ　(4)ア

2　(1)running　(2)is playing

3　(1)We are having lunch now(.)

(2)My mother is making breakfast now(.)

(3)I am looking forward to tomorrow(.)

解き方

1　今行っていることなので，進行形で表す。
「…しています」は〈be動詞＋動詞のing形〉
で表す。
(3)(4)主語が三人称単数なのでbe動詞はis。

2　(1)「…しています」は，「am［are, is］＋動詞
のing　形」を使う。runのing形はrunning。
「彼らは今，公園で走っています。」
(2)主語が三人称単数なのでbe動詞はis。
「ショウタは今，ピアノをひいています。」

3　(1)(2)「…しています」は，〈am［are, is］＋
動詞のing 形〉を使う。
(3)「…を楽しみに待つ」はlook forward to
…で表す。

pp.92~93　　　　　　　　ぴたトレ1

Words & Phrases

(1)…を飾る　(2)永久に，永遠に

(3)幸せな，うれしい，楽しい

(4)say　(5)prepare　(6)card

1　(1)イ　(2)ア　(3)イ　(4)イ　(5)イ

2　(1)Is　(2)Is, studying

3　(1)Akira is writing a birthday card(.)

(2)What is Maki doing(?)

(3)Let's be best friends forever(!)

解き方

1　「…していますか」という進行形の疑問文は
〈Am［Are, Is］＋主語＋動詞のing 形
…?〉で表す。(1)(2)(3)疑問文はbe動詞を文
頭に置く。(4)進行形の否定文はbe動詞のあ
とにnotが必要。
(5)進行形の文なので，be動詞を選ぶ。

2　主語が三人称単数なのでbe動詞はis。疑問
文なので文頭に置く。(1)「ピーターは今，水
を飲んでいますか。」　(2)「ケンは今英語を勉

19

強していますか。」

3 (2)whatを文頭に置いて進行形の疑問文を続ける。 (3)「…しましょう」はLet's …ではじめ，動詞は原形にする。

pp.94〜95 ぴたトレ1

Words & Phrases

(1)起こる，生じる (2)(…を)忘れる
(3)親切な (4)誕生日 (5)かわいい
(6)quickly (7)teach (8)present
(9)T-shirt (10)of course

1 (1)ア (2)イ (3)イ (4)イ
2 (1)How (2)What a
3 (1)You're welcome.
(2)How delicious!
(3)What a cute rabbit(!)
(4)What a nice T-shirt(!)
(5)Of course.

解き方
1 How …!とWhat a[an] …!の使い分けに注意。形容詞か副詞だけのときはHow …! 形容詞のあとに名詞が続くときはWhat a[an] …!を使う。(1)形容詞だけなのでHow。
(2)(3)(4)形容詞のあとに名詞が続くのでWhat a[an] …!で表す。interestingは母音で始まるのでWhat an interesting …となる。
2 (1)形容詞だけなのでHow。「なんて親切なのでしょう。」 (2)形容詞のあとに名詞が続くのでWhat a[an] …!で表す。「なんて大きな魚でしょう。」
3 (1)お礼を言われて「どういたしまして。」とかえすときは，You're welcome.という。
(2)形容詞だけなのでHow …!の文。
(3)(4)形容詞のあとに名詞が続くのでWhat a[an] …!

p.96 ぴたトレ1

1 (1)エ (2)オ (3)イ (4)ア
2 (1)Dear (2)Happy (3)Best

解き方
1 (1)誕生日を祝うことば。 (2)holidaysは「休みの日(複数形)」。長期休暇などの場合に「楽しんでね」というような意味で使う。
(3)病気の人を見舞うことば。getには「…になる」という意味がある。wellは「健康状態がよい」，soonは「すぐに」の意味。

2 (1)手紙でもカードでもはじめのあいさつは〈Dear＋名前,〉と書くことが多い。
(2)誕生日におくるカードなのでHappy Birthday!と書くのがよい。 (3)Best wishes for …で「…を願っています」の意味。

p.97 ぴたトレ1

(1)using (2)swimming (3)studying
(4)drinking

解き方
(1)語尾のeをとってingをつける。
(2)語尾の子音字を重ねてingをつける。
(3)そのままingをつける。

pp.98〜99 ぴたトレ2

1 (1)ア (2)ウ (3)ウ
2 (1)Are, playing (2)Is, drinking
(3)are watching
3 (1)I'm making lunch with my mother(.)
(2)Are you studying English now(?)
(3)What a kind girl(!)
4 (1)I'm playing the piano now.
(2)What a beautiful picture!
5 (1)イ (2)Today is Meg's birthday(.)
(3)preparing
(4)①○ ②× ③○
6 (1)She is wearing a costume from "Sailor Moon."
(2)Yes, they are.

解き方
1 (1)主語が複数なのでare watching を選ぶ。
(2)be動詞で始まる進行形の疑問文なので，studyingを選ぶ。
(3)主語が三人称単数なのでbe動詞はis。
2 (1)(2)今行っていることなので，進行形で表す。 (3)主語が複数なのでbe動詞はare。
3 (2)〈Are ＋主語＋動詞のing形 …?〉で表す。
(3)名詞があるので，〈What (a[an]) …!〉の文。
4 (1)今行っていることなので，進行形で表す。「ピアノをひく」はplay the piano。
(2)pictureは名詞なので，〈What (a[an]) …!〉の文にする。
5 (1)be at …'s houseで「…の家にいる」の意味。
(2)名前＋'sのあとには名詞がくるのでMeg's birthdayとなる。「今日はメグの誕生日です。」という文にする。

(3)be動詞があるので，進行形の文。prepareのing形は語尾のeをとってingをつける。

(4)①1行目Kaito is decorating the room.とあるので○。

②2行目，メグの誕生日パーティーの準備をしているので×。

③4行目，ジョシュがI'm taking a video for Meg.と言っているので○。

⑥ (1)4行目でアオイが「この女性はセーラームーンの衣装を着ています。」と言っている。

(2)6行目でチェンが「アニメやマンガは世界各国で人気です」と言っている。

全訳

チェン：この写真を見て。これはフランスでのある催しものよ。

アオイ：彼らは何をしているの？

チェン：彼らは衣装を着てポーズをとっているのよ。

アオイ：まあ，この女性は「セーラームーン」の衣装を着ているわ。こちらの男性は「ナルト」の衣装を着ている。

チェン：アニメやマンガは世界各国で人気なのよ。

pp.100～101　　　　　　　ぴたトレ3

❶ (1)×　(2)○　(3)○

❷ (1)イ　(2)ア　(3)イ

❸ (1)①イ　②イ　(2)①ウ　②ウ

❹ (1)What is Ken studying(?)

(2)My brother is playing the guitar(.)

(3)Sounds like fun(.)

❺ (1)あなたは何をしているところですか。

(2)ウ

(3)I'm thinking about tomorrow(.)

(4)①×　②○　③○

❻ (1)Are you making [cooking] lunch now?

(2)Happy Birthday!

(3)You're welcome.

解き方

❶ (1)aの部分の発音はsay[ei]/happy[æ]

(2)yとi部分の発音はbye[ai]/surprise[ai]

(3)e部分の発音はforget[e]/then[e]

❷ (1)第二音節を強く読む。

(2)第一音節を強く読む。

(3)第二音節を強く読む。

❸ (1)進行形の文。Whatを文頭に置く。「あな

たは何をしているのですか。」「私は部屋を飾っています。」

(2)「あなたはテレビゲームをしているのですか。」「いいえ，私は見ているだけです。」justは「ただ…だけ」の意味。

❹ (1)whatを文頭に置き，進行形の疑問文の形が続く。

(2)主語はmy brother。「ギターをひく」はplay the guitar。

(3)「…に聞こえる」はsounds like ...で表す。

❺ (2)What's up?で「どうしたのですか。」という意味。

(3)「…について考える」はthink about ...。進行形の文にする。

(4)①2行目，ショウタはテレビゲームをしている。

②5行目，「いっしょに映画へいきませんか。」Why don't we ...?で「(いっしょに)…しませんか」の意味。

③6行目，ショウタが「もちろん。」と答えている。

全訳

アヤ：もしもし，ショウタ。何をしていますか。

ショウタ：こんにちは。アヤ。ぼくは今テレビゲームをしているよ。どうしたの？

アヤ：私は明日のことを考えているの。明日はひまですか。

ショウタ：明日？うん，ひまだよ。

アヤ：いっしょに映画に行かない？

ショウタ：よさそうだね。いいよ。

❻ (1)「あなたは昼食を作っているのですか。」という文にする。

(2)誕生日を祝うことば。

(3)Thank you.に対してはYou're welcome.「どういたしまして。」と答える。

英作文の採点ポイント

□単語のつづりが正しい。(2点)

□( )内の語数で書けている。(3点)

□(1)現在進行形を使って正しい語順の疑問文となっている。　(2)(3)場面に合った表現になっている。(3点)

Unit 9 ~ Stage Activity 2

Words & Phrases

(1)いとこ　(2)…として　(3)病院

(4)行動する

(5)work　(6)country

(7)difficult　(8)sick

1　(1)イ　(2)ア　(3)イ　(4)イ

2　(1)wants　(2)wants to

3　(1)Yuta wants to be a soccer player(.)

(2)I want to go to Kobe(.)

(3)Yui tries to read the English book(.)

解き方
1　(1)(4)「…したい」はwant to …で表す。
(2)「…になりたい」はwant to be …で表す。
三人称単数なのでwantsとなる。
(3)「…したい」はwant to …で表す。三人称
単数なのでwantsとなる。
2　「…したい」はwant to …で表す。三人称単
数なのでwantsとなる。
(1)「ジェーンは寿司を食べたいです。」
(2)「アキは本を読みたいです。」
3　(1)「…になりたい」はwant to be …で表す。
(3)「…しようと(努力)する」はtry to do …で
表す。

Words & Phrases

(1)主な，主要な

(2)もっと遅く，あとで

(3)おくれた，遅刻した

(4)line　(5)understand　(6)food

1　(1)イ　(2)イ　(3)ア　(4)イ　(5)イ

2　(1)Where　(2)Where do

3　(1)We get to school at eight (every day.)

(2)Many students are waiting in line(.)

(3)What does Satoshi want to do(?)

解き方
1　「何を…したいですか」とたずねるときは
〈What do[does]+主語+ want to +動詞
の原形〉で表す。(2)What does …という疑
問文なので動詞は原形を選ぶ。(4)「…した
くありません」というときはdon't
[doesn't] want to …で表す。(5)現在進
行形の文なので，areを選ぶ。

2　「どこへ…したいですか」はWhereを文頭に
置き，〈want to +動詞の原形〉で表す。
(1)「ピーターはどこへ行きたいのですか。」
(2)「彼らはどこへ行きたいのですか。」

3　(1)get to …で「…に着く」の意味。
(2)「並んで待つ」はwait in lineで表す。
(3)Whatを文頭に置き，〈want to +動詞
の原形〉で表す。

Words & Phrases

(1)子供　(2)村　(3)ボランティア

(4)きれいな，清潔な　(5)…を集める

(6)build　(7)money　(8)water　(9)sad

(10)well

1　(1)イ　(2)イ　(3)ア　(4)ア　(5)ア

2　(1)looks　(2)looks new

3　(1)This book looks easy(.)

(2)Ken and Ryo look hungry(.)

(3)It looks very cold (in Hokkaido.)

(4)The dog looks thirsty(.)

(5)The question looks difficult(.)

解き方
1　(1)「~は…に見えます」という文。see(…を
見る)だと文が成り立たない。
(2)主語のthe appleは三人称単数なのでlooks
を選ぶ。
(3)「…です」という文なのでisを選ぶ。
(4)「長い間」はfor a long timeで表す。
(5)動詞の原形で始める命令文。「…を見る」
はlook at …で表す。
2　主語が三人称単数なので動詞はlooksとなる。
3　(1)(4)(5)「…に見えます」は〈look +形容詞〉で
表す。
(2)主語がKen and Ryoと複数なので動詞は
look。
(3)天候や気候を表すときの主語はit。

(1)ウ　(2)イ　(3)ア　(4)エ

解き方
(1)動詞からはじまっているので指示をして
いる文。
(2)byは「…のそばに」。
(3)look for …は「…をさがす」。
(4)Excuse me.は「すみません。」と呼びかけ
る表現。whereは「どこ」とたずねる語。

ぴたトレ1

Words & Phrases

(1)声 (2)音楽家, 演奏家 (3)英雄, ヒーロー
(4)song (5)guess (6)word

pp.110～111　　　　　ぴたトレ2

① (1)ウ (2)イ (3)ウ

② (1)What, to (2)looks, hot
(3)Where, want

③ (1)What does Yuri want to do(?)
(2)My grandfather walks for a long time
(every day.)
(3)Jun and Mika look excited(.)

④ (1)Where do you want to go?
(2)Yuto's bag looks new.

⑤ (1)I want to listen to the presentation
(2)later
(3)(Kaito) wants to try some ethnic food
(over there.)

⑥ (1)No, he can't.
(2)He needs to practice the piano.

解き方

① (1)「タケシは写真を撮りたいと思っています
す。」「…したい」は〈want to ＋動詞の原形〉
で表す。
(2)「それらの本はとても難しそうに見えま
す。」「…に見えます」は〈look ＋形容詞〉で
表す。
(3)「ユキはこの本を読むことが好きです。」
「…することが好きだ」は〈like to ＋動詞の
原形〉で表す。

② (1)「何を…したいですか」とたずねるときは
〈What do you want to ＋動詞の原形〉で
表す。
(2)状態を表して「…に見える」は〈look ＋ 形
容詞〉で表す。
(3)「どこへ…したいですか」はWhereを文頭
に置き，〈want to ＋動詞の原形〉で表す。

③ (1)「何を…したいですか」の文。Whatを文
頭に置き，〈want to ＋動詞の原形〉で表す。
(2)「長い間」はfor a long timeで表す。
(3)「わくわくしているように見える」はlook
excited。

④ (1)「どこへ…したいですか」はWhereを文頭
に置き，〈want to ＋動詞の原形〉で表す。
(2)「…に見える」は〈look ＋ 形容詞〉で表す。

⑤ (1)「…したい」は〈want to ＋動詞の原形〉で
表す。
(3)4行目，海斗がI want to try …と答え
ている文を，Kaitoを主語にして答える。
三人称単数なのでKaito wants to try …と
なることに注意。

⑥ (1)2行目，トムが「ごめんなさい。行けませ
ん。」と言っている。
(2)4行目，I need to practice the piano.
の文。主語Heで答えるので，三人称単数の
sを忘れないように。

全訳

ケン：ぼくは美術館に行きたいんだ。ぼくたちは
いっしょに行くことができる？

トム：ごめんね，行けないんだ。ぼくは家にいる
必要があるんだ。

ケン：どうして。きみは何をする必要があるんだ
い？

トム：ぼくはピアノの練習をする必要があるん
だ。ぼくは次の日曜日コンテストがある
んだよ。

ケン：なるほど。がんばって。

トム：ありがとう。ベストをつくすよ。

pp.112～113　　　　　ぴたトレ3

① (1)○ (2)× (3)○

② (1)ア (2)ウ (3)ウ

③ (1)①イ ②ア (2)①ア

④ (1)Yui wants to help her mother(.)
(2)Tom tries to do his best(.)
(3)My grandmother looks very happy(.)

⑤ (1)あなたは何になりたいですか。
(2)ウ
(3)I want to help sick children(.)
(4)①Yes, she does.
②He wants to be a doctor.

⑥ (1)Your shoes look new.
(2)Where do you want to go?
(3)I'm looking for a library.

解き方

① (1)a, ai部分の発音はmain[ei]/late[ei]
(2)i部分の発音はline[ai]/village[i]
(3)o, ou部分の発音はmoney[ʌ]/cousin[ʌ]

② (1)第一音節を強く読む。
(2)第三音節を強く読む。
(3)第三音節を強く読む。

③ (1)「あなたは何を飲みたいですか。」「私は紅茶を飲みたいです。」〈What do you want to ＋動詞の原形〉で「あなたは何をしたいですか。」を表す。
(2)「メグが何をしようとしているのですか。」「彼女は日本語をじょうずに話そうとしています。」What does …のあとは動詞の原形になる。
④ (1)〈want to ＋動詞の原形〉で「…したい」という文にする。
(2)「…しようとする」はtry to …で表す。
(3)「…に見える」は〈look ＋ 形容詞〉で表す。
⑤ (1)want to be …で「…になりたい」を表す。
(2)talk with …で「…と話す」の意味。
(3)「…したい」は〈want to ＋動詞のもとの形(原形)〉で表す。
(4)①2行目，「私は英語の本を読むことが好きです。」と言っている。
②4行目，「私は医者になりたいです。」と言っている。

全訳
サム：あなたは何になりたいですか，サヤ。
サヤ：私は英語の教師になりたいです。私は英語の本を読むのが好きです。また外国の人々と話をするのも好きです。あなたは何になりたいですか，サム。
サム：ぼくは医者になりたいです。ぼくは病気の子供たちを助けたいと思っています。
サヤ：それはすばらしいですね。私たちは一生懸命勉強する必要があるわね。

⑥ (1)shoesは複数形なことに注意。
(2)「どこへ…したいですか」はWhereを文頭に置き，〈want to ＋動詞の原形〉で表す。
(3)「…を探す」はlook for …。「…しています」という進行形の文を作る。5語なので，I'mと短縮形を用いる。

英作文の採点ポイント
□単語のつづりが正しい。（2点）
□（ ）内の語数で書けている。（3点）
□(1)〈look ＋形容詞〉の形を正しく使えている。(2)want to が正しく使えている。(3)道をたずねる表現が現在進行形を使って正しく書けている。（3点）

Let's Read 1

pp.114～115 ぴたトレ**1**

Words & Phrases
(1)旅行　(2)バス
(3)小屋　(4)日の出
(5)climb　(6)plan
(7)stay　(8)interested

1 (1)イ　(2)イ　(3)ア　(4)ア
2 (1)Can we meet in the library?
(2)Ben is watching a baseball game.
(3)What are you reading?
(4)We cannot[can't] see the sunrise there.
3 (1)We're planning a trip to Hokkaido(.)
(2)Here is the map of my city(.)
(3)I want to drink some tea(.)
(4)They went to the museum on foot(.)

解き方
1 (1)(2)「…しています」という進行形の文なので動詞のing形を選ぶ。 (3)「…したい」は〈want to ＋動詞の原形〉で表す。
(4)「…によって」という手段を表す語はby。
2 (1)「…できますか」はcanを主語の前に出して，〈Can ＋主語＋動詞の原形 …?〉で表す。
(2)現在進行形の文は〈「am [are, is] ＋動詞のing 形〉で表す。Benは三人称単数なのでbe動詞はis。
(3)「何を…していますか」は〈What ＋ be動詞＋主語＋動詞のing形 …?〉で表す。
(4)「…できません」と否定するときは，動詞の前にcannotまたは短縮形のcan'tを置く。
3 (1)「北海道への旅行」はa trip to Hokkaido。
(2)「ここに…があります」はHere is …で表す。
(3)「…したい」はI want to …で表す。toのあとは動詞のもとの形(原形)がくる。
(4)「徒歩で」はon foot。

pp.116～117 ぴたトレ**1**
Words & Phrases
(1)人ごみ　(2)たぶん
(3)とにかく　(4)休憩
(5)短い
(6)information
(7)easily　(8)choose
(9)tired　(10)visit

1 (1)イ (2)イ (3)ア (4)イ

2 (1)looking (2)break (3)choose
(4)getting

3 (1)Sam can't eat natto(.)
(2)Thanks for the information(.)
(3)It's probably very interesting(.)
(4)We don't want to walk in crowds(.)

解き方 **1** (1)「…をありがとう」はthanks for …で表す。
(2)主語が三人称単数なのでlooksとsがつく。
(3)「わくわくする」はbe excited。be動詞
amを選ぶ。
(4)「(状態)になる」はgetで表す。

2 (1)「…を楽しみに待つ」はlook forward to
…で表す。
(2)「休憩する」はtake a break。
(4)「…してくる」はgetの進行形gettingで表す。

3 (1)「…できません」と否定するときは，動詞
の前にcannot[can't]を置く。
(2)「…をありがとう」はthanks for …。
(3)probablyなどの副詞は一般動詞の前，
be動詞のあとに置く。
(4)「…したくない」は「don't[doesn't] want
to ＋動詞のもとの形(原形)」で表す。

---

pp.118〜119　　　ぴたトレ**2**

❶ (1)ウ (2)エ (3)イ

❷ (1)Can (2)Guess (3)up

❸ (1)Which hotel do you want to stay(?)
(2)I want to see the sunrise(.)
(3)I walked in crowds(.)

❹ (1)I'm planning a trip to Kyoto.
(2)Let's take a short break.

❺ (1)I want to climb Mt. Fuji, too(.)
(2)イ
(3)③ア ④イ
(4)Yes, they do.

❻ (1)She is[She's] planning a trip to Kyoto
(with her family).
(2)She wants to stay in a nice Japanese-
style hotel.

解き方 ❶ (1)「タケシは写真を撮りたいと思っていま
す。」「…したい」は〈want to ＋動詞のもと
の形(原形)〉で表す。 (2)「ここに郊外見学の
詳細があります。」「ここに…があります」は

Here is[are] …で表す。主語がthe
detailsと複数なのでareを選ぶ。
(3)「徒歩で」はon foot。

❷ (1)「…できますか」はcanを主語の前に出して，
「Can ＋主語＋動詞の原形 …?」で表す。
(2)Guess what!は「ねぇ，ちょっと聞いて」
と相手の気を引いたりするときに用いる。
(3)go upで「のぼる，上がる」の意味。

❸ (1)「どの…」「どちらの…」はwhichで表す。
(2)「…が見たい」はwant to see …の語順。
(3)「人ごみの中を」はin crowds。

❹ (1)「私は…しています」と今している動作を
表すときは，〈I am＋動詞のing形。〉で表す。
(2)「…しましょう」はLet'sで始める。「休憩
をとる」はtake a break。

❺ (1)「…したい」は〈want to ＋動詞のもとの形
(原形)〉で表す。
(2)「ここに…があります」はHere is[are]
…で表す。主語が複数なのでHere are …と
なる。 (3)③「…によって」はby。 ④「徒歩
で」はon foot。
(4)2行目，「登山者はふつう5合目までバスで
行きます」とある。

❻ (1)1行目I'm planning a trip to Kyoto
…とある。答えるときはSheで始めるので
I'm →She is，with my family→with her
familyとなる。 (2)2行目，I also want to
stay in a nice Japanese-style hotel.と
ある。同様に答えるときは主語はSheなの
でwant→wantsとなることに注意。

全訳
こんにちは，私はジェーンです。私は家族と
いっしょに京都への旅行を計画しています。私
はたくさんの有名な神社やお寺を見たいです。
私はまた和風のすてきなホテルに泊まりたいで
す。私たちは伝統的な日本料理を食べることが
できますか。私はそれを楽しみにしています。

Unit 10 ~ Let's Write 2

Words & Phrases

(1)休暇, 休み　(2)劇場, 映画館　(3)俳優
(4)この前の, 先…　(5)もの, こと
(6)part　(7)musical　(8)travel
(9)performance　(10)full

1　(1)イ　(2)ア　(3)イ　(4)イ

2　(1)cooked　(2)enjoyed music

3　(1)I visited a shrine with Shin yesterday(.)
(2)I helped my father last Sunday(.)
(3)I studied English with Ai yesterday(.)

解き方
1　(1)(3)(4)過去のことについての文なので, 動詞は過去形。　(2)日常的に行うことについての文なので, 動詞は現在形。
2　動詞はすべて過去形。(1)「私は昨日カレーを作りました。」　(2)「私たちは昨日音楽を楽しみました。」
3　時を表すyesterday, last Sundayなどは文末に置く。(3)「アイといっしょに」はwith Ai。

Words & Phrases

(1)夜　(2)塔, タワー　(3)地下鉄　(4)…と感じる, 気持ちがする　(5)立つ, 立っている
(6)spend　(7)each　(8)said　(9)took
(10)came

1　(1)イ　(2)イ　(3)ア　(4)イ

2　(1)came　(2)took

3　(1)Maki went to Yokohama yesterday(.)
(2)Sam had a good time (with his friends.)
(3)He practiced soccer very hard (this morning.)
(4)Kim ate delicious soba yesterday(.)

解き方
1　(1)(2)(4)過去のことについての文なので, 動詞は過去形。　(3)日常的に行うことについての文なので, 動詞は現在形。
2　(1)「私は昨日とても早く学校へ来ました。」come→came
(2)「私は先週の土曜日たくさんの写真を撮りました。」take→took
3　(1)(3)(4)時を表す語句は文末。

Words & Phrases

(1)早く　(2)特別の　(3)伝統的な
(4)got　(5)made　(6)parent

1　(1)イ　(2)ア　(3)イ　(4)イ

2　(1)Did　(2)Did, practice

3　(1)I enjoyed my life in America(.)
(2)Did you read the book about Australia(?)
(3)I didn't practice the piano yesterday(.)

解き方
1　すべて過去の疑問文なのでdidを使う。
2　「…しましたか」の疑問文は, 〈Did＋主語＋動詞 …?〉で表す。動詞はもとの形。
(1)「あなたは旅行しましたか。」 ―「いいえ, しませんでした。」
(2)「ケイコはテニスを練習しましたか。」 ―「はい, しました。」
3　(1)「私のアメリカでの生活」はmy life in America。
(2)「Aabout B」はB about A。
(3)否定文なので, 動詞の前にdidn'tを置く。

1　(1)June　(2)Dear　(3)in Kyoto
(4)went, shrine　(5)Your friend

2　(1)ア　(2)イ　(3)ア　(4)イ

3　(1)April　(2)Dear
(3)came[got]　(4)had
(5)got　(6)visited　(7)Your

4　(1)Is it cold in your city (now?)
(2)I came here with my parents by (plane.)

解き方
1　(3)「… にいる」は〈be動詞＋場所〉で表す。
(4)「…に行く」はgo to …。日本語が過去を表しているので, go→wentとする。
2　(1)I'm Asahi City.だと, 「私は朝日市です。」という意味になるので不適切。
(2)(4)過去の文なので, 動詞は過去形。
(3)be動詞があるので進行形を選ぶ。
3　(1)日付を書く。
(2)〈Dear＋はがきをおくる相手,〉。
(3)~(6)文脈に合う動詞を選ぶ。(7)終わりのあいさつYour friend,で文を締めくくる。

26　英語

4月5日

親愛なるサチへ

　私は両親と伊勢にいます。そこは古い神社で有名です。現在，夜の8時です。

　私たちは昨夜ここに来ました。

　ホテルのレストランですてきな夕食を食べました。

　今朝は7時に起きました。午後に私たちは美しい公園を訪れ，夜には有名な和食レストランに行きました。

　私はとても楽しんでいます。

あなたの友人，
ジェーン

4 (1)天候や気候を表すときの主語はit。be動詞の疑問文にする。
　(2)「飛行機で」はby plane。

---

pp.128〜129　　　　　　**ぴたトレ2**

1 (1)エ　(2)ウ　(3)イ

2 (1)I didn't[did not] eat sushi yesterday.
　(2)Did Ryo have a wonderful time in London?
　(3)Did Yuko enjoy my class?

3 (1)They saw many interesting things (in the city.)
　(2)Did Yuto clean his room yesterday(?)
　(3)How did you get to (this school?)

4 (1)What did you do last night?
　(2)Yumi and Ai enjoyed this winter.

5 (1)What did you do on New Year's Day(?)
　(2)got
　(3)あなたは伝統的なお正月の食べ物を何か食べましたか。

6 (1)No, she didn't.
　(2)It's in Kanazawa.
　(3)No, she didn't.

解き方

1 (1)「私は今朝早く学校へ来ました。」comeの過去形はcame。
　(2)「私は今年，その美術館を訪れませんでした。」過去の否定文〈主語＋didn't＋動詞 ....〉の形をとる。
　(3)「タロウは昨日神戸にいました。」「神戸に」のように場所を表すためにはinが必要。here(ここに)にはinは不要。

2 (1)「私は昨日すしを食べませんでした。」とす

る。動詞の前にdidn't[did not]を置く。動詞はもとの形にする。　(2)「〜は…しましたか」と過去のことをたずねるときは，〈Did＋主語＋動詞の原形 ...?〉で表す。
　(3)「ユウコは私の授業を楽しんでくれましたか。」とする。過去の疑問文は〈Did＋主語＋動詞 ...?〉。動詞はもとの形にする。

3 (1)「多くのおもしろいもの」はmany interesting things。
　(2)Did　で文をはじめる。そのあとに「主語＋動詞の原形」が続く。
　(3)過去の疑問文の形。「…に到着する」はget to ...で表す。

4 (1)「何をしましたか」は〈What did＋主語＋do?〉となる。
　(2)enjoy(楽しむ)の過去形はenjoyed。

5 (1)「何をしましたか」は〈What did＋主語＋do?〉となる。
　(2)過去のことについて話しているので過去形にする。
　(3)過去の疑問文の形。traditional＝伝統的な。New Year's food＝お正月の食べ物。

6 (1)2行目，No, we didn't.と答えている。
　(2)1行目で21世紀美術館に行ったかたずねられ，そこには行っていないが，「金沢駅で買い物を楽しんだ」とある。
　(3)2行目，We didn't have much time.「私たちはあまり時間がありませんでした。」

全訳

ソラ：あなたは21世紀美術館を訪れましたか。

エミリー：いいえ，訪れませんでした。私たちにはあまり時間がありませんでした。だけど，金沢駅で買い物を楽しみました。美しい駅でしたよ。

ソラ：私は金沢に行きたいです。

---

pp.130〜131　　　　　　**ぴたトレ3**

1 (1)×　(2)×　(3)○

2 (1)イ　(2)ア　(3)イ

3 (1)①ウ　②ウ　(2)①ア　②ウ

4 (1)Ai and Ryo visited the temple (on New Year's Day.)
　(2)Did you read the book last night(?)
　(3)What did you do during winter vacation(?)

5 (1)私は夏休みを家族といっしょに沖縄で過ご

しました。

(2)We stayed there for ten days(.)

(3)ate (4)イ

6 (1)What does Takashi practice every day?

(2)Did you practice baseball last weekend?

(3)What did you eat in Australia?

1 (1)aの部分の発音はpart[ɑ:]/made[ei]

(2)o部分の発音はgot[ɔ]/nothing[ʌ]

(3)oo, u部分の発音はtook[u]/full[u]

2 (1)第二音節を強く読む。 (2)第一音節を強く読む。 (3)第二音節を強く読む。

3 (1)「あなたはこの夏旅行をしましたか。」「はい，しました。」過去の疑問文とその答え。AreやDoesは文が成り立たない。

(2)「ケンは昨日サッカーをしましたか。」「いいえ，しませんでした。」①過去の疑問文は，〈Did+主語+ 動詞の原形 ....〉の形。原形のplayを選ぶ。 ②No で答えているので，主語のあとにはdid notまたはdidn'tが続く。

4 (1)主語はAi and Ryo

(2)「～は…しましたか」と過去のことをたずねるときは，〈Did +主語+動詞の原形 ...?〉で表す。

(3)「何を…しましたか」はWhatで始めて，過去の疑問文の形を続ける。

5 (1)spentはspend(過ごす)の過去形。

(2)10日間はfor ten days。

(3)過去の文なので，動詞を過去形にする。

(4)ア　1行目「沖縄で家族と過ごした」とある。 イ　4～5行目ショウタの「あなたは海で泳ぎましたか。」という問いかけに，アヤはYes, Ｉ did.と答えている。 ウ　6行目，... visited famous shrinesとある。

アヤ：私は夏休みを家族と沖縄で過ごしたのよ。

ショウタ：それはいいね。そこに何日滞在したの？

アヤ：私たちはそこに10日間滞在したの。

ショウタ：海で泳いだ？

アヤ：ええ，泳いだわよ。でも私の母は泳がなかったの。私たちは沖縄料理を食べて，有名な神社を訪れたの。私たちはそこですばらしい時間を過ごしたわ。

6 (1)「タカシは毎日何を練習しているのですか。」とする。「毎日」とあるのでwhatを使った現在の疑問文にする。主語が三人称単数なのでdoesを使って〈What does＋主語＋動詞 ...?〉とする。

(2)「…しましたか」と過去のことをたずねるときは，〈Did＋主語＋ 動詞の原形 ...?〉で表す。「先週末」はlast weekend。

(3)「あなたはオーストラリアで何を食べましたか。」とする。過去の疑問文なので，〈What did＋主語＋動詞...?〉とする。

英作文の採点ポイント
□単語のつづりが正しい。（2点） □（　）内の語数で書けている。（3点） □(1)does を使った疑問文で動詞がもとの形になっている。 (2)(3)過去の疑問文になっている。（3点）

Unit 11 ~ Stage Activity 3

Words & Phrases

(1)思い出　(2)出来事，行事
(3)コンテスト，コンクール
(4)…に対抗して，反対して
(5)half　(6)lose　(7)practice　(8)were

■1　(1)イ　(2)ウ　(3)ア　(4)イ

■2　(1)were　(2)He was

■3　(1)I was in Kyoto last week(.)
(2)It was very hot yesterday(.)
(3)Jun wasn't at home last night(.)

解き方
■1　(1)過去の文で主語がyou以外の単数なので，be動詞はwas。　(2)過去の文で主語がyouなので，be動詞はwere。　(3)天候や寒暖はitを主語にする。過去の疑問文なのでbe動詞はwas。(4)過去の文で主語が複数なので，be動詞はwere。

■2　(1)「私たちは昨年，テニス選手でした。」
(2)「彼は昨年，教師でした。」

■3　(1)過去の文で主語がyou以外の単数なので，be動詞はwas。　(2)寒暖のように気候を表すときは，主語はitを使う。　(3)「家にいる」はbe at homeで表す。否定文はbe動詞のあとにnotを置く。wasn't＝was not。副詞句last nightは文末に置く。

■1　(1)ウ　(2)イ　(3)ア

■2　(1)Are there　(2)Is there, stadium

■3　(1)Is there a park near your house(?)
(2)There are some pictures on the desk(.)
(3)There was a racket under the bed(.)
(4)Is there a museum around here(?)

解き方
■1　〈There＋be動詞＋名詞＋場所を表す語句.〉の文。名詞が単数か複数か，現在の文か過去の文かで，be動詞を使い分ける。
(1)過去の文で主語が複数なのでbe動詞はwere。　(2)過去の文で主語が単数なのでbe動詞はwas。　(3)現在の文で主語が単数の疑問文。be動詞はis。

■2　(1)「この市にはホテルが何軒かありますか。」
(2)「この市にはスタジアムが１つありますか。」

■3　(1)疑問文はbe動詞をthereの前に出す。

(2)主語は「数枚の写真」some pictures。
(3)〈There＋be動詞＋名詞＋場所を表す語句.〉の形にする。
(4)「…がありますか」は〈Is[Are] there＋名詞～?〉の形にする。

Words & Phrases

(1)心臓，心　(2)サッカー　(3)これらの　(4)速く
(5)enjoy　(6)album　(7)back　(8)photo

■1　(1)ア　(2)ウ　(3)ウ　(4)イ

■2　(1)was　(2)were running

■3　(1)I wasn't swimming then(.)
(2)Was your sister playing the piano (at three?)
(3)What were you doing yesterday(?)

解き方
■1　過去進行形〈was[were]＋…ing〉の文。
(1)主語がIなのでbe動詞はwas。
(2)主語が複数なのでbe動詞はwere。
(3)(4)動詞のing形を使う。

■2　(1)「エミはそのときテレビを見ていました。」主語が単数なのでbe動詞はwas。
(2)「私たちはそのとき公園で走っていました。」主語が複数なのでbe動詞はwere。

■3　(1)過去進行形の否定文は〈主語＋was[were] not＋…ing ～.〉の語順。
(2)過去進行形の疑問文は〈Was[Were]＋主語＋…ing ～?〉の語順。
(3)「何を」はwhatでたずねる。〈疑問詞＋was[were]＋主語＋…ing ～?〉の語順。

Words & Phrases

(1)ステーキ　(2)給仕，ウエイター　(3)パン
(4)drink　(5)salad　(6)corn

■1　(1)ア　(2)イ　(3)ア　(4)ア

■2　(1)Would you like, thank you
(2)Would you like, please

■3　(1)Would you like some dessert(?)
(2)I'd like toast and tea(.)
(3)It was delicious(.)

解き方
■1　(1)「…をいただけますか。」＝Can I have …?
(2)「… はいかがですか」＝Would you like …?
(3)smellは「…のにおいがする」の意味。

(4)I'd like ...は「…をください。…をお願いします。」という意味。

2 「…はいかがですか」と相手にものをすすめるときはWould you like ...?を使う。
(1)「ケーキはいかがですか。―いいえ，結構です。」
(2)「牛乳はいかがですか。―はい，お願いします。」

3 (1)「…はいかがですか」＝Would you like ...?
(2)「…をください。…をお願いします。」はI'd like ...で表す。

p.141 ぴたトレ1

Words & Phrases
(1)走者　(2)合唱　(3)リレー競走
(4)behind　(5)ran　(6)won

(1)We enjoyed our sports day (very much.)
(2)My favorite event was our chorus contest(.)
(3)We won first place in the relay(.)

解き方
(1)「運動会を楽しんだ」はenjoyed our sorts day。
(2)「合唱コンクール」はchorus contest。
(3)「1位」はfirst place。

pp.142〜143 ぴたトレ2

1 (1)エ　(2)ウ　(3)ア
2 (1)It was　(2)wasn't reading　(3)Is there
3 (1)Where were they after school(?)
(2)Was Takeshi playing tennis then (?)
(3)There is a bookstore near my house(.)
4 (1)My parents were in Osaka last week.
(2)I was looking for my notebook then.
5 (1)What were you doing(?)
(2)was
(3)私は今年のフォトアルバムを作りました。
(4)ア
6 (1)A (thirsty) crow did.
(2)He found a pitcher.
(3)It is in the pitcher.

解き方
1 (1)「マイクと私は昨日の朝，体育館で走っていました。」過去進行形の文。主語が複数なので，be動詞はwere。

(2)「私の兄はテレビでサッカーの試合を見ていませんでした。」過去進行形の否定文は〈主語＋was[were] not＋...ing 〜.〉で表す。
(3)「この市には大きな公園があります。」〈There＋be動詞＋名詞＋場所を表す語句.〉の文。主語が単数でThereに続くのはisだけ。

2 (1)天候や寒暖はitを主語にする。過去の文なのでbe動詞はwas。　(2)過去進行形の否定文は，be動詞のあとにnotを置く。解答欄の数から，短縮形wasn'tが正解。
(3)「…がありますか」は〈Is[Are] there＋名詞〜?〉で表す。現在の文で名詞が単数なのでIs there ...?となる。

3 (1)Whereで始める。　(2)過去進行形の疑問文は〈Was[Were]＋主語＋...ing 〜?〉の語順。　(3)〈There＋be動詞＋名詞＋場所を表す語句.〉の文。

4 (1)主語が複数で過去形なのでbe動詞はwere。「大阪に」はin Osaka。
(2)過去進行形〈was[were]＋...ing〉の文。「…をさがす」はlook for ...。

5 (1)「あなたは何をしていましたか。」whatを文のはじめに置き，過去進行形の疑問文の形を続ける。
(2)過去の文なのでbe動詞を過去形にする。
(3)madeはmakeの過去形。photo album「フォトアルバム，写真のアルバム」。
(4)「メグは海斗に何を見せたかったのですか。」ア　メグはフォトアルバムを見せたかった。イ　メグはサッカーの試合を見せたかった。ウ　メグは彼女の昼食を見せたかった。

6 (1)1行目，A thirsty crow found a pitcher.とある。foundはfind（見つける）の過去形。
(2)1行目，He found water inside it. it はpitcherをさす。
(3)2行目，The pitcher had very little water.「水差しにはわずかな水しかありませんでした。」わずかな水があったのは水差しの中。

全訳
のどがかわいたカラスが水差しを見つけました。彼はその中に水を見つけました。カラスはとても喜びました。でもカラスはその水を飲めませんでした。カラスのくちばしはそれに届きませんでした。水差しにはわずかな水しかありませ

んでした。「私はこれを飲めません。でも私は
とてものどがかわいています。」

pp.144〜145 **ぴたトレ3**

❶ ⑴○　⑵○　⑶×

❷ ⑴ア　⑵イ　⑶イ

❸ ⑴①ウ　②イ　⑵①ア　②ア

❹ ⑴Shota was listening to music then(.)
　⑵What were you doing yesterday afternoon(?)
　⑶Are there any girls in the room(?)

❺ ⑴Where were you at 11 a.m. yesterday(?)　⑵イ
　⑶私たちは試合のあととてもうれしかったです。
　⑷He was practicing basketball.

❻ ⑴I went to the museum yesterday.
　⑵Is there a bookstore near the station?
　⑶What were you doing this morning?

解き方

❶ ⑴aの部分の発音はalbum[æ]/back[æ]
　⑵i部分の発音はkitchen[i]/pick[i]
　⑶o部分の発音はanother[ʌ]/lose[uː]

❷ ⑴第一音節を強く読む。⑵第二音節を強く読む。⑶第二音節を強く読む。

❸ ⑴「アキラとユウトはこの前の日曜日東京にいましたか。」「はい，いました。」主語が複数なので，be動詞はwere。
　⑵「あなたの家の近くにスーパーマーケットはありますか。」「いいえ，ありません。」主語が単数でthereに続くのはisのみ。

❹ ⑴過去進行形〈was[were]＋…ing〉の文。「音楽を聞く」はlisten to music。
　⑵「何を…」はWhatを文頭に置く。〈疑問詞＋was[were]＋主語＋…ing 〜?〉の語順。
　⑶疑問文はbe動詞をthereの前に出す。「何人かの女の子たち」は疑問文なのでany girlsとなる。

❺ ⑴疑問詞whereを文のはじめに置き，be動詞の過去形の疑問文の形を続ける。
　⑵「AにBを見せる」はshow B to A。
　⑶be動詞がwereなので，過去を表す。after the gameは「試合のあと」。
　⑷2行目，I was practicing basketball.「ぼくはバスケットボールを練習していました。」

全訳

サヤ：あなたは昨日の午前11時どこにいた？
サム：ぼくは体育館にいたよ，バスケットボールを練習していたんだ。
サヤ：私はあなたをさがしていたのよ。私はこれらの写真をあなたに見せたかったの。
サム：わあ，これはこの前のぼくたちのバスケットボールの試合の写真だ。
サヤ：そのとおり。
サム：ぼくたちは試合に勝ったんだよね。試合のあととてもうれしかったよ。

❻ ⑴「私は昨日博物館に行きました。」という文にする。goの過去形はwent。yesterdayは文末に置く。⑵「…がありますか」は〈Is[Are] there＋名詞〜?〉で表す。名詞が単数なのでIs there …?。「駅の近くに」はnear the station。
　⑶「あなたは今朝何をしていましたか。」という文にする。Whatを文のはじめに置き，過去進行形の疑問文の形を続ける。

英作文の採点ポイント

□単語のつづりが正しい。（2点）
□（　）内の語数で書けている。（3点）
□⑴過去形の文になっている。⑵There is ….の文が正しく使えている。疑問文の語順が正しい。⑶正しいbe動詞の過去形を使っている。（3点）

Let's Read 2

Words & Phrases

(1)はなれて，去って　(2)目の不自由な
(3)突然　(4)花　(5)ドル
(6)ひとりぼっちの，さびしい
(7)poor　(8)sell　(9)drop　(10)rich
(11)thought　(12)met

1 (1)イ　(2)ア　(3)イ　(4)ア

2 (1)One day　(2)word　(3)around　(4)picked

3 (1)What was Jun doing yesterday(?)
(2)Suddenly, the cat ran away(.)
(3)We could win the game(.)
(4)I was talking with my friend (that night.)

解き方

1 (1)(3)過去進行形〈was[were]＋…ing〉の文。
(2)過去形なのでwentを選ぶ。
(4)「…のように見える」はlookで表す。主語が三人称単数で現在の文なのでlooksを選ぶ。

2 (1)「ある日」＝one day。
(2)「何も言わずに」はdo[does/did] not say a word。
(3)「…の周りを」はaround。
(4)「…を拾い上げる」はpick up …で表す。

3 (1)過去進行形の文。Whatで始めて，疑問文の形を続ける。
(2)suddenlyは文末でもよいが，コンマ(,)がある場合，文頭に置く。
(3)「…することができた」はcanの過去形〈could＋動詞の原形〉で表す。
(4)「…と話す」はtalk with …。

Words & Phrases

(1)何も(…ない)　(2)1,000　(3)大切な
(4)(～に)…を与える，渡す，もたらす
(5)忘れっぽい　(6)(…を)思い出す
(7)ask　(8)pass　(9)without
(10)put　(11)became　(12)told

1 (1)ア　(2)イ　(3)イ　(4)ア

2 (1)Thanks　(2)put　(3)first　(4)important

3 (1)Kumi became a great tennis player(.)
(2)I gave some milk to the dog(.)
(3)(Shota) got out of the room without any words(.)

(4)She smiled and said, "Thank you."

解き方

1 (1)「…から出る」はget out of …で表す。
(2)〈give＋A(もの)＋to＋B(人)〉で「A(もの)をB(人)に与える」という意味。
(3)「通りで」はon the street。
(4)〈teach＋A(もの)＋to＋B(人)〉で「A(もの)をB(人)に教える」という意味。

2 (1)「…のおかげで」はthanks to …で表す。
(2)putの過去形は現在形と同形。
(3)副詞firstは一般動詞の前に置く。
(4)「…にとって大切な」はimportant to …で表す。

3 (1)「…になる」はbecome。becomeの過去形はbecame。
(2)「A(もの)をB(人)に与える」は〈give＋A(もの)＋to＋B(人)〉で表す。
(3)「何も言わずに」はwithout any words。
(4)saidのあとにコンマ(,)を入れることに注意。

1 (1)×　(2)○　(3)○

2 (1)イ　(2)イ　(3)イ

3 (1)ウ　(2)ア　(3)エ　(4)イ

4 (1)One day　(2)Thanks　(3)asked
(4)became　(5)anything

5 (1)Jane was selling flowers on the street(.)
(2)I touched my grandmother's hands(.)
(3)Mr. Brown got out of the hotel(.)
(4)Yumi didn't say anything(.)
(5)One day, Ryo met a rich man(.)
(6)Thanks to Yuto, we could win (the game.)
(7)I gave a new hat to Aya(.)

6 (1)She was cooking[making] lunch for her family.
(2)I gave a nice bag to Ken.
(3)He didn't[did not] say a word[any words].
(4)I didn't[did not] know his face.
(5)I first met Mika at the concert.

7 (1)①out　②thanks
(2)(So) she gave a flower and some money[some money and a flower] to him(.)
(3)イ

8 (1)①came ③went ④was
(2)私はそのときテレビを見ていました。
(3)ア ○ イ × ウ ×

解き方

1 (1)aの部分の発音はgave[ei]/pass[æ]
(2)iの部分の発音はsmile[ai]/blind[ai]
(3)oの部分の発音はlonely[ou]/told[ou]

2 (1)第二音節を強く読む。
(2)第二音節を強く読む。
(3)第二音節を強く読む。

3 (1)「私はそのとき通りを歩いていました。」過去進行形の文。walkingを選ぶ。
(2)「あなたのかばんはとてもすてきに見えます。」「…に見える」はlook。
(3)「私の兄[弟]は私に数冊の本をくれました。」過去形のgaveを選ぶ。主語が三人称単数なので現在形ならgivesとなる。
(4)「サムは部屋から出て行きました。」「…から出る」はget out of ...で表す。

4 (1)「ある日」＝one day。 (2)「…のおかげで」＝thanks to ...。 (3)「たずねる」＝ask。askの過去形はedをつける。 (4)「…になる」becomeの過去形はbecame。 (5)「何も言わない」はdo[does/did] not say anything。

5 (1)過去進行形の文。〈主語＋be動詞＋ing形...〉で表す。
(3)「…から出て行く」はget out of ...。
(6)「…のおかげで」Thanks to ...で始める。
(7)「A(もの)をB(人)にあげる」は〈give＋A(もの)＋to＋B(人)〉で表す。

6 (1)過去進行形の文。〈主語＋be動詞＋ing形...〉で表す。 (2)「A(もの)をB(人)にあげる」は〈give＋Λ(もの)＋to＋B(人)〉で表す。
(3)「一言も言わない」はdo[does/did] not say a word。
(5)副詞のfirstは一般動詞の前に置く。

7 (1)①「…から出て」は out of ...で表す。
②「…のおかげで」＝thanks to ...。
(2)〈give＋A(もの)＋to＋B(人)〉の文。Aにあたる部分がここではa flower and some money。
(3)直前にShe touched his hand and remembered.とある。

8 (1)すべて不規則に変化する動詞。
(2)過去進行形の文。
(3)ア 2行目，「午前中，私は図書館で英語を勉強しました。」 イ 2～4行目，「昼食後，

ミキが来て，いっしょに公園に行き，テニスをしました。」「夕食前に音楽を聞きました。」 ウ 5行目，「夜，自分の部屋で本を読みました。」

〔全訳〕

5月5日(日)
私は7時に起きました。午前中，私は図書館で英語を勉強しました。昼食のあと，ミキが私の家に来ました。私はそのときテレビを見ていました。私たちはいっしょに公園に行き，そこでテニスをしました。それは楽しかったです。私は夕食の前に音楽を聞きました。私は夜自分の部屋で本を読みました。

pp.154~155　　　予想問題 1

出題傾向

＊アルファベットや単語，文が正しく書けるかが問われる。単語のつづりと文を書くときのルールをしっかり覚えておく。
＊be動詞やlike，playなどの一般動詞の使い方が問われる。主語に合うbe動詞や，肯定文・否定文・疑問文を確認しておく。

❶ (1) meet　(2)私をケンと呼んでください。

(3)野球　(4)イ，エ

❷ (1) am　(2) like　(3) Are　(4) am

(5) cannot[can't]　(6) Can

❸ (1) Call me Yumi(.)

(2) Do you play basketball(?)

(3) I can play tennis(.)

(4) Can you play the guitar(?)

(5) I study Japanese every day(.)

❹ (1) Are you from Sydney?

(2) Can you play the piano?

解き方

❶ (1)Nice to meet you.は初対面のあいさつ。(2)Call me ...で「私を…と呼んでください」の意味。 (3)「はい，好きです。でもそれはしません」という返事の直前にケンタがDo you like baseball?とたずねているので，itは野球だとわかる。 (4)ア　2～4行目，アンはアメリカ出身。　イ　5～6行目，アンは野球が好き。　ウ　7行目「私もバスケットボールをします」と言っている。　エ　7～8行目，ケンタの問いに「はい，できます」と答えている。

全訳

アン：こんにちは，ケンタ。私はアン・グリーンです。はじめまして。

ケンタ：こんにちは，アン。ぼくは斉藤健太です。はじめまして。ケンと呼んでくだ

さい。あなたはアメリカ出身ですか。

アン：はい，そうです。

ケンタ：あなたは野球が好きですか。

アン：はい，私は野球ファンです。でも野球はしません。私はバスケットボールをします。

ケンタ：わあ，ぼくもバスケットボールをします。あなたはバスケットボールをじょうずにすることができますか。

アン：はい，できますよ。

ケンタ：いいですね。いっしょにバスケットボールをしましょう。

❷ (1)「私は…です。」はI'm[I am] ...で表す。
(2)「…が好きです」はI like ....で表す。
(3)「あなたは…出身ですか」はAre you from ...? (4)答えるときはYes, I am. / No, I'm not[am not]. (5)「…できません」は，「主語＋cannot [can't]」で表す。
(6)「…できますか」はcanを主語の前に出して，「Can ＋主語＋動詞の原形 ...?」で表す。

❸ (1)(私を)…と呼んでください」は〈Call me ＋呼び名.〉 (2)「あなたは…しますか」は〈Do you ＋動詞 ...?〉で表す。 (3)「…できます」は「can ＋動詞の原形」。
(4)「あなたは…できますか」はcanを主語の前に出して，Can you ...とする。
(5)every dayは文末に置く。

❹ (1)「あなたは…出身ですか」はAre you from ...で表す。 (2)「…することができますか」という文にする。canを主語の前に出して，「Can ＋主語＋動詞の原形 ...?」の形にする。

英作文の採点ポイント

□単語のつづりが正しい。（2点）
□語順が正しい。（2点）
□（　）内の語数で書けている。（2点）
□文を大文字で始め，最後にクエスチョンマークをつけるなど，単語や文の書き方のルールが守られている。（2点）

＊what, who, where, when, howを使った疑問文が使えるかが問われる。それぞれ何をたずねるときに使うのかを確認しておく。

＊相手に指示・命令をする表現や，したいことを相手に伝える表現が問われる。動詞からはじまる文やI want to ....の文を確認しておく。

❶ (1) also　(2)あなたはどこでサッカーを練習しますか。　(3)ウ

(4)1. He has a game on October 10.

2. It's near Midori Station.

❷ (1) Is that　(2) What time

(3) How，cats　(4) want，be

❸ (1) Don't run here.

(2) Where do you play tennis(?)

(3) How many eggs do you need(?)

(4) How do you come to school(?)

❹ (1) What time do you get up?

(2) What sport do you like?

解き方

❶ (1)alsoは文中で使われることが多い。ふつう一般動詞の前に置く。　(2)Where do you ...? で「あなたはどこで…しますか」という意味。　(3)…曜日にというときはonを使う。(4)1. 8行目，ケイタがI have a game on October 10.と言っている。　2. 10行目，「それは緑駅の近くにあります。」と言っている。

全訳

ケイタ：ぼくはサッカーをするよ。ぼくはサッカー部なんだ。きみはどんなスポーツをするの？

サム：ぼくもサッカーをするよ。でもバスケットボールもするよ。バスケットボールはたいてい友達といっしょにするんだ。

ケイタ：どこでサッカーを練習するの？

サム：校庭で水曜日と土曜日に練習するんだよ。

ケイタ：いいね。いつかいっしょにプレイしよう。

サム：いい考えだね！

ケイタ：ぼくは10月10日に青山スタジアムで試合があるんだよ。

サム：青山スタジアムはどこにあるの？

ケイタ：緑駅の近くだよ。ぼくはいい選手になりたいんだ。だから毎日一生懸命練習をしているよ。

サム：がんばってね。

❷ (1)遠くのものについてたずねるときは，Is that ...?で表す。

(2)「何時ですか」と時刻をたずねるときは，What time is it? で表す。　(3)「数」をたずねる表現。how manyのあとの名詞は複数形。答えがたとえ1つであっても，たずねるときはそれがわからないので複数形を使う。　(4)「…になりたい」はI want to be ....で表す。beはamのもとの形(原形)。

❸ (1)「…してはいけません」と禁止するときは，否定の命令文Don't ....を使う。　(2)「あなたはどこで…しますか」はWhere do you ...? で表す。　(3)「いくつ」と数をたずねるときは「How many＋名詞の複数形」を文の始めに置く。　(4)「あなたはどのようにして…しますか。」とたずねるときはHow do you ...?で表す。

❹ (1)「あなたは何時に…しますか」はWhat time do you ...?で表す。　(2)「What ＋名詞」を文頭に置き，do you ...?と疑問文の形を続ければよい。

英作文の採点ポイント

□単語のつづりが正しい。(2点)

□語順が正しい。(2点)

□( )内の語数で書けている。(2点)

□疑問詞が正しく使えている。(2点)

しんだり，たくさんのおいしい食べ物を
食べたのよ。

ケン：すばらしいね。

ユカ：私は姉と動物園にも行ったの。そこでコ
アラやカンガルーを見たのよ。私たちは
とても楽しく過ごしたわ。姉は本当にオー
ストラリアでの生活を楽しんでいるよ。

ケン：ぼくもオーストラリアに行きたいな。

❷ (1)「…が得意です」はbe good at …ingで表
す。runは語尾のnを重ねてingをつける。
(2)「…することを楽しむ」はenjoy …ingで
表す。　(3)主語がMy sisterで三人称単数な
のでstudiesとする。

❸ (1)主語が三人称単数のとき，「～は…しませ
ん」という否定文は，「主語＋ does not
[doesn't] ＋動詞の原形….」の形になる。
(2)「ベッドの下に」はunder the bed。
(3)「…することが好きだ」はlike …ingで表
す。
(4)enjoy …ingで「…することを楽しむ」。

❹ (1)「…が得意ではない」という否定文はbe動
詞のあとにnotを置きnot good at …ing
で表す。　(2)主語が三人称単数のとき，「～
は…しますか」という疑問文は「Does ＋ 主
語＋ 動詞のもとの形…?」で表す。

出題傾向

＊ものの位置を表す表現が問われる。それぞれの
前置詞の使い分けを確認しておく。
＊主語が三人称単数のときの一般動詞の肯定文・
否定文・疑問文が問われる。動詞への (e)sのつ
け方や，否定文・疑問文での動詞の形を確認して
おく。

❶ (1)Where does she live?
(2)私は泳ぐことを楽しんで，たくさんのおいし
い食べ物を食べました。　(3)saw
(4)1. She stidies English.
　　2. She goes to the beach on weekends.

❷ (1)running　(2)enjoyed　(3)studies

❸ (1)Yuki doesn't practice the piano(.)
(2)Your book is under the bed(.)
(3)I like playing baseketball(.)
(4)I enjoyed swimming in the sea(.)

❹ (1)I'm not good at playing soccer.
(2)Does your brother play tennis?

解き方

❶ (1)疑問詞where で文を始める。
(2)enjoy …ingで「…することを楽しむ」。
deliciousは「とてもおいしい」の意味。
(3)過去の文なのでsee→sawとする。
(4)1．4～5行目，ケンが「彼女は英語を勉
強しているのですか。」とたずねて，ユカが
「そうです」と答えている。　2．7～9行目，
「週末はどのように過ごしますか。ビーチに
行きますか。」とたずねてユカがYes.と答え
ている。

全訳

ユカ：これは私の姉のナオミよ。

ケン：わあ，彼女はどこに住んでいるの？

ユカ：彼女はオーストラリアに住んでいるの。

ケン：英語を勉強しているの？

ユカ：そう，彼女はシドニーの語学学校に通っ
ているのよ。彼女はアジアやヨーロッパ
の学生といっしょに勉強をしているの。

ケン：いいね。週末はどのように過ごしている
の。ビーチに行くの？

ユカ：ええ，彼女は泳ぐのがとてもじょうずな
の。ときどきスキューバダイビングも楽
しんでいるよ。昨年の夏，私はオースト
ラリアに行ったの。そこで泳ぐことを楽

英作文の採点ポイント

□単語のつづりが正しい。（2点）
□（　）内の語数で書けている。（2点）
□be good at …ingの文が書けている。（2点）
□三人称単数の疑問文が使えている。（2点）

＊代名詞の使い方が問われる。それぞれの代名詞の「…は」,「…の」,「…を」,「…のもの」を表す形と,どんなときにどの形を使うのかを確認しておく。
＊進行形の文が使えるかが問われる。主語に合うbe動詞や,動詞のing形を確認しておく。
＊地図を見ながら道をたずねたり答えたりする問題がよく出る。いろいろな道のたずね方,案内のしかたを覚えておく。

❶ (1)crowded
　(2)What are the people watching(?)
　(3)あなたは写真を撮っているのですか,サム。
　(4)1. Yes, he does.
　　　2. He is taking a video.

❷ (1)What, be, be　(2)her　(3)Go, Turn right
　(4)Which, or　(5)Whose, Rika's

❸ (1)ウ　(2)ア　(3)エ

❹ (1)I'm looking forward to your concert.
　(2)You're welcome.

解き方

❶ (1)「こみ合った,混雑した」= crowded
　(2)疑問詞whatで始めて,現在進行形の疑問文の形にする。　(3)〈Are you＋動詞のing形 ...?〉で「あなたは…しているのですか」を表す。　(4)1. 本文7行目,I like him.と言っている。　2. 本文8〜9行目,「写真を撮っているのですか」とマキがたずねたのに対して,サムは「いいえ,動画を撮っています」と答えている。

全訳

サム：向こうのほう,とても混雑しているね。あの人たちは何を見ているの。
マキ：彼らはマラソン選手を見ているのよ。今日はシティマラソン大会よ。
サム：わあ,ぼくも彼らを見たいな。行きましょう。
―2人は沿道に立ってマラソンを見ます。―
サム：見て。彼らはとても速く走っているよ。なんてすばらしいんでしょう。
マキ：あのランナーはとても有名よ。あなたは彼を知っている？
サム：ええ,もちろん。ぼくは彼が好きだよ。とてもわくわくしているよ。人々はとても楽しそうだね。

マキ：あなたは写真を撮っているの。
サム：いいえ,ぼくは動画を撮っているんだよ。
マキ：いいわ。私もあとでみたいな。
サム：いいよ。

❷ (1)「何に…」とたずねるときは疑問詞Whatで始める。「…になりたい」はwant to be …で表す。　(2)Ms. Yamadaは女性なので,her「彼女を」となる。　(3)相手に指示するときは,動詞ではじめる。「右[左]に曲がる」はturn right[left]。　(4)「あなたは A と B のどちらが…ですか」は,「Which do you ＋動詞, A or B?」で表す。　(5)「〜はだれの…ですか」は「Whose ＋ 名詞＋ is[are] ...?」で表す。

❸ (1)A「あなたはイヌとネコのどちらが好きですか。」　B「私はイヌが好きです。」「Which do you ＋動詞, A or B?」の文。　(2)A「これはだれの傘ですか。」　B「それは私のものです。」「だれの…」とたずねているので,「…のもの」という語を選ぶ。　(3)A「あなたはテレビを見ていますか。」　B「いいえ,見ていません。」現在進行形の疑問文。Are you ...?とたずねられているので,YesやNoで答える文を選ぶ。

❹ (1)「…を楽しみに待つ」はlook forward to …で表す。　(2)Thank you.などとお礼を言われたら,You're welcome.(どういたしまして)と答える。

英作文の採点ポイント

□単語のつづりが正しい。(2点)
□(　)内の語数で書けている。(2点)
□look forward to ...の文が使えている。(2点)
□場面に合った表現になっている。(2点)

＊過去を表す文が問われる。動詞の過去形や，否定文・疑問文の形を確認しておく。
＊過去進行形の文が使えるかが問われる。主語に合うbe動詞や動詞のing形を確認しておく。

❶ (1)We stayed there for five days.
　(2)looked　(3)ate
　(4)1. They live in Sapporo.
　　　2. No, they didn't.
　　　3. She wants to go to Hokkaido in
　　　　summer.
❷ (1)Is there, there
　(2)were, doing, was reading
　(3)Did, listen, didn't
　(4)gave, to
　(5)Were, wasn't
❸ (1)オ　(2)ウ　(3)イ
❹ 例 I played tennis with my friends after
　school.
　I studied English after dinner.
　I went to bed at ten.

解き方 ❶ (1)「そこに滞在する」はstay　there。「…日間」はfor … days。　(2)「…そうに見える」はlook。　(3)過去の文なので，eat→ateとする。　(4)1. 本文2行目，「私の祖父母は札幌に住んでいます。」と言っている。　2. 本文5〜6行目，スケート場があってスケートをしたかったが，十分な時間がなかった。　3. 9行目，「私は夏にそこを再び訪れたいです」と言っている。

全訳 私は先月家族といっしょに北海道を旅行しました。私たちはそこに5日間滞在しました。私の祖父母は札幌に住んでいます。最初の日に，私たちは札幌へ行き，祖父母に会いました。彼らはとてもうれしそうでした。次の日に，私たちは雪まつりに行きました。たくさんの大きな氷の彫刻がありました。私たちはそれらの美しい彫刻を見て楽しみました。スケート場もありました。私と姉はスケートをしたかったです。でも私たちには十分な時間がありませんでした。
　夕方に，私たちはレストランで夕食をとりました。私たちは新鮮な魚やカニを食べました。それはとてもおいしかったです。

私たちは北海道でとても楽しく過ごしました。私は夏にまたそこを訪れたいと思っています。
❷ (1)「〜に…がありますか［いますか］」は「Is[Are] there … ＋ 場所を表す語句?」で表す。答えるときはYes, there is [are]. またはNo, there is [are] not. で答える。
(2)「何をしていましたか」という過去進行形の文。疑問詞Whatで始めてwere you ＋ …ingと続ける。「…していました」は「主語 ＋ was[were] ＋ …ing 〜.」で表す。
(3)「〜は…しましたか」と過去のことをたずねるときは，「Did ＋主語＋動詞の原形 …?」で表す。　(4)「A(もの)をB(人)に与える」は〈give ＋ A(もの) ＋ to ＋ B(人)〉で表す。giveは不規則変化の動詞。　(5)be動詞の過去の疑問文。
❸ (1)A「あなたはおばあさんを訪ねましたか。」B「はい。私は昨日彼女を訪ねました。」
(2)A「昨日は晴れていましたか。」B「いいえ，晴れていませんでした。」　(3)A「机の下にネコがいますか。」B「はい，います。」
❹ あなたの昨日の出来事を，過去形を使って書けていればよい。

英作文の採点ポイント
□単語のつづりが正しい。（2点）
□（　）内の語数で書けている。（2点）
□語順が正しい。（2点）
□動詞が過去形になっている。（2点）

リスニングテスト
〈解答〉

① 小学校の復習

① (1)× (2)○ (3)×

ココを聞きトレ🎧 疑問文の疑問詞を正しく聞き取ろう。疑問詞がwhatなら「もの」について，whereなら「場所」についてたずねていることを整理して，絵の内容と合っているかどうかを確認する。場所を表すinやonなどの前置詞にも注意。

英文
(1)**Woman**：What's your name?
　Man：My name is Takashi.
(2)**Man**：What animals do you like?
　Woman：I like rabbits.
(3)**Woman**：Where is your cap?
　Man：It's on the desk.

日本語訳
(1)女性：あなたの名前は何ですか。
　男性：私の名前はタカシです。
(2)男性：あなたは何の動物が好きですか。
　女性：私はウサギが好きです。
(3)女性：あなたのぼうしはどこですか。
　男性：それは机の上にあります。

② (1)ウ (2)ウ

ココを聞きトレ🎧 質問文がYes / Noで答えられる疑問文か，疑問詞で始まる疑問文かに注目しよう。Is〜?はYes / Noで答えられる疑問文なので，基本的にはYes / Noの答えを選ぶ。whatはものについてそれが「何か」をたずねる疑問詞。その「何」に相当する答えを選ぼう。

英文　Nice to meet you. My name is Mai. I'm from Osaka. I go to school. I like English. I study it hard. I like cooking, too. I can make apple pie. It is delicious. I want to be a cook.
Questions：(1)Is Mai a student?
　　　　　　(2)What is Mai's favorite subject?

日本語訳　はじめまして。私の名前はマイです。私は大阪出身です。私は通学しています。私は英語が好きです。私は一生懸命それを勉強します。私は料理をすることも好きです。私はアップルパイを作ることができます。それはおいしいです。私は料理人になりたいです。

質問：(1)マイは学生ですか。
　　　(2)マイの好きな教科は何ですか。

② be 動詞

① (1)オ (2)イ (3)エ (4)ウ

ココを聞きトレ🎧 登場人物が女性か男性か，単数か複数かに注意して聞こう。heは単数の男性を，sheは単数の女性を指す。また，isは主語が単数のときに，areは主語が複数のときに使うので，これらの単語を手がかりにしよう。be動詞のあとには，名前や職業などの情報が続く。ここでは，教科やスポーツの名前，部活動の内容を表す語を正しく聞き取ることが重要。

英文　(1)She is Aya. She is a tennis player.
(2)He is Mr. Tanaka. He is a math teacher.
(3)They are Yuki and Kana. They are in the music club. (4)They are Ken and Jun. They are on the soccer team.

日本語訳　(1)彼女はアヤです。彼女はテニス選手です。 (2)彼はタナカ先生です。彼は数学の教師です。 (3)彼女らはユキとカナです。彼女らは音楽部に所属しています。 (4)彼らはケンとジュンです。彼らはサッカー部に所属しています。

② (1)× (2)× (3)○

ココを聞きトレ🎧 対話文に出てくるものの名前や持ち主，地名を正しく聞き取ろう。疑問文とYes / Noの答えから正しい情報を整理し，絵の内容と照らし合わせること。答えがNoの場合には，そのあとに正しい情報が示されるので，聞きのがさないように注意。

英文
(1)**Man**：Is this your bag, Miki?
　Woman：Yes, it is. It's my bag.
(2)**Woman**：Is that a cat?
　Man：No, it isn't. It's a dog.
(3)**Man**：Are you from Okinawa?
　Woman：No, I'm not. I'm from Hokkaido.

日本語訳
(1)男性：これはあなたのかばんですか，ミキ。
　女性：はい，そうです。それは私のかばんです。
(2)女性：あれはネコですか。
　男性：いいえ，ちがいます。それはイヌです。
(3)男性：あなたは沖縄出身ですか。
　女性：いいえ，ちがいます。私は北海道出身です。

③ 一般動詞

❶ (1)ウ　(2)エ　(3)ア

ココを聞きトレ ⑤　絵にあるスポーツ用品や教科，動物を見て，どのような単語が使われるかをあらかじめ予測し，それらの単語に注意して対話文を聞こう。複数あるものは数にも注意。応答文のYes / No，否定文のnotに注意し，聞き取った情報を整理してから，解答を選ぼう。

英文

(1)*Woman :* Do you play basketball?

　Man : Yes, I do. I play baseball, too.

(2)*Man :* Does Rika like math?

　Woman : No, she doesn't. But she likes English and music.

(3)*Woman :* Does John have any cats or dogs?

　Man : He doesn't have any cats. He has two dogs.

日本語訳

(1)女性：あなたはバスケットボールをしますか。

　男性：はい，します。私は野球もします。

(2)男性：リカは数学が好きですか。

　女性：いいえ，好きではありません。しかし，彼女は英語と音楽が好きです。

(3)女性：ジョンはネコかイヌを飼っていますか。

　男性：彼はネコを1匹も飼っていません。彼は2匹のイヌを飼っています。

❷ (1)イ　(2)ウ

ココを聞きトレ ⑤　交通手段と兄弟姉妹の数を正しく聞き取ろう。登場人物が複数いるので，それぞれの人物について聞き取った情報を整理すること。aやtwoのような数を表す語，名詞の複数形にも注意しよう。

英文

(1)*Emi :* Do you walk to school, Mike?

　Mike : No. I go to school by bus. Do you walk to school, Emi?

　Emi : I sometimes walk, but I usually go to school by bike.

(2)*Ryo :* Hi, Kate. Do you have any brothers or sisters?

　Kate : Yes. I have two sisters. How about you, Ryo?

　Ryo : I have a sister and a brother.

日本語訳

(1)エミ：あなたは歩いて学校に行きますか，マイク。

マイク：いいえ。私はバスで学校に行きます。あなたは歩いて学校に行きますか，エミ。

　エミ：私はときどき歩いて行きますが，たいていは自転車で学校に行きます。

(2)リョウ：やあ，ケイト。あなたには兄弟か姉妹がいますか。

　ケイト：はい。私には姉妹が2人います。あなたはどうですか，リョウ。

リョウ：私には姉妹が1人，兄弟が1人います。

④ can の文

❶ (1)○　(2)×　(3)○

ココを聞きトレ ⑤　canのあとにくる動詞が表す動作の内容を正しく聞き取ろう。登場人物が複数いるので，それぞれの人ができることとできないことを整理して，絵の内容と合っているかどうかを確認する。

英文

(1)*Man :* Is the girl Japanese?

　Woman : No. But she can speak Japanese. She can speak English, too.

(2)*Woman :* Kevin, you can swim well, right? Can your brother Tom swim, too?

　Man : No, he can't. But he can run fast.

(3)*Man :* Can I use this computer on Mondays, Ms. Suzuki?

　Woman : Sorry, Mike. I use it on Mondays. You can use it on Fridays.

日本語訳

(1)男性：その女の子は日本人ですか。

　女性：いいえ。でも彼女は日本語を話せます。彼女は英語も話せます。

(2)女性：ケビン，あなたは上手に泳げますよね。あなたの弟さんのトムも泳げますか。

　男性：いいえ，泳げません。しかし，彼は速く走れます。

(3)男性：私は月曜日にこのコンピュータを使うことができますか，スズキ先生。

　女性：ごめんなさい，マイク。私は月曜日にそれを使います。あなたは金曜日にそれを使うことができます。

❷ イ，カ

ココを聞きトレ ⑤　博物館の中でしてもよいことと，してはいけないことを正しく聞き取ろう。Don't ～.やPlease ～.の命令文で表されているものも

あるので注意。canとcan'tを聞き間違えないようにすることも重要。

英文

John : Excuse me. Can I take pictures in the museum?

Clerk : I'm sorry, you can't.

John : I see. Can I take my bag with me?

Clerk : Yes, you can. But don't take your dog with you. And you can't eat or drink in the museum. Please leave the museum before five o'clock.

John : All right.

Clerk : Enjoy the pictures in our museum!

日本語訳

ジョン：すみません。博物館の中で写真をとってもよいですか。

博物館員：申し訳ありませんが，できません。

ジョン：わかりました。私のかばんは持っていってもよいですか。

博物館員：ええ，いいです。でもあなたのイヌは連れていってはいけません。それから，博物館の中で食べたり飲んだりしてはいけません。5時前には，博物館を出てください。

ジョン：わかりました。

博物館員：博物館にある絵を楽しんでください！

---

⑤ 疑問詞①

❶ (1)イ　(2)エ　(3)ア

ココを聞きトレ⑤　ものの数や時刻など，数字の聞き取りがポイント。ものの種類が複数あるときは，それぞれについて数を正しく聞き取ること。fiftyとfifteenのように聞き間違いやすい数字には特に注意。

英文

(1)*Man :* What do you want?

　Woman : I want four pens and three erasers.

(2)*Woman :* What time do you eat breakfast?

　Man : I eat breakfast at six fifty.

(3)*Man :* How many books do you have in your bag?

　Woman : I have two.

日本語訳

(1)男性：あなたは何がほしいですか。

　女性：私は4本のペンと3個の消しゴムがほしいです。

(2)女性：あなたは何時に朝食を食べますか。

　男性：私は6時50分に朝食を食べます。

(3)男性：あなたはかばんの中に何冊の本を持っていますか。

　女性：私は2冊持っています。

---

❷ (1)ウ　(2)エ

ココを聞きトレ⑤　質問文が疑問詞で始まる疑問文の場合には，疑問詞の種類に注意。whatはものについてそれが「何」かを，whoは人についてそれが「だれ」かをたずねる疑問詞。それぞれ「何」「だれ」に相当する答えを選ぼう。登場人物が2人いるので，それぞれの人についての情報を正しく聞き取ること。

英文　Hello, everyone. I'm Takashi. I'm from Nagano. I'm a junior high school student. I'm on the soccer team at school. I practice soccer every day. I sometimes play tennis on Sundays. I have a sister. Her name is Kumi. She is seventeen years old. She plays the guitar very well. She is a basketball player. Thank you.

Questions : (1)What does Takashi practice every day?

　　　　　　(2)Who is Kumi?

日本語訳　こんにちは，みなさん。私はタカシです。私は長野出身です。私は中学生です。私は学校でサッカー部に所属しています。私は毎日サッカーを練習します。私はときどき日曜日にテニスをします。私には姉がいます。彼女の名前はクミです。彼女は17歳です。彼女はとても上手にギターをひきます。彼女はバスケットボール選手です。ありがとう。

質問：(1)タカシは毎日何を練習しますか。

　　　(2)クミとはだれですか。

---

⑥ 疑問詞②

❶ (1)エ　(2)ア　(3)ウ

ココを聞きトレ⑥　疑問詞で始まる疑問文が出てきたら，応答文を予測しながら聞こう。たとえば，whenは「時」を，whereは「場所」をたずねる疑問詞なので，応答文の中にはそれらの情報が含まれていると考えられる。時間や場所の表現にはatやin，onなどの前置詞が使われることが多いので，それぞれの意味も確認しておこう。

(1)**Man :** When is your birthday?

　Woman : It's July thirtieth.

(2)**Woman :** Where is my pencil?

　Man : It's on the table.

(3)**Man :** Yuki, whose cap is this?

　Woman : Oh, it's mine, John.

(1)男性：あなたの誕生日はいつですか。

　女性：7月30日です。

(2)女性：私のえんぴつはどこにありますか。

　男性：テーブルの上にあります。

(3)男性：ユキ，これはだれのぼうしですか。

　女性：ああ，それは私のです，ジョン。

② (1)イ　(2)エ

ココを聞きトレ⑥　疑問文の疑問詞を正しく聞き取ろう。疑問詞がwhenなら「時」，whereなら「場所」について述べている応答文を見つければよい。

(1)**Woman :** Do you like soccer?

　Man : Yes. I like it very much. I'm a member of the soccer team.

　Woman : When do you practice soccer?

(2)**Man :** Jane lives in Japan, right?

　Woman : Well, she lived in Japan before, but now she doesn't live here.

　Man : Oh, where does she live now?

(1)女性：あなたはサッカーが好きですか。

　男性：はい。私はそれがとても好きです。私はサッカー部の部員です。

　女性：あなたはいつサッカーを練習しますか。

(2)男性：ジェーンは日本に住んでいますよね。

　女性：ええと，彼女は以前は日本に住んでいたのですが，今はここに住んでいません。

　男性：ああ，彼女は今どこに住んでいるのですか。

⑦　現在進行形

① (1)オ　(2)エ　(3)カ　(4)イ

ココを聞きトレ⑥　それぞれの英文が表す動作の内容を正しく聞き取ろう。特にing形になっている動詞の聞き取りに注意する。人の名前やhe，sheなどの語も，女性か男性かを区別するヒントになる。

(1)Aya is reading an English book. She is using a dictionary.　(2)Miki is making curry for lunch. Everyone likes curry very much.　(3)Yuta is talking with Ryo. He has a book in his hand.　(4)Kumi likes music very much. She is listening to music. She is not watching TV.

　(1)アヤは英語の本を読んでいます。彼女は辞書を使っています。　(2)ミキは昼食にカレーを作っています。みんなはカレーが大好きです。　(3)ユウタはリョウと話しています。彼は手に本を持っています。　(4)クミは音楽が大好きです。彼女は音楽を聞いています。彼女はテレビを見ていません。

② イ，エ

ココを聞きトレ⑥　対話から，だれが何をしているところかを正しく聞き取ろう。時や場所などの情報にも注意すること。whatのような疑問詞で始まる疑問文のあとでは，重要な情報が話されることが多いので注意して聞こう。

Becky : Hello, this is Becky.

Shinji : Hi, Becky. This is Shinji.

Becky : What are you doing now?

Shinji : I'm eating breakfast with my brother.

Becky : Shinji, I'm studying Japanese, but I can't read some kanji.

Shinji : OK. I can help you after breakfast. Can you come to my house?

Becky : Sure. I can go to your house at ten o'clock.

Shinji : Great, Becky. See you soon.

ベッキー：こんにちは，ベッキーです。

シンジ：やあ，ベッキー。シンジだよ。

ベッキー：あなたは今，何をしているの？

シンジ：ぼくは弟といっしょに朝食を食べているよ。

ベッキー：シンジ，私は日本語を勉強しているんだけど，漢字がいくつか読めないの。

シンジ：わかった。朝食後にぼくが助けてあげるよ。ぼくの家に来ることができる？

ベッキー：もちろん。10時にはあなたの家に行くことができるわ。

シンジ：いいね，ベッキー。あとでね。

⑧ 一般動詞の過去形

1 (1)**イ** (2)**エ** (3)**ア**

ココを聞きトレ⑥ 時間，場所の聞き取りがポイント。過去の行動について複数の情報がある場合は，それらの出来事がどのような順序で起こったかにも注意しよう。What timeで始まる疑問文のあとでは，時刻が話題になることも意識して聞こう。

英文
(1)**Woman :** Did you play volleyball yesterday, Koji?
  Man : No, I didn't. I played baseball after lunch.
(2)**Man :** Did you go to the park last Sunday, Kana?
  Woman : Yes, I did. I went there in the morning. Then I visited the zoo in the afternoon.
(3)**Woman :** What time did you get up this morning, Tom?
  Man : I got up at eight. And I had breakfast at nine. I didn't study this morning.

日本語訳
(1)女性：あなたは昨日バレーボールをしましたか，コウジ。
  男性：いいえ，しませんでした。私は昼食後に野球をしました。
(2)男性：あなたはこの前の日曜日に公園に行きましたか，カナ。
  女性：はい，行きました。私は午前中にそこへ行きました。それから私は午後に動物園を訪れました。
(3)女性：あなたは今朝，何時に起きましたか，トム。
  男性：私は8時に起きました。そして私は9時に朝食を食べました。私は今朝，勉強しませんでした。

2 (1)**ウ** (2)**イ**

ココを聞きトレ⑥ 質問文がYes / Noで答えられる疑問文か，疑問詞で始まる疑問文かに注目しよう。Did 〜？はYes / Noで答えられる疑問文なので，基本的にはYes / Noの答えを選ぶ。疑問詞で始まる疑問文には，疑問詞に応じて具体的な答えを選ぶ。

英文 Hi, everyone. My name is Rika. Did you enjoy your summer vacation? I went to London with my family. We visited some museums there. We watched a soccer game, too. People in London like soccer very much. We enjoyed the food at some restaurants. We had a very good time. Thank you.
Questions :(1)Did Rika go to London with her family?
      (2)What did Rika do in London?

日本語訳 こんにちは，みなさん。私の名前はリカです。あなたたちは夏休みを楽しみましたか。私は家族といっしょにロンドンに行きました。私たちはそこでいくつかの美術館を訪れました。私たちはサッカーの試合も見ました。ロンドンの人々はサッカーが大好きです。私たちはいくつかのレストランで食べ物を楽しみました。私たちはとても楽しい時を過ごしました。ありがとう。
質問：(1)リカは家族といっしょにロンドンに行きましたか。
   (2)リカはロンドンで何をしましたか。

⑨ be動詞の過去形／過去進行形

1 (1) **イ** (2) **ア** (3) **ア**

ココを聞きトレ⑥ 登場人物の過去のある時点の行動や状態を正しく聞き取ろう。last night, last year, yesterdayなどの過去の時を表す語句や，at seven, from six o'clockなどの時刻を表す語句に特に注意する。英文の主語がだれかにも注意して，絵に表された人物の行動や状態を表す解答を選ぼう。

英文 (1)Miki had dinner at seven last night. She was writing a letter at nine. She did her homework before dinner. (2)Ken and Mike are on the soccer team this year. But last year, Ken was on the baseball team, and Mike was on the tennis team. (3)I'm Paul. I came home at five yesterday. My sister Emma was reading a book. My brother John was listening to music. We watched TV together from six o'clock.

日本語訳 (1)ミキは昨夜7時に夕食を食べました。9時には手紙を書いていました。宿題は夕食前にしました。 (2)ケンとマイクは今年サッカー部にいます。しかし昨年，ケンは野球部にいて，マイクはテニス部にいました。 (3)ぼくはポールです。ぼくは昨日5時に帰宅しました。姉のエマは本を読んでいました。弟のジョンは音楽を聞いていました。ぼくたちは6時からいっしょにテレビを見

ました。

❷ (1) イ　(2) ウ

ココを聞きトレ⑥　日時と場所に注意して，対話して
いる人物の行動を正しく聞き取ろう。場所の情報
はwhereの疑問文のあとに言われることが多い
ので注意。

英文
Tom : Hi, Yumi. I called you yesterday, but you were not at home. Where were you?

Yumi : Sorry, Tom. I listened to a CD at the music shop in the morning.

Tom : Really? But I called you at three in the afternoon. What were you doing then?

Yumi : Oh, I was in the park. I was playing tennis with my friends. Were you at home yesterday?

Tom : Well, I was in the library and studied math in the morning. But I was at home in the afternoon. I watched a soccer game on TV.

Questions : (1)Who was Yumi with yesterday afternoon?

(2)Where was Tom yesterday morning?

日本語訳
トム：やあ，ユミ。昨日きみに電話したけど，家
にいなかったね。どこにいたの？

ユミ：ごめんなさい，トム。午前中は音楽店で
CDを聞いたのよ。

トム：ほんと？　でもぼくは午後3時に電話をし
たんだ。そのとき何をしていたの？

ユミ：ああ，公園にいたわ。友だちとテニスをし
ていたの。あなたは昨日家にいた？

トム：ええと，午前中は図書館にいて，数学を勉
強したよ。でも午後は家にいたよ。テレビ
でサッカーの試合を見たんだ。

質問：(1)ユミは昨日の午後に，だれといっしょに
いましたか。

(2)トムは昨日の午前中，どこにいましたか。

⑩ 1年間の総まとめ

❶ (1)エ　(2)ア　(3)ウ　(4)イ

ココを聞きトレ⑥ 質問で特定の人の情報が問われている場合は，表の中からすばやくその人の情報を見つけ出そう。whereなら「場所」，whoなら「人」のように，疑問詞で始まる疑問文に対する答えは限定されるので，必要な情報にしぼって探すとよい。

英文 (1)Where is Becky from?　(2)Who is on the tennis team?　(3)When does Ken practice baseball?　(4)How many people can play the piano?

日本語訳 (1)ベッキーはどこの出身ですか。　(2)だれがテニス部に所属していますか。　(3)ケンはいつ野球を練習しますか。　(4)何人の人がピアノをひくことができますか。

❷ (1)ウ　(2)エ

ココを聞きトレ⑥ 時間と登場人物の行動の聞き取りがポイント。質問文のwhenは「時」をたずねる疑問詞なので，スピーチの中の時を表す語に特に注意しよう。登場人物が多い場合には，それぞれの人の行動を整理してから選択肢を読もう。

英文 Hello, everyone. I'm Mike. I came to this school two months ago. I made some friends here. They are Kumi and Takashi. Takashi and I are members of the basketball team. Takashi is a good player. Last Saturday, we went to Kumi's house. Her family had a birthday party for Kumi and we joined them. I can't speak Japanese well, but Kumi always helps me at school. I'm enjoying my school life with my friends. Thank you.
Questions：(1)When did Kumi's family have a party?
(2)What does Kumi do at school?

日本語訳 こんにちは，みなさん。私はマイクです。私は2か月前にこの学校に来ました。私はここで何人かの友だちができました。彼らはクミとタカシです。タカシと私はバスケットボール部の部員です。タカシは上手な選手です。この前の土曜日，私たちはクミの家に行きました。彼女の家族がクミのために誕生日パーティーを開いたので，私たちは参加したのです。私は日本語が上手に話せませんが，クミは学校でいつも私を助けてくれます。私は友だちといっしょに学校生活を楽しん

でいます。ありがとう。
質問：(1)クミの家族はいつパーティーを開きましたか。
(2)クミは学校で何をしますか。

英作文にチャレンジ！
〈解答〉

❶ (1)I want two apples.
(2)I want to make fruit salad.
(3)How many oranges do you want?

英作力UP↑ 英作文では，まず語数制限や問題文中の条件設定を押さえよう。(1)「いらっしゃいませ。」への応答の文。絵から「リンゴが2個ほしいです。」という内容の文を書く。ほしいものを言うときは，I want ～.を使う。(2)したいことは，I want to ～.を使って表す。(3)ユカは直後に「4個ほしいです。」と返答しているので，数をたずねる文を入れる。How manyのあとの名詞(orange)は複数形にする。

❷ This is my father, Akira. He is [He's] a math teacher. He is [He's] good at singing.　He can run fast. He likes movies. We sometimes go to a movie together. I like him very much.

英作力UP↑ 人を紹介するので，This is ～.「こちらは～です。」で文を始める。2文目以降は代名詞he「彼は[が]」を使って書く。「～(すること)がじょうずだ」はbe good at ～ingで表す。He is a good singer.としてもよい。「速く走ることができる」は〈can+動詞の原形〉を使って表す。「映画に行く」はgo to a movie。

❸ (1)You can take pictures here.　(2)(You can't) eat or drink.　(3)(You) cannot [can't] touch the photos.　(4)(Please) be quiet.

英作力UP↑ (1)「写真撮影は可能です」はYou can ～.「あなたは～することができる。」の形で表す。(2)「飲食禁止」は「飲んだり食べたりすることができない」と考え，You can'tにeat or drinkを続ける。(3)「写真にさわらないでください」は(2)と同様，You can'tを使って表すとよい。「写真にさわる」はtouch the photos。「写真展にある写真」を指しているので，photosには定冠詞theをつ

ける。　(4)「大声で話さないでください」は文の最初にPleaseがあるので，quiet「静かな」を使ってPlease be quiet.とbe動詞の命令文にする。

④ (1)A boy is playing basketball. / A boy is practicing basketball.　(2)Two women are eating ice cream. / Two women are talking.　(3)A bike [bicycle] is by the tree. / A bike [bicycle] is under the tree.

英作力UP♪　(1)「1人の少年がバスケットボールをしています。」　(2)「2人の女性がアイスクリームを食べています。」　(3)「自転車が木のそばにあります。」ということを表す文を書く。(1)(2)は現在進行形〈be動詞＋動詞のing形〉の文で表す。　(1)「バスケットボールをする」はplay basketball。「バスケットボールを練習する」practice basketballを使った文にしてもよい。(2)「アイスクリームを食べる」はeat ice cream。絵の様子から「2人の女性が話している」という文にしてもよい。(3)は，自転車の位置について表す文を書く。絵よりby ～「～のそばに」が適切。また，under ～「～の下に」を使ってもよい。

⑤ Eighteen students have smartphones. Fourteen students don't have smartphones. One student has a mobile phone.

英作力UP♪　3つの英文なので，それぞれスマートフォンを持っている生徒，持っていない生徒，携帯電話を持っている生徒について書く。「14」はfourteen。携帯電話を持つ生徒について書くときは，主語が三人称単数のone studentなので動詞はhasとする。

⑥ I went camping with my family. We made curry and rice for dinner. I got up early and watched the sunrise. It was very beautiful. I had a really good time.

英作力UP♪　まず質問への返答として「～した」という文を動詞の過去形を使って書く。2文目以降も，行った場所やしたことついて過去形の文で表す。be動詞の過去形の文はIt was beautiful.「それは美しかったです。」やI was happy.「私はうれしかったです。」，I was tired.「私は疲れました。」など感想を述べる文で使うとよい。

東京書籍版・中学英語1年